대학의 역사

대학의 역사

남기원 지음

A History of University

위즈덤하우스

일러두기

1. 인명과 지명을 포함한 외국어의 표기는 국립국어원의 외국어표기법과 용례에 따랐으며, 처음 1회 국문과 외국어 병기를 원칙으로 했다. 단, 필요할 경우 다시 병기했다.
2. 로마 교황명은 '한국천주교주교회의'에서 표기한 것을 따랐다.
    예) 인노켄티우스 3세(Innocentius III)→인노첸시오 3세, 그레고리우스 9세(Gregorius IX)→그레고리오 9세
3. 대학교, 대학은 대학으로 통일했다.

대학은 지금까지 유지되고 있는 가장 오래된 사회제도 중 하나다. 또한, 현재 세계 대부분의 나라에서 채택하고 있는 가장 보편적인 고등교육 기관이다. 중세 유럽에서 처음 출현한 대학이 이토록 오랫동안 존속할 수 있는 이유는 무엇일까? 유럽의 경계를 넘어 전 세계로 확산될 수 있었던 이유는 또 어디에 있을까?

대학의 존속과 확산을 설명하는 다양한 해답이 제시될 수 있겠지만 이 모두는 결국 하나의 결론으로 수렴한다. 사회가 요청하는 시대적 소명을 대학이 적절하게 충족시켜 왔기 때문이라는 단순하지만 확고한 결론이다. 고등한 학문을 연구하고 교육할 필요가 있으며, 대학이 이를 수행할 가장 효과적인 도구 혹은 매체라고 판단될 때 대학은 사회에 뿌리를 내리고 성장하게 된다.

그런데 대학에 대한 사회의 요청이나 바람은 변화하기 마련이다. 세월이 흐르고 사회적 조건들이 바뀌면 대학을 향한 관점 역시 변한다는 사실을 역사는 증언한다. 최초의 대학들이 형성될 수 있었던 것은 교회가 독점하고 있던 지식을 교회 밖으로 확장하려는 새로운 움직임이 힘을 얻었기 때문이었다. 16세기 종교개혁이 유럽 대륙을 휩쓸자 대학은 종파宗派들 간의 싸움에서 지적 전위대 역할을 담당하라는 요구를 수용해야만 했다. 17~18세기 절대주의 군주들은 관료제에 입각한 행정개혁을 위해 대학을 이용하고자 했다. 19세기에는 대학이 강력한 국민국가 건설을 위한 도구가 되어야 한다는 사회적 요구들이 팽배했고, 결국 대학은 그러한 방향으로 변화했다. 20세기에는 대학에서 생산되는 연구 결과물들이 때로는 전쟁의 수단으로, 때로는 경제 성장의 도구로 활용되었다. 이처럼 대학은 그 시대를 특징짓는 정치, 경제, 사회, 문화적 요구를 교육 이념과 제도에 반영하면서 그 생명을 유지했다.

따라서 변화하는 사회 환경에 대학이 더디게 반응하거나 부적절하게 대응할 때, 즉 사회적 요구를 충족하지 못할 때, 대학의 안과 밖에서는 '대학의 위기'를 경고하는 목소리가 높을 수밖에 없다. 르네상스 인문주의자들은 학문의 영역을 신학으로 한정하려 했던 중세 대학을 향해 비판의 목소리를 높였다. 과학과 기술의 발전을 대학이 외면하자 계몽주의자들은 신학이 지배하는 대학 구조와 교육 내용을 개혁하라며 강력하게 반발했다. 20세기 들어 대학의 주요 세력이 된 대중은 엘리트 중심의 대학 교육에 반기를 드는 한편 대학의 민주화를 격렬하게 요구했다.

많은 사람이 오늘의 대학 역시 중대한 위기상황에 놓여 있다고 말한다. 전 세계적으로 대학의 변화를 외치는 목소리가 높으며, 대학을 혁신하기 위한 다양한 처방이 제시되곤 한다. 문제는 이들이 진단하는 대학의 문제점들이 제각각이라는 것이다. 심지어 서로 충돌하기도 한다. 한편에서는 오늘날 대학이 처한 위기는 국가와 기업의 요구를 제대로 수용하지 못한 결과라고 주장한다. 이들은 현재의 대학 교육은 국가와 사회가 요구하는 인재를 양성하는 데 적합하지 않다고 비판한다. 연구 역시 시장의 요구를 받아들여 보다 실용적인 방향으로 바뀌어야 한다고 요구한다. 다른 한편에서는 대학이 외부의 요구와 압력으로부터 자유롭지 못하기 때문에 위기에 빠졌다고 생각한다. 이들이 보기에 대학은 진리를 탐구하는 순수한 학문의 전당이어야 하는데, 지금의 대학은 국가와 시장의 힘에 굴복하여 대학 본연의 역할을 포기하기에 이르렀다. 대학이 자율성을 보장받아 학문적 순수성을 바로 세우는 길이 위기에서 벗어날 해법이라고 이들은 주장한다.

같은 시대를 살며 같은 상황을 보는데도 진단과 해법이 왜 이리 엇갈리는가? 대학은 사회 속에 존재해 왔던 기관이었기에 사회의 요구에서 자유로울 수 없다. 그러므로 변화와 혁신의 요구가 합리적이고 정당한 경우에는 되도록 빨리 수용해야 한다. 그러나 사회의 요구가 대학의 본질과 가치를 심각하게 침해할 때 대학의 존립 자체가 흔들릴 위험이 있는 것도 사실이다. 대학이 지켜야 할 바를 망각한 채 사회와 시대의 명령이라는 이유로 무조건 수용함으로써 학문의 근본이 흔들리는 본질적인 위기를 초래한 경험 또한 대학의 역사에서 발견된다.

　대학에 대한 논의가 어려운 것은 바로 이 지점이다. 대학의 문제를 올바르게 진단할 수 있으려면 사회의 요구에 매몰되지 않으면서도 시대의 흐름과 유리遊離되지 않는 시각을 가져야 하기 때문이다. 그렇다면 대학에 대한 균형 잡힌 시각은 어떻게 얻어지는가? 우선 대학다운 대학의 모습이 과연 무엇인지 규명하는 작업이 선행되어야 할 것이다. '대학은 무엇이다'라고 정의할 수 있을 때 그리고 대학의 이상理想을 추출할 수 있을 때, 그것을 잣대로 대학의 상황을 평가할 수 있으며, 어떠한 방향으로 변화되어야 하는지 해법을 제시할 수 있기 때문이다.

　그런데 대학의 역사를 무시한 채 대학을 정의하는 것은, 감히 말하건대, 불가능한 일이다. 대학은 선험적으로 우리에게 주어진 것이 아니기 때문이다. 대학이 처음 모습을 드러냈을 때, 이념, 조직, 교육 내용 등이 완결된 형태가 아니었다. 대학은 12세기 유럽이라는 특정한 시공간에서 탄생해 지금까지 변화를 거듭하며 존재하고 있는 시간의 산물이자 역사적 실체다. 지금도 대학은 사회와의 관계를 통해 계속 변화하고 있다. 결국, 우리는 대학의 역사를 통해서만 대학의 실체를 파악할 수 있다. 대학의 역사를 통해서만 대학이 사회 속에서 존재할 수 있었던 이유를 발견할 수 있다. 대학의 역사를 통해서만 대학의 미래를 예측하고, 나아가야 할 방향을 지시할 수 있다.

이 책에는 중세 대학 탄생 이전 서양 교육의 전통부터 21세기 대학의 모습까지 담겨 있다. 중세 대학에서는 고대 그리스로부터의 지적, 교육적 전통이 어떻게 영향을 미쳤으며, 12세기 사회의 어떠한 변화와 특성들이 대학을 형성하도록 추동했는지 추적했다. 근대 대학과 관련해서는 르네상스와 종교개혁, 절대주의 국가, 과학 기술의 혁신 등에 대학이 어떻게 반응했으며, 여전히 중세에 머물러 있던 대학을 혁신하기 위해 단행된 19세기 대학 개혁의 양상들을 살펴보았다. 현대 대학에서는 세계 대학의 주도권이 미국으로 넘어가게 된 배경, 대학이 전 세계로 확산되고 새로운 계층들이 대학이 들어오면서 달라지는 대학의 모습, 신자유주의와 세계화로 대표되는 자본의 무한한 확장으로 인한 대학의 변화 등을 다루었다.

이전에도 대학의 역사를 다룬 책들은 있었고, 심지어는 똑같은 제목의 책도 몇 권 있었다. 그럼에도 불구하고 '대학의 역사'라는 새롭지 않은 제목을 달고, 별다를 것 없는 형식의 책을 다시 쓸 수밖에 없었던 이유가 있다.

첫째, '대학의 역사'라는 제목의 책을 찾아보기 힘들기 때문이다. 같은 제목의 책들은 출간된 지 이미 오래되어 시중에서 구하기가 쉽지 않다. 대학에 대한 논의가 그 어느 때보다 활발한 오늘의 상황을 생각해 보면 매우 이상한 현상이다. 현재 우리나라 학업 연령 인구의 약 70퍼센트 이상이, 경제협력개발기구OECD 회원국은 평균적으로 약 40퍼센트 정도가 대학 교육을 받는다. 대학은 20세기 초반에는 서양에서조차 불과 1~2퍼센트 정도의 소수 엘리트에게 부여되는 특별한 기회였지만, 이제는 많은 국가에서 쉽게 접할 수 있는 보편적 경험이 되었다. 또한, 대학은 모든 나라에서 국가 경쟁력의 핵심으로 꼽을 정도로 중요한 기관이 되었다. 현대 사회가 지식기반 사회로 변모함에 따라 지식을 전수하고 창출하는 기관으로서 대학의 영향력은 더욱 커질 것이다. 이 시대 대학이 차지하는 중요도와 위상 그리고 그에 따른 사회적 관심을 고려할 때 대학의 역사는 더 많이 읽혀야 할 주제다.

둘째, 대학의 역사가 새롭게 서술되어야 할 시점이기 때문이다. 30여 년 전 대학이 서 있던 지반과 지금의 그것은 너무 다르다. 1990년대 이후 전 세계 대학들은 매우 급격한 변화를 경험하고 있다. 신자유주의, 세계화, IT 기술 등 대학을 둘러싼 환경이 빠르게 바뀌면서 대학 역시 폭넓게 그리고 매우 빠르게 변화했다. 대학의 수는 전 세계에서 가파르게 증가했으며, 그에 비례해 대학생 수 역시 크게 늘었다. 교통과 통신의 발전에 힘입어 학문의 교류는 더욱 활발해졌다. 신자유주의의 영향으로 대학에 미치는 자본의 영향은 점점 막강해지고 있다. 이러한 지반의 변화는 문제의식의 변화를 의미한다. 날로 심화되는 선진국과 후진국의 지식 불균형, 시장의 지배에 위협받는 학문 자율성, IT 기술이 불러온 교육 패러다임의 변화 등 지금 우리는 이전과는 다른 시각으로 대학의 역사를 읽어야 한다. '역사는 과거와 현재의 끊임없는 대화'라는 E.H. 카의 정의처럼 대학의 역사는 오늘의 시각으로 다시 써져야 한다.

책이 나오기까지 수많은 도움을 받았다. 일일이 언급할 수 없지만 이석우 선생님은 빼놓을 수 없을 것 같다. 이석우 선생님께 지도를 받으며 대학의 역사를 처음 접하게 되었다. 그것이 계기가 되어 '대학의 역사, 미래의 대학'이라는 과목명으로 대학에서 강의도 하게 되었고, 강의가 바탕이 되어 결국 이 책이 나올 수 있었다. 2017년 작고하신 이석우 선생님께 다시 한 번 깊은 감사의 말씀을 드린다. 책이 읽히지 않는 시대에 읽히지 않을 위험이 큰 책을 '의미'만으로 기꺼이 출간을 허락한 출판사에도 고마움을 표하고 싶다.

2021년 8월

남기원

1장

—

대학으로의 길

고등교육은 일반적으로 교육의 최종 단계 혹은 최고 수준을 의미한다. 인간적으로 성숙하며 사회적으로 유용한 전문 인력을 생산하는 과정을 뜻한다. 고등교육 기관은 인간이 높은 수준의 사회 조직을 형성하면서부터 운영했던 것으로 보인다. 인류는 오랜 기간 고등교육 시스템을 유지해 왔으며, 국가와 문화별로 다양한 고등교육 기관이 존재했다.

가장 역사가 오래된 고등교육 기관이 발견된 곳은 인도의 탁실라Taxila다. 알렉산더Alexander 대왕의 군인들이 기원전 4세기 무렵 탁실라에 왔을 때, 그들은 그리스에서는 보지 못했던 수준 높은 고등교육 기관을 발견했다고 기록에 남겼다. 실제로 탁실라는 불교 철학, 의학, 법률, 군사 기술 등 고도의 전문 지식을 제공했던 학문의 중심지였으며, 그런 이유로 일부 학자들은 탁실라를 세계 최초의 대학 가운데 하나로 꼽기도 한다. 또 다른 교육의 중심지는 비하르Bihar의 날란다Nalanda다. 5~6세기경 설립된 날란다는 불교 사원들의 네트워크로서, 이곳에서는 전통적인 불교 철학 외에도 의학, 논리, 문법 같은 다양한 학문이 교육되는 한편 학자들의 교류도 활발했다.

동아시아에서도 매우 이른 시기부터 고등교육 기관이 운영되었다. 중국 최초의 고등교육 기관은 3세기 한나라 장안長安에 설립되었던 태학太學으로 황실에 봉사할 후보자를 교육하기 위한 곳이었다. 태학 이후에는 이름은 달랐지만 유사한 기능을 수행하는 고등교육 기관들이 1898년 중국 최초의 근대 대학인 베이징 대학이 세워지기 전까지 존재했다. 우리나라의 경우 고구

려의 태학이 사료에 남겨진 최초의 고등교육 기관이다. 고구려의 태학 역시 유교 정치이념에 충실한 인재를 양성해 중앙집권적 정치제도에 적합한 관리를 양성하는 곳이었다. 상류계급의 자제만이 입학할 수 있는 귀족학교로, 5경五經[1]과 역사서 등을 교재로 이용했을 것으로 추정한다. 고려 시대의 국자감國子監이나 조선 시대의 성균관成均館 역시 유학에 정통한 중앙 정부 관료 양성을 목적으로 하는 국가 최고의 교육 기관이었다. 동아시아 고등교육 기관의 목적은 보편적 지식을 학생들에게 가르치는 것이 아니라 유학 경전을 통해 왕의 통치를 보좌할 관리를 양성하는 데 있었다. 따라서 고등교육 기관의 운영과 교육 내용은 철저히 국가의 통제 아래 있었다.

이슬람 교육 기관 마드라사Madrasah의 체계와 교육 내용은 서양 중세 대학과 매우 유사했다. 초창기 마드라사의 커리큘럼은 이슬람 신학에 집중되었다. 그러나 서양 고대세계의 다양한 학문이 유입되어 연구된 까닭에 마드라사에서도 철학, 수학, 윤리학, 논리학, 법학 같은 학문들을 교육하기 시작했다. 마드라사에는 전문화된 교수진이 있었고, 학생들의 학문적 수준에 따라 학부와 대학원 과정을 구분했으며, 성취도에 따라 석사, 박사 등의 학위를 수여했다. 검은 가운을 입고 학문토론을 하는 전통도 있었다. 중세 대학과의 이러한 유사성으로 인해 몇몇 학자들은 마드라사가 전 세계에서 가장 오래된 대학이며, 유럽 중세 대학의 모체라고 주장한다.

중세 유럽에서도 12세기에 새로운 형태의 고등교육 기관이 등장한다. '대학universitas'이라고 불리는 이 교육 기관은 학생과 선생의 자발적인 모임에서 시작되었다. 그러나 대학은 완성된 형태로 등장한 것도 아니었으며,

---

1《시경(詩經)》,《서경(書經)》,《역경(易經)》(또는《주역(周易)》),《예기(禮記)》,《춘추(春秋)》.

오랜 시간 변화와 발전을 거듭하며 비로소 체계를 갖추게 된다. 중세 대학이 추구한 교육 이념, 교육 내용, 조직 등은 서양의 오랜 전통에 의존하는 한편 당시 사회의 여러 모습을 반영하고 있다. 따라서 중세 대학의 형성 원인과 특징을 포착하기 위해서는 대학 등장 이전의 정치적, 사회적, 경제적 변화들부터 살펴봐야 한다.

서양 교육의 전통

그리스 로마: 인문학의 태동

바티칸 교황청 '서명의 방Stanza della Segnatura'에는 라파엘로Sanzio Raffaello
가 그린 〈아테네 학당〉이 있다. 그림의 중앙에는 무언가 이야기를 주
고받으며 등장하는 플라톤Plato과 아리스토텔레스Aristoteles가 있다. 그
양옆으로 소크라테스Socrates, 디오게네스Diogenes, 피타고라스Pythagoras,
유클리드Euclid, 헤라클레이토스Heracleitos, 프톨레마이오스Ptolemaeos 등
그리스를 대표하는 학자들이 망라되어 있다. 그림을 보고 있노라면
현대의 우리가 향유하는 서양의 철학·과학·문학·예술 등이 모두 그
리스에 뿌리를 두고 있다는 사실에 새삼 놀라게 된다.

　서양 교육의 뿌리 역시 그리스에 있다. 서양에서 고등교육 기관 혹
은 고등교육 활동이 처음으로 발견되는 것은 기원전 5세기 페리클레
스Perikles 시대의 아테네다. 페리클레스 시대는 아테네가 정치적, 사
회적, 경제적으로 절정에 이르렀던 때다. 페르시아전쟁의 승리로 민

주주의에 대한 확신이 가득했으며, 바다를 장악해 그리스의 다른 도시국가를 지배할 수 있었고, 상업이 발달해 부가 넘쳤다. 중산계층 및 시민의 권리가 신장하면서 이들에게도 다양한 기회가 주어졌다. 이러한 분위기는 기존의 사고와 전통을 비판적으로 바라보게 만들었다. 특히 신화적 세계관을 비판하며 인간의 현실에 주목하는 사상가들이 등장하게 되었다. 이들은 자신의 깨달음을 아테네인들에게 전하려 했다.

이 시대를 대표하는 교사들의 한 무리는 소피스트sophist다. 소피스트는 교육을 제공해 생계를 유지했던 역사상 최초의 직업 교사들이었다. 정의와 도덕에 얽매이지 않고 현실의 성공에 주목했던 소피스트의 가르침은 새로운 미래를 열망한 당시의 젊은이들에게 너무나 매력적이었다. 공직을 준비하는 자들에게는 수려한 연설을 통해 시민의 마음을 사로잡을 수 있는 법을 가르쳤다. 법률 분쟁에서 이기는 방법도 가르쳤다. 소피스트가 가르쳤던 백과사전식 지식, 웅변술, 수사학 등은 이후 서양 교육의 근간을 이루는 문법, 수사학, 논리학 교육의 토대가 되었다.

소피스트의 세계관 혹은 철학관은 상대주의, 인본주의, 개인주의였다. 대표적인 소피스트인 프로타고라스Protagoras는 "인간은 만물의 척도다"라고 했으며, 또 다른 소피스트 트라시마코스Thrasymachus는 "정의는 강자의 이익이다"라고 했다. 그들이 볼 때 법률, 도덕, 정치제도 등은 초월적 진리가 아닌 인간에 의해 만들어진 것일 뿐이다. 소피스트에게는 선과 악, 정의와 불의, 도덕과 부도덕 등을 가르는 기준은 존재하지 않는다.

소피스트를 가장 강력하게 비판한 인물은 소크라테스였다. 소크라테스는 소피스트의 상대주의 세계관을 비판하며 모든 사람에게 어떠한 상황에서도 적용될 수 있는 보편적 진리를 추구했다. 소크라테스 역시 아테네 길거리에 앉아 시민을 대상으로 가르침을 제공했던 교사였다. 그는 산파술産婆術이라 불리는 특유의 대화법을 통해 사람들이 일상적, 전통적으로 믿어온 가치와 신념이 사실은 매우 부실한 토대 위에 구축되어 완전하지 않음을 깨우쳐 주려 했다. 이를 통해 그가 얻고자 했던 것은 어떠한 비판에도 허물어지지 않는 보편적 이념, 즉 진리였다.

소피스트와 소크라테스 모두 당대 지식과 교육을 혁신했던 교사였다. 하지만 이들은 체계적인 교육 과정을 구성하지도 않았고, 조직화된 제도로 정착시킬 의도도 없었다. 그러나 시대는 보다 체계적이며 조직적인 교육을 원하고 있었다. 민주주의로 인해 확장된 정치 공간, 경제적 부로 인한 기회의 확대, 날로 복잡해져 가던 사회의 다양성은 체계적인 지식 교육으로의 전환을 요구하고 있었다. '아카데메이아academeia(아카데미아)'는 이러한 요구의 응답이었다.

역시 소피스트로 알려진 이소크라테스Isocrates는 한 곳에 정착하지 못하고 이리저리 옮겨 다니며 학교를 열었던 대부분의 소피스트와는 달랐다. 기원전 392년, 이소크라테스는 정치적 야망을 가진 젊은이들을 위해 수사학을 중점적으로 가르치는 아카데메이아를 아테네에 세웠다. 비싼 수업료 때문에 소수의 학생만이 들어갈 수 있었지만, 대중을 사로잡는 연설가를 꿈꾸는 학생들이 그의 학교 앞에 줄을 이었다. 아리스토텔레스도 한때 이소크라테스의 학생이었다.

플라톤 역시 기원전 386년 아카데메이아를 세워 체계적인 교육을 실시했다. 플라톤은 여러 곳을 돌아다니며 통치자에게 조언하는 일 등을 수행한 후 자신의 고향 아테네로 돌아와 아카데메이아를 열었다. 지식을 습득하고 체계화하는 것이 올바른 인간을 만들며, 그러한 인간들이 국가를 재생시킬 것이라 믿었다.

그러나 플라톤의 아카데메이아에서 교육했던 커리큘럼에 대해서는 알려진 바가 거의 없다. 초기 아카데메이아는 변증법적 방법론으로 철학과 수학을 공부하고자 하는 사람의 모임 공간이었을 것으로 추측된다. 아카데메이아의 공부는 점차 정교하게 조직화되고 다양한 자연과학 분야도 포함하게 되었을 것이다. 플라톤이 죽고도 아카데메이아는 무려 900년이나 명맥을 유지했다.

플라톤의 제자인 아리스토텔레스 역시 현실에서 정치실험을 하고 난 후 알렉산더 대왕의 개인교사를 거치고 아테네로 와서 리케이온Lykeion이라는 학당을 열었다. 리케이온은 자연과학과 역사 및 사회현상 연구를 중심에 두었으며, 숲속을 거닐며 대화하는 수업방식으로 '소요학파逍遙學派'라고도 불렸다.

그리스인들은 인간과 자연에 대한 놀라운 지적 성취를 이루었다. 그들이 제기한 철학적 물음들은 지금도 유효하다. 그들이 관찰과 사유를 통해 밝혀낸 자연현상은 근대과학의 밑거름이 되었다. 그러나 이러한 지적 성취를 체계적으로 교육할 고등교육 기관을 만드는 데는 그다지 성공적이지 못했다. 플라톤과 아리스토텔레스의 교육 기관은 나름의 체계를 갖추고 있었던 것으로 보이지만, 우리가 일반적으로 의미하는 대학과 비교해 보면 덜 체계적이며, 사회적으로 영향력도 적었고, 보편적인 제도로 정착하지도 못했다.

　그리스의 뒤를 이어 서양 고대문명의 후계자가 된 로마인들은 그리스인들에 비해 단순하고 실용적이며 엄격했다. 이탈리아 반도의 작은 도시에서 시작한 로마는 구성원들이 가진 국가에 대한 헌신, 고통을 이기는 강인함을 바탕으로 지중해 세계를 정복했고, 그리스와 헬레니즘 지역을 정복했다. 이후 그리스 학문과 교육 전통, 예술 등이 로마로 유입되었다. 청소년 이상의 연령층은 그리스에서 전래된 문법, 수사학, 논리학, 기하학, 천문학, 음악, 의학, 건축술 등을 학습했다. 그러나 로마인 역시 고등교육 기관을 제도화하는 데는 성공하지 못했다.

　그럼에도 그리스·로마인들은 훗날 대학 교육의 한 축을 주조하고 발전시키는 데 크게 기여했다. 그리스인들은 무엇이 참된 인간을 위한 교육이며, 그 교육 내용은 무엇이어야 하는지 고민했고 이를 실험했다. 로마인들은 그리스인들의 교육 이념과 내용을 전수받아 보다 풍성하게 만든 후 이를 중세 사회에 전달했다.

　그리스인들은 교육을 '파이데이아paideia'라고 불렀다. 원래 놀이라는 뜻으로 사용되던 파이데이아는 시간이 지나며 인간이 마땅히 받아야 할 교육을 의미하게 되었다. 파이데이아를 실현하기 위한 교육의 내용을 그리스인들은 자유학예liberal arts에서 찾았다. 여기서 '자유'는 노예 상태와 대비되는 개념인데, 그리스인들은 주인의 명령을 무조건 따르는 노예와 달리 스스로 판단하고 행동하는 자유로운 인간을 참다운 인간으로 보았다. 결국 그리스인들은 지식을 습득함으로써 인간다움을 실현하는 교육을 자유학예에서 찾았던 것이다. 파이데이아를 이루기 위한 수단은 시대마다 달랐다. 소피스트와 이소크라테스에게는 수사학이 파이데이아의 도구였다. 절대적 진리를 추구했으며, 논리적 엄밀함을 중요하게 여겼던 소크라테스와 그의 제자들은 논리학을 파이데이아의 도구로 삼았다.

로마에서 파이데이아를 재해석한 사람은 키케로Cicero였다. 키케로는 그리스에서 유입된 파이데이아를 '후마니타스humanitas'라고 불렀다. 단순히 지식에 대한 교육이라는 뜻만 가지고 있던 파이데이아에 인간이라는 가치를 담아 '인간다움에 대한 교육'이라는 뜻을 덧입힌 것이다. 키케로에 의하면 후마니타스란 지식을 배우는 것에서 더 나아가 지혜를 기르고, 인간다움을 가르치며, 선한 사람을 만드는 것이었다. 실용적이며 직업에 필요한 기술 혹은 기능을 배양하는 것이 아니라 인간의 덕성을 개발하며, 교양을 갖춘 시민을 양성하는 것이다.

이처럼 그리스와 로마는 지식의 전수와 인성의 도야가 결합한 총체적 교육, 전인적 교육을 참된 교육으로 보았다. 그리스인들이 지식의 역할을 더 강조하고, 로마에 이르러 인간의 가치가 더 주목받았다는 차이도 지적할 수 있지만, 그리스와 로마가 추구한 교육의 방향은 대체로 일치했다. 풍부한 교양과 말의 품격을 갖추고, 이성으로 자신을 통제하고 절제하며, 도덕과 선함을 실천하는 인간의 양성이 그리스·로마인들이 그린 이상적 교육이었다. 중세 대학이 탄생한 이래 지금까지도 대학 교육의 핵심으로 자리하고 있는 인문학의 틀이 바로 그리스와 로마인들에 의해 주조된 것이다.

기독교의 확산과 중세 전기

313년 콘스탄티누스 1세Constantinus I의 밀라노 칙령으로 기독교는 로마제국의 공인된 종교가 되었다. 거대한 제국의 종교로 안착함으로써 기독교는 전 유럽으로 확산될 수 있었으며, 헬레니즘과 더불어 서양문명의 한 축을 담당하게 되었다. 그러나 그 과정에서 기독교는 교회를 조직화·제도화하고 교리의 체계를 세우기 위해 힘겹고 지난한 싸움을 벌여야 했다. 기독교는 확산을 위해 탄탄한 조직과 교육받은 성직자를 필요로 했다. 이교도와의 전쟁에서 또는 기독교 내 이단과 싸움에서 승리하기 위해서는 교리를 논리적으로 체계화해야 했다. 즉 기독교의 생존을 위해서는 교육이 중요했는데, 대형 수도원과 성당들이 광범위한 기독교 세계의 교육 기능을 담당했다.

한편, 기독교의 확산은 기독교에 이질적인 학문과 사상이 퇴출되어야 함을 의미하는 것이기도 했다. 기독교는 내적 논리를 구체화하는 과정에서 고대 그리스·로마의 지적 체계들이 필요했다. 기독교는 '말씀의 종교'인 까닭에 성서를 해석하고 전달하며, 교리를 구체화하기 위해서는 문법 혹은 논리학 등을 이용할 수밖에 없었다. 그러나 그것의 활용은 종교적 필요를 충족하는 데까지였다. 본질적으로 인간 중심적인 그리스 철학과 과학은 기독교 신앙과 배치되는 이교적 학문으로 규정되었다. 결국 기독교가 성장하면서 그리스 학문에 대한 탄압이 심해지자 학자들은 동방으로 이주했고, 그들의 책은 자취를 감추었다. 529년 동로마제국의 유스티니아누스 1세Justinianus I가 900년의 전통을 이어오던 플라톤의 아카데메이아를 폐쇄한 것 역시 이교도의 학문을 가르친다는 이유에서였다.

기독교의 공인은 사실 로마제국이 허약해지고 있음을 상징하는 사건이었다. 아우구스투스Augustus부터 마르쿠스 아우렐리우스Marcus Aurelius에 이르기까지 약 200년 동안 이어진 팍스 로마나Pax Romana라 불리는 평화로운 시기가 끝나고, 제국 내부에서 균열이 시작되었을 때 기독교는 공인되었다. 기독교는 쇠약해지고 있는 제국을 정신적으로 하나 되게 할 도구였던 것이다. 그러나 4세기 후반 허약한 제국의 국경을 게르만족이 침입하기 시작하면서 거대한 로마제국은 서서히 무너졌다. 결국, 476년 게르만 용병 대장 오도아케르Odoacer에게 마지막 황제 로물루스 아우구스툴루스Romulus Augustulus가 폐위됨으로써 형식적으로나마 유지되던 로마제국이 완전히 사라졌다.

　법률, 토목, 건축, 군사 분야에서 탁월함을 발휘하며 지중해를 '호수'로 만들만큼 거대하고 위대했던 로마제국의 멸망은 당대인들에게 엄청난 충격이었다. 그리고 그 충격의 여파는 생각보다 강했다. 게르만족의 침입을 시작으로 수많은 이민족이 유럽으로 연쇄이동하기 시작하면서 당시 로마의 모든 사회 네트워크가 무너졌다. 로마의 중앙집권적 정치 권력이 사라졌고, 행정체계는 붕괴되었으며, 도로망이 마비되었다. 사회의 모든 시스템이 무너지고 전쟁과 약탈이 난무하는 상황에서 지식은 아무런 역할도 하지 못했다. 이 야만의 시기에 중요했던 것은 생존을 보장하는 힘과 무기였다. 이 시대의 주역은 전사였다.

　하지만 교회는 달랐다. 교회는 '그리스도의 말씀'을 보존하고 전파하는 사명을 수행해야만 했다. 중세 초기 혼란의 시기에 그리스도의 말씀을 전수하고 신앙을 수호한다는 것은 곧 문자를 보존하는 것을 의미했다. 그 역할을 담당한 곳이 수도원이었다. 당시 지식과 문화를 보존하는 데 수도원만큼 적합한 곳은 없었다. 수도원은 무정부상태의 정치적 혼란으로부터 독립되어 자급자족이 가능하며, 기독교 교리를 전승해야 한다는 사명감으로 충만한 수도사들이 있는 곳이었다. 이곳에서 수도사들은 성경을 정성스럽게 베꼈으며, 여러 곳에서 입수한 각종 문헌을 안전하게 보존했다. 성경의 필사를 위해서, 성경을 읽기 위해서, 교육은 수도원의 필수 기능이 될 수밖에 없었다. 그렇기에 중세 전기에는 유일한 교육 기관이 바로 수도원이었다.

수도원에 부설된 수도원학교들은 5~6세기 사이에 설립되었으며, 처음에는 다소 제한된 커리큘럼을 가르쳤다. 사실 수도원의 기본 기능은 기도와 예배 그리고 정신적인 완전함을 통해 신에게 봉사하는 데 있었지 문화를 보존하고 지식을 전달하는 것은 부차적인 과업이었다. 일부 수도원들은 일반인 교육을 위한 학교를 설립하기도 했지만 적극적으로 교육을 수행하지는 않았다. 그러나 예외도 있었다. 카시오도루스Flavius Magnus Cassiodorus는 537년 비바리움Vivarium 수도원에 학교를 설립해 기독교 신앙은 물론 세속의 학문도 같이 가르쳤다. 커리큘럼의 첫 번째 부분은 기독교 신학 서적으로 구성되었고, 두 번째는 인문학 과목들인 3학trivium(문법, 논리, 수사)과 4과quadrivium(산술, 기하, 천문, 음악)로 구성되었다. 카시오도루스는 인문학 과목들을 신학 연구에 필요한 예비적 교육으로 인식했던 것이다.

중세와 함께 시작된 야만의 시대가 잠시 멈춘 적도 있었다. 게르만족의 일파인 프랑크족은 8~9세기에 안정된 왕권을 구축하고 정치적 안정을 이루었다. 특히 샤를마뉴Charlemagne 대제는 궁정학교를 중심으로 학문과 교육을 권장해 라틴어 고전에 대한 관심을 불러일으키는 등 이른바 '카롤링거 르네상스'라 불리는 문화적 번성을 이루기도 했다. 그러나 카롤링거제국은 내부적으로 취약했으며, 샤를마뉴 대제가 사망하자 이내 혼란에 빠지게 되었다. 슬라브, 사라센, 바이킹 등 이민족의 침입도 제국의 붕괴를 부채질했다.

이러한 상황을 배경으로 등장한 것이 바로 봉건제다. 권력은 지방으로 분권화되고, 경제는 자급자족 농촌 경제에 머물렀다. 생존이 최우선 관심사가 된 상황에서 문자는 기독교 신앙을 전수하는 것 이상의 역할을 담당하지 못했다. 로마의 멸망과 함께 시작된 중세 유럽의 암흑기는 쉽게 극복되지 못했다.

12세기의 변화들

12세기 유럽의 중요 도시들에서는 하늘 높이 치솟은 대성당들이 경쟁하듯 건축되었다. 투박하고 견고했던 로마네스크Romanesque 양식의 성당은 허물어졌고, 높은 첨탑과 화려한 스테인드글라스로 장식된 커다란 창을 가진 고딕Gothic 양식의 대성당이 그 자리를 대신했다. 엄청나게 많은 돈, 오랜 시간을 들여야 하는 대역사였지만 도시인들은 주저하지 않고 대성당을 지었다. 주로 주교좌성당이 있는 도시들에서 시작된 고딕 건축은 12세기에 그 위세를 더해가던 도시인의 자신감과 경제력의 표현이었다. 대학이 그 모습을 드러낸 것은 바로 이 대성당의 시대였다.

도시의 부활
로마제국 멸망 이후 유럽 전역을 휩쓸던 이민족의 침입이 11세기 무렵 종식되었다. 사회는 안정을 되찾았고, 인구가 대규모로 늘었다.

1086년 영국의 인구는 170만 명이었는데 1348년에는 480만 명이 되었다. 유럽 대륙 역시 이 기간 동안 인구가 적어도 두 배로 증가했다. 특히 1200년을 전후해 가파르게 늘었다.

중세 경제가 압도적인 자급자족 농촌 경제였음을 생각하면 이러한 인구 증가는 결국 농업 생산성이 향상된 결과였다. 먼저 경작지가 확대되었다. 숲, 습지, 황무지 등으로 버려졌던 토지들에서 나무가 벌채되고 습지가 메꾸어지는 등 대규모 개간과 간척사업이 벌어졌다. 미약하나마 농업 기술의 진보도 있었다. 삼포제三圃制가 확산되고 시비법施肥法이 활용되었으며, 철제 쟁기, 마구馬具 등 농사를 위한 도구들이 발전하면서 농업 기술이 향상되었다. 확대된 경작지에서 발전된 농업 기술을 사용하다 보니 생산력 증가는 당연한 결과였다. 먹을 것이 풍족해지자 영양 상태가 개선되고 인구는 비약적으로 증가했다.

농업 생산력 증가는 교역 발달로 이어졌다. 생산력이 낮았던 이전 시기 농민은 자신과 영주가 필요로 하는 것 이상의 작물을 재배할 수 없었다. 철저한 자급자족 농업 경제였던 것이다. 그러나 농업 생산력이 전반적으로 향상되면서 자가소비를 초과하는 잉여생산물이 생겼고, 이렇게 남아도는 농산물들은 교환을 위해 시장에 나왔다. 한편, 늘어난 인구는 재화의 수요 역시 증가시켜 상업과 수공업의 발달을 견인했다.

지역의 시장들은 활기를 띠었고 교환 경제는 나날이 성장했다. 유럽 내부에서 교역이 가장 활발했던 곳은 지중해와 북해를 잇는 내륙 교통로의 중간지점 샹파뉴Champagne였다. 원거리 교역 역시 북부의 발트해와 북해, 남부의 지중해를 중심으로 본격화되었다. 특히, 십자군전쟁 이후 지중해를 완전히 회복하게 되면서 베네치아와 콘스탄티노플을 중심으로 계속되었던 동방과의 무역은 더욱 활발해졌다. 동방에서 향료와 견직물, 설탕, 약재, 양탄자 등의 사치품이 들어왔으며, 서방에서는 주로 모직물이 수출되었다.

교역이 증가하고 도로망이 안정되자 한동안 자취를 감췄던 고대 도시 자리에 다시 도시가 들어섰다. 정치적, 군사적 목적을 위해 건설된 고대 로마의 도시들은 이민족의 잇단 침입 속에 그 기능을 상실한 지 오래며, 설령 있더라도 군사적 기능만을 담당하는 축소된 형태였다. 그러나 11세기에 상업이 부활하자 지리적 요충지에 위치한 이들 도시에 상인들이 모여들기 시작했다. 날로 늘어가는 상인들을 기존의 성 안에 수용할 수 없게 되자, 성 외곽에 이들을 수용할 수 있는 성벽을 이중 삼중으로 건설함으로써 도시는 확장되었다. 상업을 주 기능으로 하는 중세 도시가 형성된 것이다. 도시의 수가 늘어나고 규모가 확장되면서 도시 인구에 극적인 변화가 있었다. 900년 무렵에는 서유럽 전체 인구의 약 1퍼센트만이 도시에 살고 있었고, 도시당 인구수는 10,000명을 넘지 않았다. 그런데 1500년 무렵에는 서유럽의 도시민 수가 전체 인구의 8퍼센트에 이르게 되었다. 도시화가 오랫동안 진행된 이탈리아에서는 도시 인구가 13퍼센트 수준을 유지했으며, 북해 무역의 중심지로 떠오른 네덜란드와 벨기에는 도시민 비율이 각각 전체 인구의 10퍼센트와 20퍼센트 가량 되었다. 반면 독일은 중세 전성기에도 도시민 비율이 5퍼센트 수준에 머물렀다.

도시의 특성

중세 도시의 부활은 사회적·경제적 변화에만 그치지 않았다. 로마제국 시대부터 도시를 중심으로 교구敎區를 구축했던 가톨릭교회는 중세 도시가 들어서는 곳 어디에서나 성당을 세웠다. 중세 도시에서 상업 활동이 활발해질수록 상인들은 교역을 체계화하기 위한 기술을 습득하려 했다. 교회의 성직자를 양성하고 상인들을 훈련하기 위해서 도시는 학교를 세웠다. 사회가 안정되고 체계를 갖추어 갈수록 지식이 확산되고 학문의 깊이가 심화되자 보다 고등한 지식에 대한 욕구와 필요가 생겨났다. 이러한 상황은 결국 대학의 등장으로 이어졌다. 이처럼 중세 대학은 당시 유럽의 사회적, 경제적, 문화적 환경 속에서 탄생한 역사적 결과물이다. 무엇보다 중세 도시의 산물이다. 대학들이 형성된 지역이 단 하나의 예외도 없이 도시였으며, 따라서 대학의 성격을 규정한 것도 바로 중세 도시였다.

최초의 중세 도시는 봉건영주의 관할지에서 생성된 것이기에 애초부터 봉건적 지배와 종속 관계가 존재할 수밖에 없었다. 그러나 상인 정주지의 성격이 강했던 중세 도시는 그 발전 과정에서 기존의 권위로부터 벗어나려는 속성을 갖는다. 상인에게는 이동의 자유와 재산의 소유권이 필수적이기 때문이다. 결국 봉건적인 질서를 유지하려는 봉건영주와 봉건적 구속으로부터 벗어나고자 하는 도시민 사이에는 긴장과 갈등 관계가 존재할 수밖에 없었다.

도시가 번성하고 도시민의 힘이 강해지면서 봉건영주의 지배에 대한 저항이 시작되었다. 주로 상인들이 주도하고 수공업자들이 동조하는 형식이었으며, 도시민들은 코뮌commune[2]을 결성하여 자신들의 권익을 주장했다. 이러한 '코뮌운동'은 성공적인 곳도 있었지만 별다른 위력을 발휘하지 못한 곳도 있었다. 이탈리아의 코뮌운동은 성공적이었지만 국왕의 권력이 상대적으로 강력했던 프랑스와 영국에서는 도시의 자치권이 강하지 못했다. 그렇지만 '도시의 공기는 인간을 자유롭게 한다Stadtluft Macht Frei'는 옛 독일의 속담처럼 도시는 자유를 상징하는 곳이었으며, 도시민은 기본적으로 자유를 추구하는 존재들이었다.

한편, 도시의 주요 구성원인 상인과 수공업자들은 자신들의 경제 영역을 보호하기 위해 길드guild를 조직했다. 길드의 구성원들은 서약으로 소속된 길드에 충성을 맹세했으며, 규정을 제정해 내부 활동을 통제하고, 신입 회원 입회 등을 결정했다. 상인 길드는 시장을 독점해 경쟁을 배제함으로써 조합원들의 이익을 보호했다. 장인master-직인journeyman-도제apprentice의 엄격한 계서제階序制[3]로 운영되는 수공업 길드는 가격과 임금을 획일화하고, 생산 방법 및 품질을 규제함으로써 공동의 이익을 보호했다.

도시에는 새로운 일자리도 많았다. 도시의 경제가 활력을 띠고, 정

---

2 중세 시대 코뮌은 흔히 소시에타스(societas), 우니베르시타스(universitas) 등과 같이 사용되었다. 코뮌이 출현하기 이전부터 소시에타스와 우니베르시타스는 길드와 같은 인적조직을 가리키는 용어였다.

3 수공업 길드는 기술적 완성도와 경제적 독립을 요건으로 길드 내 서열을 유지했다. 장인이라 불리는 수공업자는 명품을 제출함으로써 자신의 기술을 입증하고 정회원이 될 수 있었다. 장인 아래에는 직인이 있는데, 이들은 기술은 있으나 자신의 사업장을 갖고 있지 못했다. 직인 아래에 있는 도제들은 장인과 직인으로부터 기술을 배우는 자로서 서열의 맨 아래 단계다.

치와 문화가 발달하면서 보다 많은 사람이 도시 정부에서, 교회에서, 문화와 교육 분야에서 일자리를 찾을 수 있게 되었다. 특히 법률가들이 환영을 받았는데, 중세 도시에서는 도시법 제정, 도시 사이의 분쟁 해결, 교역과 관련된 법적 문제 해소 등의 다양한 부분에서 법률가와 공증인의 도움이 절대적으로 필요한 일들이 날로 늘어났다. 이러한 종류의 일자리는 글을 읽고 쓰는 능력이 필수적이기에 학교가 필요했고, 지식인들은 도시로 몰려들었다.

따라서 도시는 온갖 지식이 모이고 교류되는 곳이었다. 이곳저곳 떠돌며 지적 순례를 하던 학자들이 도시로 몰려들었다. 이들은 도시에서 새로운 정보를 얻을 수 있었으며, 자신의 지식 역시 다른 학자들과 나누었다. 때로는 마치 상인들이 거리의 모퉁이에 좌판을 깔고 상품을 판매하는 것처럼, 지식의 보따리를 풀어 놓고 학생들을 모았다. 도시의 자유롭고 개방적인 특성이 지적 활력을 불어넣었다.

새로운 지식의 유입

혼란과 야만의 시대에는 속세와 멀리 떨어진 곳에서 기독교의 맥을 이어가던 수도원의 역할이 중요했다. 그러나 사회가 안정을 되찾고, 인구가 증가하며, 도시가 부활하자 가톨릭교회의 중심이 수도원에서 속세의 성당으로 이동했다. 재속在俗 성직자들은 이전에 수도사들이 담당하던 역할에 이의를 제기하기 시작했다. 재속 성직자들은 수도사들이 평신도를 대상으로 설교하고, 성사를 집전하며, 십일조를 걷는 등의 일에서 손을 떼야 한다고 주장했다. 수도사들은 세속을 떠난 자들이기에 세상 것을 추구해서는 안 된다는 논리였다. 교육 역시 수도원이 포기해야 할 과업이었다.

1163년 교황 알렉산데르 3세Alexander III는 수도사들이 법학, 의학을 공부하기 위해 수도원을 떠나는 것을 금지했다. 12세기에 클뤼니Cluny 수도원장은 수도원 외부에서 운영하던 학교를 폐교했다. 이제 도시 성당 부속으로 설립된 성당학교cathedral school, schola가 재속 성직자와 일반인에 대한 교육을 독점하게 되었다.

사실 수도원은 도시와 달리 새로운 지식을 수용하기 어려운 곳이었다. 수도원 도서관과 도시 성당 도서관의 소장도서 목록을 보면 그 차이를 확연히 느낄 수 있다. 수도원에는 성서와 교부들의 저작, 라틴어 문법책, 초보적인 과학 서적 등이 필사본으로 보관되고 있었다. 반면, 도시에서는 프톨레마이오스의 천문학, 유클리드의 기하학, 아리스토텔레스의 논리학 혹은 법학 서적 등 최근 유행하는 학자들의 책이 서가에 더 많이 꽂혀 있었다.

그러나 도시에서 활발하게 유통되던 새로운 지식은, 엄밀한 의미에서, 새로운 것은 아니었다. 11~12세기 서유럽에 소개되기 시작한 새로운 지식이란 오래전 그리스 학자들이 남긴 철학, 의학, 과학 서적이었다. 이 서적들은 그리스 멸망과 함께 학자들이 비잔틴제국으로 망명하고, 더불어 세속 학문을 탄압한 가톨릭교회의 정책으로 유럽에서는 그 흔적을 찾기 어려웠던 것들이었다. 그런데 십자군 원정 이후 동방과 교류가 활성화되고, 에스파냐 남부 지역을 중심으로 이슬람 지식인들과 교류가 활발해지면서 다시 유럽에 그 모습을 드러내게 되었다.

이 시기 발견된 그리스 서적 대다수는 아랍어나 시리아어 번역본이었다. 이슬람 지식인들은 아리스토텔레스의 논리학, 유클리드의 기하학, 프톨레마이오스의 천문학, 그리스의 의술, 아랍의 수학, 로마법 등 고대의 저술들을 보존했을 뿐 아니라 그것에 방대하고 심오한 주석을 달았다. 마침내 이러한 서적들의 번역 사업이 이슬람 세력이 물러난 에스파냐의 톨레도Toledo에서 1087년에 대대적으로 추진되었다. 톨레도에 소집된 유럽 학자들은 모자라브인Mozarab, 유대교 학자들, 심지어 이슬람교도들의 도움을 받아가면서 이러한 서적들을 본격적으로 연구하기 시작했으며, 이와 함께 '번역학교'를 설립해 아랍어 문헌을 라틴어로 옮겼다.

이렇게 소개된 새로운 지식은 기존의 학문에 염증을 느끼던 수많은 지식인들에게 새로운 눈을 뜨게 해주었다. 특히 아리스토텔레스의 이성 중심 철학을 접한 지식인들은 '신학의 문제'에도 이성을 접목하게 되면서 스콜라 철학이 등장할 길을 열었다. 이러한 새로운 지식의 유입은 '12세기 르네상스'로 표현될 만큼 활발한 학문적·문화적 발전을 가져왔다. 12세기 초 베르나르 샤르트르Bernard de Chartres는 고전 지식과 학문을 통해 세상을 더 넓게 바라볼 수 있게 된 당시의 상황을 이렇게 표현했다.

우리는 거인의 어깨 위에 있는 난쟁이와 같다. 우리가 이 거인보다 더 멀리 볼 수 있는 이유는 우리의 육체가 탁월하거나 눈이 더 좋기 때문이 아니라 거인이 우리를 받쳐주기 때문이다.

대학의 형성

최초의 대학이 언제, 어디서, 어떻게 만들어졌는지는 정확하게 알 수 없다. 다만, 12~13세기 초반 볼로냐Bologna, 파리Paris, 옥스퍼드Oxford 등에서 가르치는 자와 배우는 자의 모임이 있었음을 확인할 수 있는데, 이 모임이 내적 단결력을 갖추어 체계를 잡아가면서 '우니베르시타스universitas', 즉 대학으로 발전해갔다. 물론 우니베르시타스를 통해 집단의 이익을 보호하고자 하는 움직임 이전에도 새로운 지식에 목말라하는 학생과 그들이 원하는 교육 내용을 전달할 수 있는 교수들은 존재했다. 이들은 추구하는 교육의 내용에서도 지식을 활용하고자 하는 방향에서도 전통적 지식인과 구별되는 존재였다.

새로운 지식인 아벨라르
새로운 지식이 도시로 유입될 무렵 새로운 형태의 지식인들이 등장했다. 이들은 신에게 봉사하기 위해 학문을 도구로 사용하는 성직자 지식인들과 달랐다. 글을 읽고 쓰는 능력을 활용해 세속군주의 궁정에서 행정을 담당하는 관료 지식인과도 달랐다. 이 새로운 지식인들은 학문 자체에 대한 탐구욕으로 가득 찼으며, 지식을 팔아 생계를 유지하는 한편 명예와 부도 얻으려 했다. 중세 도시와 함께 등장한 새로운 지식인의 대표적인 인물이 바로 프랑스의 피에르 아벨라르Pierre Abélard였다.

아벨라르는 지적 호기심과 학문에 대한 열정으로 가득한 자였다. 봉건 사회에서 장자가 누릴 수 있는 최고의 혜택인 재산 상속권을 포기했고, 기사가 될 수 있는 영예로운 기회도 마다했다. 그가 탐한 것은 오직 지식이었다. 특히 논리학에 관심이 깊었던 아벨라르는 프랑스 전역을 돌아다니며 지식을 쌓고 학문적 논쟁을 벌였다. 뛰어난 언변과 명쾌한 논리, 깊이 있는 지식을 갖춘 그가 학자로서 명성을 쌓는 데는 오랜 시간이 필요 없었다.

1110년 파리에 입성한 아벨라르는 노트르담Notre Dame 성당학교의 교수 기욤 드 샹포Guillaume de Champeaux에게 논리학을 배웠다. 그런데 아벨라르는 기욤의 가르침에 만족할 수 없었다. 아벨라르는 무엇보다 논리의 명확성을 중요하게 생각했다. 명확하지 않은 용어는 의미를 정확하게 포착하는 데 걸림돌이 되며, 논지의 모호함은 진리에 이르지 못하게 방해하는 주범이라고 믿었다. 아벨라르는 언어의 정확한 사용과 논리의 명료함이 지식인의 도구라고 보았던 것이다. 그러나 기욤에게는 지적 명료함이 부족했다. 기욤에게서 배운 것이라고는 '그의 학문적 명성이 헛된 것이라는 사실'뿐이었다고 아벨라르는 불평했다. 이윽고 아벨라르는 기욤의 학문적 권위에 도전했고, 논쟁으로 그의 지식이 허약한 토대 위에 있는 것임을 모든 사람 앞에서 증명했다.

기성의 학문적 권위에 대한 도전은 아벨라르에게 명성과 핍박을 동시에 가져다 주었다. 기욤과 논쟁 직후 아벨라르는 노트르담 성당 학교의 교수로 임용되어 안정된 생활을 시작하게 되었지만, 곧 기욤의 반대로 자리를 잃었다. 그러나 이미 그에게는 따르는 학생들이 많았다. 아벨라르는 파리의 남쪽에 위치한 믈룅Melun과 코르베유 Corbeille에 학교를 세우고 학생들에게 자신의 독자적인 이론을 가르쳤다. 당시 지식인들의 관심사였던 보편논쟁[4]에 대한 그의 명쾌한 해석은 많은 호응을 얻었고, 그의 학식과 명성을 좇아 수많은 군중과 학생들이 몰려들었다. 흥미로운 것은 아벨라르가 학교를 연 동기가 이전 시기 교사들의 그것과 확연히 달랐다는 사실이다. 그는 "내가 학교를 열기로 결심한 것은 경제적 궁핍 때문이었다"라고 말했는데, 이는 지식을 팔아 생계를 유지하는 존재로서 지식인이 탄생했음을 의미한다.

명성이 절정에 이르렀을 때 아벨라르는 인생 최고의 좌절을 맛보게 된다. 1118년 노트르담 대성당 참사회원인 풀베르Fulbert의 어린 조카딸 엘로이즈Heloise의 가정교사를 맡게 된 것이 화근이었다. 엘로

---

4 개별적인 것들을 총괄하는 개념인 보편자가 실제로 존재한다고 믿는 실재론(實在論)과 개별적인 것들만이 현실에 존재할 뿐 보편자란 우리의 관념 속에서 이름으로 존재할 뿐이라고 주장하는 유명론(唯名論) 사이의 논쟁이다. 중세 스콜라 철학의 대가들이 실재론과 유명론으로 나뉘어 팽팽하게 대립했는데, 아벨라르는 보편은 개별 속에 존재한다는 논리로 양측의 입장을 종합했다.

이즈는 열일곱이라는 어린 나이에도 여러 가지 언어에 능했고 고전에도 뛰어난 재능을 보여 당대 사람들 사이에서 명성이 자자했다. 스승과 제자로 만난 두 사람은, 많은 나이 차이에도 곧 사랑에 빠졌다. 아벨라르와 엘로이즈는 사람들 몰래 결혼식을 올리고 자식까지 낳았지만 명망 있는 학자이자 성당참사회원인 아벨라르의 명성에 피해가 갈 것을 염려해 자신들의 관계를 비밀에 부쳤다. 하지만 풀베르는 이를 가문과 조카딸에 대한 모욕으로 간주했다. 풀베르는 아벨라르를 습격했고, 돌이킬 수 없는 수치를 주기 위해 거세했다. 말로 다할 수 없는 상실과 모멸감을 맛본 아벨라르는 수도사가 되었고, 엘로이즈는 수녀원으로 들어갔다.

수도원에서의 오랜 무료함을 견디며 상처를 삭힌 아벨라르는 1136년 다시 파리로 돌아왔다. 생트 준비에브Sainte-Geneviève에서 학교를 열자 수많은 학생이 그의 명성에 이끌리어 찾아왔다. 그의 날선 강의를 막아보려고 국왕까지 나섰지만 소용이 없었다.[5]

아벨라르가 예전의 날카롭고 명민했던 지식인으로 돌아온 것이다. 문제는 그의 지적 전투력도 다시 살아났다는 사실이다. 이번에 그가 맞서야 할 상대는 수도원의 지적 전통을 대변하는 베르나르 샤르트르였다.

베르나르는 새로운 지식과 방법론을 무기 삼아 전통 학문의 권위

---

[5] 전하는 이야기에 의하면, 국왕이 프랑스 땅에서 아벨라르가 강의하지 못하도록 명령하자 아벨라르는 나무에 올라가서 강의했고, 이에 공중에서도 강의하지 못하게 하자 강에 띄운 배 위에서 강의를 했다고 한다.

에 도전하는 아벨라르가 못마땅했다. 특히 초대 교부들의 저서나 성서마저도 논리학에 의해 해부되고 도전받는 현실을 참을 수 없었다. 반면 아벨라르는 기독교 신앙 그 자체를 의심하거나 부정하지는 않지만, 성서와 전통적 권위서들이 학문적 대상이 될 수 없다는 주장은 '지적 발전을 가로막는 나태와 게으름'이라고 보았다. 두 사람은 공개토론회를 열어 각자의 주장을 펼쳐보기로 했으나, 의도했던 지적 대결은 이루어지지 않았다. 아벨라르의 입을 막는 게 목적이었던 베르나르가 공개토론회가 열리기 직전 로마 교황청에 아벨라르의 이단성을 고발했기 때문이다. 결국 공개토론회는 아벨라르의 죄목을 낱낱이 성토하는 장으로 변질되었다. 아벨라르는 교황청의 체포를 피해 도망가야 했으며, 그로부터 얼마 후 숨을 거두었다.

아벨라르를 비롯한 새로운 지식인들은 기존의 교육 체계 내에서 환영받지 못했다. 새로운 지식으로 무장하고 비판적으로 전통의 지식을 공격했기 때문이다. 전통적 지식인들과 교회는 이들의 사상이 기독교 신앙과 기성질서를 해칠 것이라는 두려움을 갖고 있었다. 전통적 교육에 만족함을 느끼지 못하고, 기성질서에도 편입되기 어려웠던 이 새로운 지식인들은 결국 새로운 학문공동체를 꿈꾸게 되었다.

대학의 형성

11세기 들어 도시가 발달하면서 다양한 형태의 학교가 등장했다. 기존의 수도원학교나 궁정학교에 더해서 도시 성당들을 중심으로 새로운 학교가 생긴 것이다. 이러한 학교들은 대개 도시의 주교좌성당에 딸린 것이었다. 주교좌성당 부속학교들은 교구의 성직자에게 신학을 가르치는 곳인 동시에 장래의 성직자 양성을 위해 글을 읽고 쓰는 능력을 가르치는 곳이었다. 1079년 교황 그레고리오 7세Gregorius VII는 모든 주교좌성당에서는 '글쓰기 기술artes litterarum'을 가르치라고 명했다. 1179년 라테란 공의회(3차)에서는 성당참사회가 교사들을 경제적으로 지원해 가난한 학생도 교육을 받을 수 있도록 해야 한다는 결정을 내렸다. 한편, 도시 부르주아지들을 위한 학교들도 생겨났다. 상업 활동이 정교해지고 도시 행정이 체계를 갖추면서 읽기, 쓰기, 셈하기 능력 이외에 회계나 법률 지식도 필요해졌다. 12세기 도시에서는 지식의 쓰임새가 더욱 확대되었고, 그 결과 이러한 지식을 교육하는 학교는 비약적으로 증가했다.

이 시기의 교육은 이전과 달랐다. 가장 큰 차이점은 이전에는 교구 성직자 양성을 위한 기초적인 읽기와 쓰기가 중심이었다면, 이제는 일곱 개의 교과목으로 구성된 인문학이 핵심으로 부상했다. 인문학을 마친 학생들은 신학 같은 보다 수준 높은 학문을 배웠다. 서유럽 전역에서 인문학을 가르치는 학교들이 설립되었다. 도시들은 각자의 학문적 특성을 발전시키며 명성을 얻었다. 프랑스의 샤르트르Chartre와 오를레앙Orléans은 인문학으로 명성을 얻었다. 랭스Reims와 랑Laon은 신학으로 유명했다. 그러나 이러한 명성은 곧 파리로 집중되었다. 파리는 12세기에 인문학과 신학의 중심지로 이름을 떨치며 전 유럽의 학자들을 끌어들였다. 법학 역시 모든 도시에서 그 중요성을 높여갔다. 상업이 발달하고, 교회와 궁정 모두 체계를 갖추어감에 따라 법률가의 위상이 높아졌다. 법학 교육은 파리, 오를레앙 등에서도 이루어졌으나 그 중심지는 단연 볼로냐였다. 로마 시대부터 법학의 전통을 이어오던 볼로냐는 인기 있는 교사들에 힘입어 유럽 전역으로부터 학생을 불러 모았다. 오래전부터 휴양지로 유명했던 지중해 연안의 기후 좋은 도시 살레르노Salerno와 몽펠리에Montpellier는 의학을 발전시켰다. 에스파냐의 톨레도는 그리스어와 아랍어로 된 고대의 저작들을 번역하는 곳으로 관심을 받았다.

사회적으로 지식의 중요성이 커지고, 지식인을 필요로 하는 부문이 늘어나자 사람들은 지식을 매개로 교류와 소통이 이루어질 수 있는 곳을 찾았다. 지식의 범위와 깊이가 확장되자 새로운 지식에 대한 욕구도 많아졌다. 학자 간의 교류가 활발하며, 새로운 지식을 접할 수 있는 중세 유일의 공간은 도시였다. 배움을 원하는 학생들은 도시에서 자신에게 적합한 선생을 찾을 수 있었다. 도시에서는 생활에 필요한 음식과 숙소도 구할 수 있었다. 선생들 역시 다른 학자들과의 논쟁을 통해 자신의 지적 명성을 높이고, 이를 통해 많은 학생들을 확보함으로써 수업료라는 경제적 실익도 얻을 수 있었다.

지식의 비약적 팽창은 교회가 전담하던 학교 교육의 범위를 넘어서는 수준이었고, 결국 비등한 수요를 감당하기 위해 사설학교들이 설립되었다. 교육 내용과 교사 자격을 검증하고 통제하는 권한은 주교좌성당을 비롯한 지역의 성당에 있었지만, 차츰 그러한 통제에서 벗어난 사설학교들이 늘어났다. 사설학교들은 성당의 통제를 받지 않아도 되었기에 가르치는 내용 역시 비교적 자유로웠다. 그렇지만 이러한 자유는 '새롭지만 아직은 검증되지 않은 지식'을 접할 기회 역시 많아짐을 의미하는 것이기도 했다.

교회의 통제가 느슨해지고, 사설학교들이 난립하는 상황은 교회,

학생, 교사 모두에게 여러 가지 문제를 야기했다. 교회는 새로운 학문들이 기독교 신앙에 해가 될 것이라는 두려움을 갖고 있었다. 특히 아리스토텔레스의 형이상학과 자연과학 관련 서적들은 기독교 교리와 충돌하는 것으로 판단되었기에 교회에서는 이를 통제할 필요가 있었다. 학생들은 자질을 갖춘 교수에게 체계적인 교육을 받길 원했다. 사설학교 스스로도 체계적인 교육의 필요성을 절감하고 있었다. 그런데 사설학교들은 교사의 자질을 검증할 수단이 없어 교육의 질이 보장되지 못했다. 따라서 교육 과정과 교육 내용도 정비되고 체계를 갖추어야 했다. 학생들의 수업료에 전적으로 의존해야 했던 교사들 역시 학교 간의 경쟁이 심화되는 상황에서 자신들의 권익을 보호하고자 했다.

무엇보다 교수와 학생들은 학문공동체의 안전을 보장받으려 했다. 특히 배움을 위해 멀리 외국에서 온 학생과 교사들에게는 신분의 안전이 중요했다. 학교가 자리 잡은 도시민의 입장에서 이들 외국인 학생들은 도시민으로서 법률적 권리를 갖지 못한 외부인이었다. 따라서 도시의 상인, 집주인, 공권력 등으로부터 언제든 불합리한 피해를 당할 수도 있는 약자들이었다. 실제로 도시민들은 외국인 학생과 교수들의 약점을 이용해 경제적 이익을 착취하려 했다. 결국, 교사와 학생들은 내부적인 체계를 갖추기 위해, 또 외부로부터의 간섭에 적절히 대응하기 위해 대략 12세기 중반 이후로 조직을 구성하게 되었다.

2장

최초의 대학들

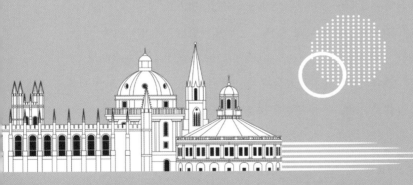

12세기에 중세 사회는 오랜 암흑에서 벗어나 안정과 번영의 시대로 접어들었다. 중세 사회의 활력을 견인한 것은 바로 도시였다. 교통의 요충지에 자리한 도시들에는 각지에서 상인과 수공업자들이 모여들었고, 도시민들은 대성당을 세워 날로 번창하는 위세를 과시했다. 여전히 봉건적 양식이 사회 전반을 지배하고 있었지만 도시는 다양한 방식으로 중세 사회에 균열을 내고 있었다.

사회가 안정되고 체계를 잡아갈수록 지식의 권위는 높아졌다. 성직자, 법률가, 행정가, 교사 등 지식으로 무장한 전문가에게 의존해야 하는 일들이 날로 늘어갔다. 지식 그 자체를 갈망하는 사람도 많아졌다. 결국, 고등한 지식에 대한 욕구와 필요는 사람들을 도시로 몰려들게 했고, 체계적이고 조직적인 교육에 대한 갈망은 대학의 형성으로 이어졌다.

최초의 대학들은 특정 시기, 특정 공간에서 설립된 것이 아니었다. 지금의 대학들처럼 건물이 지어지고, 대학의 학칙이 제정되며, 교육 내용이 확정되고, 교수진이 갖추어진 상태에서 승인 권한을 지닌 주체로부터 인가를 받아 설립된 것이 아니었다. 배움을 원하는 학생들이 지식의 권위를 인정받은 학자들로부터 강의를 듣고 토론하는 자연발생적인 모임이 조금씩 확대되고 체계를 갖추어나간 것이 최초의 중세 대학들이었다.

따라서 최초의 대학들이 언제, 어떻게 생겨났는지 명확하게 밝히는 것은 애초에 불가능한 일이다. 학생과 교수의 모임이 체계를 갖추면서 대학이라는 형태로 발전된 것이라면, 그 과정의 여러 단계 중 어떤 것을 결정적 시점으로 선택할 것인가? 우니베르시타스로 인정받은 때인가? 교황 혹은 국왕에게서 스투디움 제네랄레studium generale로 공인된 때인가? 대학이 자체적으로 학칙을 제정한 때인가? 대학이 제정한 학칙을 외부 권력이 인정한 시점을 기준으로 하면 볼로냐 대학은 1252년으로 파리 대학보다 뒤처진다. 교황이나 국왕으로부터 공식적 인가를 기준으로 삼는 것도 문제가 있다. 대부분의 인가서가 대학이 제 모습을 갖추고 한참이 지나서야 발급되었고, 당시의 상황과 형편에 따라 그 순서도 뒤죽박죽이기 때문이다. 살라망카Salamanca 대학은 1255년에 인가서를 받은 반면 볼로냐 대학은 1291년에, 파리 대학은 1292년에 교황 니콜라오 4세Nicolaus IV로부터 인가서를 받았다. 옥스퍼드 대학은 당시의 관례에 따라 스투디움 제네랄레로 인정받았을 뿐 교황으로부터 성문화된 인가서를 받은 사실 자체가 없다. 한편, 설립 시기는 빨랐지만, 대학이 내부 체제와 규율을 갖추어 정상적으로 기능하게 되는 시점은 꽤 늦은 경우도 있다. 툴루즈Toulouse 대학은 1229년에 설립되었으나 1260년이 되어서야 정상적인 대학으로 기능한다.

이러한 모호성 때문에 최초의 대학들은 설립 시점을 최대한 끌어올려 잡으려는 경향이 있다. 볼로냐 대학은 로마의 테오도시우스Theodosius 황제가 423년에 설립한 것으로 문서를 위조하기도 했다. 파리 대학은 샤를마뉴 대제 때 설립되었다고 주장한다. 옥스퍼드 대학은 9세기 알프레드Alfred 대왕 때 설립되었다고도 하고, 심지어는 패망한 트로이 유랑민들이 옥스퍼드에서 철학자들과 만나 대학을 설립했다고도 주장한다. 설립 시기를 최대한 끌어올리려는 것은 고대인의 유산과 전통에 가까운 대학으로 만들고 싶었기 때문이다.

이런 이유로 최초의 대학들에 대해서 알고자 할 때 중점적으로 살펴봐야 할 것은 설립 일시 혹은 형성 시점이 아니다. 중요한 것은 최초의 대학들이 어떠한 사회적 배경에서, 어떠한 과정을 통해 형성되었으며, 특성은 무엇인지 밝히는 것이다.

1

볼로냐대학

1888년, 볼로냐 대학은 설립 800주년이 되었음을 선포하고 성대한 기념식을 거행했다. 1088년에 볼로냐 대학이 설립되었음을 공표한 것이다. 유명한 법학자 이르네리우스Irnerius와 페포Pepo가 볼로냐에서 최초로 강의를 개설했다는 내용이 기록된 13세기 문서가 '1088년 설립'의 근거였다. 한편, 900주년 기념으로 1988년에 발간된 소책자에는 1088년에 볼로냐 교회학교와는 관련 없는 별도의 장소에서 법학 교육에 관한 자유로운 계약이 있었다는 사실도 덧붙였다. 오랜 기간 자신들의 대학 역사를 연구한 끝에 이 시기에 법률학교가 존재했다는 사실을 근거로 1088년을 볼로냐 대학의 설립연도로 정한 것이다.

11세기 말에 능력 있는 교수들과 학생들의 결합체인 수많은 법률학교가 존재했다는 볼로냐 대학의 주장은 사실로서 널리 인정되고 있다. 그러나 1088년을 볼로냐 대학이 설립된 해로 확정할 만큼 모두가 인정할 수 있는 어떠한 구체적 증거도 아직까지 발견되지 않았다. 무엇을 대학 설립의 결정적 요소로 봐야 하는지 연구자들 간의 합의가 내려지지 않은 상태에서 볼로냐 대학이 제시한 설립연도는 다소 자기중심적인 해석으로 인식되었다. 그럴만한 이유가 있었다. 1888년은 오랜 분열 끝에 이탈리아가 통일된 직후였다. 역사에서 민족적 우수성을 발굴해 국가의 영광을 드높이려는 열기가 넘쳐나던 시기였다. 이탈리아인들은 볼로냐 대학이 세계에서 가장 오래된 대학임을 밝힘으로써 이탈리아인의 지적 우수성을 증명하고 싶었던 것이다. 볼로냐 대학의 설립연도 1088년은, 발견된 것이 아닌 '선택'된 것이었다.

법학의 중심지 볼로냐

볼로냐가 위치한 북부 이탈리아는 중세 유럽의 다른 지역보다 도시의 발달이 빨랐다. 로마가 멸망한 이후 유럽 대부분의 지역이 암흑 상태에 빠졌던 것과는 달리 이 지역에서는 고대문명의 명맥이 끊긴 적이 없었다. 동방과 거리가 가까워 상업 활동 역시 단절되지 않았다. 상업의 발달은 도시의 발전과 활발한 도시 자치운동으로 이어졌다. 한편, 대학이 태동하던 11~12세기 당시 이탈리아는 로마 교황과 신성로마제국 황제가 치열하게 지배권 쟁탈전을 벌이던 지역이었다. 신성로마제국 황제는 서임권 투쟁 이후 교황에게 억눌렸던 권력을 확대하기 위해, 교황은 황제의 권력을 제어하기 위해 계속 갈등을 빚었는데, 특히 이탈리아 지배권을 놓고 황제와 교황은 첨예하게 대립했다.

이러한 일련의 상황은 이탈리아에서 법학이 발전할 수밖에 없는 토양을 제공했다. 첫째, 로마 시대 이후 상업과 도시가 융성했던 이탈리아에서는 법률가와 공증인들의 공문서 작성이 무엇보다 필요했다. 둘째, 교황과 신성로마제국 황제가 이탈리아 지배권을 놓고 다투는 과정에서 통치의 정당성을 법률을 통해 확보하려 애썼고, 이는 법학의 발전으로 자연스럽게 연결되었다. 셋째, 로마의 전통이 잘 남아 있는 지리적 특성으로 오랫동안 수많은 법률학교가 운영되었다.

이러한 과정에서 로마법이 재발견되면서 볼로냐는 진정한 법학의 중심지로 우뚝 섰다. 중세 초기에는 개별 지역들에서만 통용되는 일종의 지방 관습법밖에는 없었다. 그런데 로마제국의 몰락과 함께 서유럽에서 자취를 감추었던 로마법이, 11세기 후반《로마법 대전 *Corpus Juris Civilis*》[6]이 발견되고 학자들이 이 책을 연구하기 시작하면서, 체계적인 학문으로 발전했다. 이러한 발전을 이끈 당대 최고의 법률학자들이 볼로냐에 많았다. 로마법 연구의 권위자였던 이르네리우스는 강의와 주석 작업을 통해 로마법을 하나의 독립된 학문 분야로 끌어올렸다. 또한, 교회법 권위자로《법령집성 *Decretum*》을 편찬한 그라티아누스 Gratianus의 활약으로 법학이 철학과 신학 수준의 학문적 체계성을 갖추었다. 게다가 (앞에서도 언급했듯이) 법학이 발달할 수밖에 없는 사회적 조건 역시 무르익고 있었다. 교회, 궁정, 도시 등 모든 사회 조직이 체계를 갖추어 가고 기능이 다양해지면서 유럽 모든 지역에서 분쟁과 소송이 크게 늘었다. 특히 이탈리아는 유럽의 다른 지

---

6 동로마 황제 유스티니아누스 1세(Justinianus I)의 명으로 기존의 로마법을 집대성해 편찬한 법전으로《교회법 대전(*Corpus Juris Canonici*)》과 대비하여《시민법 대전(*Corpus Juris Civilis*)》으로 불리기도 한다.

역보다 도시의 성장과 상업의 발달이 두드러졌기에 그와 관련한 문제 역시 증가했다. 이러한 상황을 해결하기 위해 많은 재판관과 법률가가 필요하게 되었고, 결국 교육을 통한 법률가의 양성 및 법학의 발전이 가능했다.

볼로냐가 전 유럽의 법학 중심지로 자리 잡는 데는 지리적 영향도 컸다. 북부 이탈리아에 위치한 볼로냐는 알프스 이북과 이남이 교류할 수 있는 교통의 요충지로서 일찍부터 도시가 형성되어 있었다. 이탈리아 학생뿐 아니라 알프스 이북에서 법학을 공부하기 위해 오는 외국인 학생들도 접근하기 편리한 위치였다.

볼로냐 코뮌과의 갈등

볼로냐가 법학으로 명성을 얻기 시작하면서 전 유럽에서 학생들이 몰려들었다. 그런데 볼로냐에 법학 공부를 위해 온 학생들 중에는 외국인 학생들의 비율이 상당히 높았다. 볼로냐의 당국, 도시민과 상인들은 방세, 음식값, 책값, 생필품 가격 등을 대폭 올려 볼로냐로 몰려든 새로운 소비자들로부터 경제적 이익을 챙기려고 했다. 서적상을 압박해 볼로냐 외곽에 거주하는 학생들에게는 책을 팔지 못하도록 조치를 취하기도 했다. 무엇보다 학생들의 불만이 컸던 것은 학생이 빚을 갚지 않고 사라진 경우, 그 지역 출신 다른 학생에게 대신 빚을 갚도록 한 볼로냐 당국의 조치였다. 외국에서 온 학생들은 시민권이 없어 내국인과 같은 법률적 보호를 받을 수 없었기에 볼로냐 당국의 부당한 조치에 제대로 대응할 길이 없었다. 이러한 상황은 교수들에게도 불편한 것이었다. 자신들에게 배우기 위해 멀리서 온 학생들이 피해를 받는다면 학교의 명성에 금이 갈 것이기 때문이었다.

결국, 학생과 교수들은 신성로마제국 황제를 만나 이 문제를 호소해 보기로 했다. 마침, 1155년 신성로마제국 황제 프리드리히 1세 Friedrich 1는 대관식을 거행하기 위해 이탈리아로 가는 길이었다. 볼로냐의 교수들과 학생들은 황제를 찾아가 볼로냐 당국의 작태를 상세히 설명하고 시정을 요청했다. 이에 황제는 학문을 추구하기 위해 타지에서 살 수밖에 없는 학자들의 권리를 보호하는 법률을 하나 제정하게 되는데, 바로 '정당한 관습Authentica Habita'이다. 이 법률에 의하면 자신의 고향에서 멀리 떠나와 살아가는 학자들은 보호를 받아야 하며, 이들에게는 이동의 자유가 허락되어야 하고, 동료의 빚을 대신 갚도록 하는 관행은 금지되어야 했다. 또한 학생들이 재판을 받아야 하는 경우 법정을 선택할 수 있도록 했다. 학생들은 시의 법정에서 재판받을 필요 없이 교수의 법정 혹은 주교의 법정 중에서 스스로 선택할 수 있게 되었다. 황제의 칙령은, 중세의 전통에 따라, 공부하는 학생들을 성직자에 준하는 지위로 인정한 것으로 이후 대학의 특권을 이야기할 때 중요한 근거가 되었다. 이 법률을 다른 말로 '학자의 특권Privilegium Scholasticum'이라고도 부르는 이유가 바로 여기에 있다. 그러나 당시 황제의 칙령은 형식적이어서 볼로냐에서 별다른 효력을 발휘하지 못했다.

형편이 나아지지 않은 학생들과 볼로냐 시의 갈등은 점차 고조되었다. 이 과정에서 볼로냐 시는 학생들과 교수들이 다른 지역으로 빠져나가지 못하도록 서약을 강요했다. 이를 학생들은 완강히 거부했으나, 일부 교수가 1182년에 시의 요구를 수락했다. 대부분이 볼로냐 출신이었던 교수들은 시의 결정에 저항하기 어려웠을 것이다. 그동안 외부인으로서 도시법에 취약했던 학생들에게 교수들은 자연적으로 보호자 역할을 했었다. 그런데 볼로냐 당국이 교수들을 "자신들의 궤도로 끌어들이면서" 교수와 학생의 틈을 벌려 놓았고, 이러한 상황에서 교수들도 믿을 수 없게 된 학생들은 볼로냐 시에 대항해 스스로의 권리를 지키지 않으면 안 되었다. 보호자가 없는 상황에서 학생들은 스스로를 방어하기 위해 선제적이며 도전적일 수밖에 없었을 것이다.

학생조합의 등장

학생들은 1191년에 조합, 즉 '우니베르시타스'를 결성했다. 볼로냐의 우니베르시타스는 파리와는 달리 법학부 학생들의 조합으로 출발했으며, 두 개의 지역 학생조합으로 구성되었다. 하나는 이탈리아 본토 출신 학생들로 구성된 '알프스 이남citramontane 조합'이며, 다른 하나는 이탈리아 외부 출신 학생으로 구성된 '알프스 이북ultramontane 조합'이었다. 이들 두 개의 우니베르시타스 안에는 학생의 출신지에 따라 다시 몇 개의 집단이 구성되었는데, 이러한 출신지별 모임을 동향단nation이라 한다. 볼로냐 대학에는 12세기 말에서 13세기 초까지 1,000명 이상의 학생이 있었는데, 이들 대부분은 이탈리아 밖에서 왔다.

볼로냐의 학생들은 각각의 조합에서 한 명씩 렉토르rector[7]를 선출

---

[7] 길드에서 차용한 용어로 지도자(ruler)라는 뜻이다. 대학에서는 학장 혹은 총장의 의미로 사용되었다.

했다. 선출된 두 명의 렉토르는 우니베르시타스를 대표하고 총괄했는데 오늘날의 대학 총장처럼 대학의 인사, 재정, 행정, 사법 등에서 권한을 행사했다. 렉토르는 교수 채용, 학생들로부터 수업료 징수, 학칙에 규정된 사항을 집행할 권한 등을 가졌다. 또한 우니베르시타스 내부 문제에 대해서 사법권을 행사할 뿐 아니라 볼로냐 시와의 문제 및 학생들의 사소한 범법 행위에 대한 재판도 주관했다. 단, 살인과 심각한 범죄는 볼로냐 시 법정으로 이관했다. 교수와 학생들은 렉토르에게 복종의 서약을 했다. 각각의 동향단도 대표자를 뽑아 동향단의 자금을 운용하고 구성원들의 기금을 관리했다. 그러나 동향단 대표들 역시 렉토르에게 예속되어 조언과 자문으로 보좌했다.

이렇게 구성된 우니베르시타스를 중심으로 학생들은 도시의 부당함에 맞섰다. 그들의 무기는 바로 '강의 정지'와 '이주'였다. 1204년 볼로냐 학생들 일부가 비첸차Vicenza로 집단이주했고, 1215년에는 교수와 학생들이 아레초Arezzo로 이주했다. 1222년에는 파도바Padova, 1246년에는 시에나Siena, 1343년에는 피사Pisa로 이주했다. 강의 정지도 빈번했는데 3년 동안 대학이 폐쇄된 적이 두 번 있을 정도였다. 강의 정지와 이주가 도시에 미치는 영향은 컸다. 학생들에게 방을 세주고, 음식과 술을 팔며, 서적을 비롯한 각종 학용품을 판매하던 상인들이 직접적으로 피해를 입기 때문이다. 경제적 피해 외에도 대학으로 인해 높아졌던 도시의 위상도 상처를 입었다.

결국, 볼로냐 코뮌은 서약공동체를 조직하고 렉토르를 선출하는 학생들의 권리를 1245년에 인정할 수밖에 없었다. 힘이 막강했던 학생조합은 대학 운영자 역할을 담당했다. 교수들은 이제 학생조합의 권위에 복종하고 학생조합으로부터 임명을 받는 상황을 받아들여야 했다.

- 교수들은 대학 총회에 입회자로 참여하는 것은 허용되었지만 투표는 금지된다.
- 모든 교수들은 학생 총회에서 공표된 학칙에 복종한다.
- 10월에 학기가 시작되기에 앞서 수개 월 전 미리 교수들을 선발한다.
- 선발에 앞서 교수들은 렉토르에게 학교생활과 관련된 모든 문제에 대해 복종할 것을 서약한다.

학생조합은 교수들의 수업에 대해서도 간섭하고 통제했으며, 이를 위반할 경우에는 벌금을 부과했다.

- 강의에 늦거나 예정보다 늦게 종료할 때 벌금을 부과한다. 강의 종료가 늦어지면 학생들은 바로 교실을 떠난다.
- 강의 전에 수업에 사용할 교재를 어떻게 배포할지 학생들과 합의해야 한다.
- 지정된 교재는 학기의 특정 시점까지 진행해야 하며, 이를 위반할 시에는 매우 무거운 벌금을 부과한다.
- 주석을 어렵게 달거나 실러버스syllabus(강의 안내서)대로 수업을 진행하지 못하면 벌금을 부과한다.
- 교수는 정규수업 시 다섯 명 이상의 수강생을 확보해야 한다. 만약 인원수 확보에 실패하면 결강으로 간주해 벌금을 부과한다.

학기 시작 전 교수는 일정 금액을 도시 은행에 보증금으로 맡겨두어야 했는데, 교수들에게 부과되는 벌금은 보증금에서 차감되었다. 학생들이 수업을 보이콧해서 벌금이 부과되면 학생들이 지급하는 봉급으로 생활을 하는 교수들에게 치명적이었다. 그래서 교수들은 자신들에게 부과된 벌금으로 생계가 불안해지고 명성에 금이 갈까 항상 불안에 떨어야 했다.

이처럼 볼로냐 대학에서는 학생이 교수들 강의를 질적으로 양적으로 평가했다. 이를 위해 학생조합은 감시위원을 비밀스럽게 선발해 그들에게 교수들을 감시하고 고발하는 역할을 맡겼다. 교수가 학생에게 우월한 지위를 행사할 수 있었던 유일한 권한은 학위취득 후보자의 명단을 승인하는 것뿐이었다.

볼로냐 학생조합의 특징

볼로냐의 대학생들이 강력한 조합을 운영할 수 있었던 이유 가운데 하나는 상당수 학생들의 연령이 북부 유럽의 대학들에 비해 높았기 때문이다. 볼로냐 대학생 중에는 사회에서 다양한 직업을 경험한 학생이나 교회로부터 성직록[8]을 받는 성직자 등이 다른 대학들보다 많았다. 이처럼 사회 경험이 풍부한 학생들로 구성된 조합은 아무래도 다른 대학에 비해 강력할 수밖에 없었다.

---

8 성직자가 생계를 위해 교회로부터 받는 수입을 말하며, 대개 자신이 속한 교구에서 제공되었다. 교황 인노첸시오 3세(Innocentius III)는 1207년에 칙령 'Tuae Fraternitatis'을 내려 공부를 하기 위해 교구를 떠나 있는 성직자도 성직록을 받을 수 있도록 했다.

그렇다면 교수들이 이러한 학생 지배에 복종할 수밖에 없었던 이유는 무엇일까? 앞에서도 언급했듯이, 볼로냐에서는 학생들이 교수들을 경제적으로 압박할 수 있는 수단을 갖고 있었기 때문이다. 국가나 도시 정부로부터 급료를 받는 봉급제 교수직이 아직 보편화되지 않은 상황에서 대다수의 교수들은 학생들이 주는 수업료에 생계를 의존해야 했다. 볼로냐처럼 학생의 수가 많은 대학에서는 교수의 강의 능력에 따라 학생들로부터 상당한 보수를 받을 수도 있었지만, 대다수의 교수는 기껏해야 1~2년 정도만 교수직을 수행하고 다른 곳으로 자리를 옮기는 형편이라 그러한 체제에 굳이 불만을 표시하지 않았던 것이다.

이렇게 막강한 힘을 과시했던 볼로냐 대학의 학생 지배 체제는 대학이 체계를 갖추면서 서서히 약해진다. 사실 대학이라는 조직을 생각해 보면 학생들에게 운영권이 주어지는 상황은 합리적이지 않다. 교수들은 학생들의 학업 능력을 평가하고 그 수준을 증빙하는 학위를 수여하는 등 마치 길드의 장인과 같은 역할을 담당한다. 지식의 전수를 목적으로 구성된 인적공동체인 대학에서 지식의 권위는 교수들에게 있기 때문이다. 그러므로 교수가 학생의 통제를 받는 것은 결코 정상적이지 않다. 한편, 볼로냐 학생조합이 대학 운영이나 교수에 대한 통제를 처음부터 계획했던 것도 아니었다. 이들은 대학을 체계화하고 조직화할 청사진을 갖고 있지 않았다. 다만, 볼로냐 대학이 형성될 시점의 이런저런 상황이 학생들이 대학을 지배하도록 몰아갔을 뿐이었다. 무엇보다 학생들이 배움의 대가로 수업료를 교수에게 지급하고, 교수는 학생들의 수업료로 생계를 유지해야 했던 경제적 상황이 볼로냐 대학의 학생 지배 체제가 가능했던 가장 결정적인 이유였다.

학생조합이 주도하던 대학 운영권이 14세기에는 볼로냐 당국으로 넘어가게 되는데, 교수들의 급여를 볼로냐 당국이 지급하게 되었기 때문이다. 1350년에 이르러서는 거의 모든 교수의 급여를 볼로냐 당국이 지급했다. 결국 15세기에 렉토르의 권위는 크게 쇠퇴해 대학 운영의 전권을 볼로냐 당국이 담당하게 되었다.

14세기 중반 이후, 학생이 중심이 된 기존의 대학 운영은 볼로냐를 비롯한 다른 곳에서도 힘을 잃게 되었다. 약 200여 년간 검증을 받았음에도 교수들과 도시 사회는 학생 권력이 위험하다는 생각을 버리지 못했다. 유럽의 기성 체제들은 시간이 흐를수록 대학의 지배권은 교수들에게 있어야 하며, 학생들은 수강생의 지위로 격하되어야 한다고 결론지었다. 대학을 안정적으로 운영하는 데는 청년들의 불확실성보다 전문가 성인이 낫다는 판단을 하게 된 것이다.

2

파리 대학

유럽 최고의 대학은 과연 어디일까? 역사가 가장 오래된 것은 볼로냐 대학이다. 오늘날 세계 대학들이 지향하는 연구중심 대학의 모델을 처음으로 제시한 것은 1810년에 설립된 베를린Berlin 대학이다. 2000년대 이후 세계대학평가에서는 옥스퍼드와 케임브리지Cambridge 대학이 단연 앞선다. 사실 최고 대학이라는 것 자체가 모호하다. 역사를 기준으로 하면 볼로냐 대학이, 근대 대학에 미친 영향을 고려하면 베를린 대학이, 최근의 학문적 성과를 보면 옥스퍼드와 케임브리지가 최고 대학으로 꼽힐 수 있다. 어떤 기준을 설정하느냐에 따라 어디가 최고 대학인가에 대한 대답은 달라질 수밖에 없다.

그러나 19세기 이전으로 눈을 돌리면 이 질문에 대한 대답은 명확하다. 역사와 전통이 가장 오래된 대학, 학문적 명성이 가장 높은 대학, 영향력이 가장 뛰어난 대학은 단연 파리 대학이었다. 파리 대학의 인문학부는 다른 대학의 모범이었다. 파리 대학의 신학부는 가장 권위 있는 신학적 판단을 제시함으로써 로마 교황청의 신뢰를 듬뿍 받았다. 중세 유럽에서는 신학이 최고의 학문이었으므로 파리 대학 신학부는 유럽 최고의 학부였다. 파리 대학에서 제정된 절차와 규칙들은 다른 대학에 그대로 이식되었다. 파리 대학은 교황, 철학자, 과학자, 정치가 등 유럽 최고의 지성을 배출하는 곳이었다.

중세 유럽 최고의 도시, 파리

파리 대학이 중세 최고의 대학으로 우뚝 설 수 있었던 요인 중 하나는 당시 파리 자체가 유럽 최고의 도시였기 때문이다. 12세기가 중반을 지날 무렵부터 파리는 유럽 최고의 학문 중심지로 부상했다. 영국 출신의 학자 솔즈베리 존John of Salisbury은 1136년 무렵 파리로 건너가 약 12년 동안 수학했는데, 이 시기 파리의 학문적 분위기와 유명한 교수들에 대해 생생한 기록을 남겼다. 솔즈베리는 파리에서 당대 최고의 학자들로부터 다양한 학문을 배웠다고 회고했다. 티에리드 샤르트르Thierry de Chartres로부터 인문학을, 탁월한 문법학자인 기욤 드 콩슈Guillaume de Conches로부터는 문법을, 당대 최고의 아리스토텔레스주의자로 인정받았던 아벨라르로부터는 논리학을 습득했다는 것이다. 한 명의 학생이 각각의 분야에서 최고로 인정받는 학자들로부터 동시에 교육받을 수 있는 곳이 바로 12~13세기 파리였다. 이 시대를 대표하는 학자들과 그들로부터 가르침을 받기 위해 학생들이 몰려들었던 파리는 하나의 거대한 지적 공간이었다.

　파리가 처음부터 학문의 중심지였던 것은 아니다. 12세기 파리는 노트르담 성당학교를 중심으로 라틴어, 논리학 등을 활발하게 교육하고 있었으며 많은 학생이 찾아오는 곳이었지만, 샤르트르, 랑, 랭스, 오를레앙 같은 도시들 역시 대성당을 중심으로 파리에 결코 뒤지지 않는 학문적 번영을 구가하고 있었다.

그런데 12세기 중반 파리의 도시 기능이 비약적으로 발전하면서 상황이 바뀌었다. 센Seine강을 끼고 교역이 활발해지면서 파리는 경제적 번영을 이루게 된다. 또한 카페Capet 왕조에 의해 수도로 지정되어 정치적 중심이 되면서 발전에 속도를 더하게 된다. 게다가 루이 7세Louis VII와 필리프 2세Philippe II는 카롤링거Carolinger 왕조의 르네상스와 같은 학문진흥 정책이 왕실의 권위를 강화하는 데 도움이 된다는 생각으로 학문을 적극 후원했다.

파리의 성장을 가장 직접적으로 드러내주는 지표가 인구증가다. 12세기 초반 파리 인구는 불과 1만 명밖에 되지 않았다. 그러나 13세기 초 성벽 안 파리의 면적은 약 275헥타르까지 확대되었을 뿐 아니라 인구수 또한 크게 늘었다. 1215년경 성벽으로 둘러싸인 파리의 면적은 한때 경쟁 상대였던 샤르트르에 비해 네 배 이상 컸다. 물리적 공간의 확대는 보다 많은 교수와 학생의 수용을 가능하게 했다. 1200년경 파리의 인구수는 약 25,000명에서 50,000명 사이였으며, 이 중에서 학생의 비율은 10퍼센트 정도였을 것으로 추정한다.

유럽 대륙의 한 가운데에 위치한 지리적 이점, 경제적 번영에 더해서 안정된 도시로 변모한 파리는 유럽의 문화와 지식을 선도하는 중심지로 올라섰고, 전 유럽의 지식인들이 갈망하는 학문의 중심지로 발돋움했다. 이 무렵 필리프 2세가 건설한 노트르담 대성당은 번성하는 파리의 상징이었다.

교회 및 도시와의 갈등

전 유럽에서 수많은 학자들이 파리로 몰려든 이유 중 하나는 도시의 규모나 기반 시설이 잘 발달해 쾌적한 환경을 제공했기 때문이다. 그러나 이러한 외형적 조건은 부수적 요소였을 뿐 정말로 중요했던 것은 당시 파리의 지적 환경이었다. 파리에서는 다양한 학문을 접할 수 있었고, 새로운 학문을 최고의 학자들에게 배울 기회가 많았다. 무엇보다 파리는 학자들의 자율성이 잘 보장된 곳이었다. 파리는 국왕이 거주하는 공간이었음에도 왕들은 학문의 문제에 개입하기보다 자율성을 보장하는 데 더 관심을 두었다. 파리의 학문에 관한 실질적 책임을 담당하던 노트르담 성당 역시 지식인들의 활동에 세세하게 개입하지 않았다.

기독교가 모든 지식의 중심이던 중세 유럽 사회에서는 학문과 교육의 책임이 교회에 있었다. 당시 파리의 학문을 관할하고 감독할 권한은 주교좌성당인 노트르담에 있었다. 노트르담의 주교 밑에서 파리의 교육 관련 사안을 담당하는 인물이 바로 '챈설러chancellor'[9]였다.

12세기가 되자 기존의 학교 체제에서 벗어난 사설학교들이 대거 등장했다. 논리, 문법, 법학, 의학 같은 과목을 가르쳤던 사설학교들은 대개 센강의 왼쪽 지역에 자리를 잡았다. 이러한 학교의 상당수는 설립과 운영에 비교적 많은 자율성을 누리고 있었다. 형식적으로는 사설학교를 설립할 경우 파리의 주교좌성당인 노트르담의 챈설러에게 허가를 얻어야 했지만, 실제로는 교수의 자질 정도만을 간단하

---

9 원래 궁정에서 국왕의 인장을 관리하던 관직을 이르는 말이었다.

게 확인하는 것 외에는 학교 설립에 요구되는 조건들이 까다롭지 않았다. 사실상 센강 왼쪽 지역은 노트르담 성당의 관할권 밖에 있었던 셈이다. 학교의 설립이 자유롭고 따라서 교육의 내용도 신선하자 교수들은 마음껏 자신의 능력을 펼치며 학생들을 끌어모을 수 있었다.

그러나 학생 수가 많아지고 학교 또한 늘어나면서 모든 면에서 경쟁이 심화되었다. 사설학교 내부적으로는 체계적인 교육의 필요성이 제기되었고 교수들의 자질을 검증해야 한다는 목소리도 높았다. 교육의 내용 역시 체계를 갖추어야만 했다. 교수와 학생들은 보다 구체적인 조직화를 통해 이러한 문제를 해결하려 했고, 12세기 중반 도시의 관례를 따라 조합, 즉 우니베르시타스를 결성했다. 파리 대학이 형성된 것이다.

문제는 노트르담 성당 역시 사설학교의 난립을 심각하게 받아들였다는 점이다. 무엇보다 새로운 학문이자 교회의 골칫거리인 아리스토텔레스의 사상이 유행하는 것을 노트르담에서는 우려했다. 노트르담의 챈설러는 한동안 별다른 관심을 쏟지 않았던 '교수자격증 licentia docenti' 발급을 문제 삼아 간섭하기 시작했다. 원래 노트르담 챈설러는 노트르담 성당학교의 교장을 겸하면서 파리 교육계를 총괄하는 최고 권위자였다. 파리의 모든 교수는 그가 발급하는 교수자격증을 반드시 소지해야 했다. 노트르담 챈설러는 임의로 교수자격증을 수여하고 박탈할 권리를 갖고 있었을 뿐 아니라 파리 내의 교수와 학생에 관련된 모든 일을 관장할 수 있었다. 이러한 권한을 이용해 노트르담의 챈설러는 파리 대학의 교수자격증 수여를 자신의 통제 아래 두고 수수료도 부과하려 했다. 노트르담의 주교 역시 대학의 학자들이 자신의 권한 아래 있다고 생각했다. 대학인들은 성직자이며, 교육의 기능은 교회에 속한다는 것이 그 당시 보통의 인식이었기 때문이다.

그러나 파리 대학의 교수들은 이러한 챈설러의 조치가 우니베르시타스의 운영 원칙에 맞지 않는다는 이유로 강력하게 반발했다. 파리 대학의 교수들은 노트르담 챈설러가 교수자격증을 수여하고 박탈할 권한을 갖는다는 데는 동의하지만, 파리 대학의 교수조합에 가입할 수 있는 조건을 정하는 권한은 교수들에게 있다고 주장했다. 길드가 신입 회원의 자격을 심사하고 입회를 결정할 권한을 가지고 있듯이 대학 역시 그러한 권한을 가져야 한다는 논리였다. 실제로 파리 대학의 교수들은 교수자격증을 소지하고 있어도 자신들이 규정한 조건에 부합하지 않는 자에 대해서는 교수조합의 가입을 승인하지 않았다.

파리 대학의 교수들과 노트르담 챈설러와의 갈등은 1212년 교황 인노첸시오 3세Innocentius III가 발급한 교황 칙서에 의해 해결되었다. 교황 사절로 대학을 방문한 추기경 로베르 드 크루송Robert de Courçon은 이 문제와 관련된 법령을 제정했는데, 이 법령에 의하면 챈설러는 교수들이 인정하는 자에게 학위를 수여하고 교수자격증을 부여하며, 그에 대한 수수료는 징수할 수 없었다. 결국, 노트르담 챈설러는 1213년에 이르면 교수자격증을 부여하는 특권을 상실하게 되고 자연스럽게 이 권리는 대학의 교수들에게 넘어간다.

노트르담 챈설러와의 갈등과 더불어 파리 대학의 형성에 결정적인 영향을 미친 것은 바로 도시와 갈등이었다. 사실 도시의 입장에서는 학생들을 유치하는 것이 한편으로는 이익이 되지만 다른 한편으로는 다소간의 위험을 감수해야 하는 일이었다. 젊은 학생들의 혈기가 언제 어디에서 어떠한 형태로 폭발할지 모를 일이었다. 게다가 외국인 학생들의 경우 언어와 문화, 관습이 달라 현지인들과 소통이 원활하지 않았고, 이로 인한 갈등의 위험이 항상 잠재되어 있었다.

1200년 파리의 선술집에서 독일 귀족 학생의 시종이 구타당하는 사건이 발생했다. 분노한 귀족 학생과 그 친구들이 선술집으로 몰려가 싸움이 벌어졌고, 그 와중에 술집 주인이 부상을 입었다. 학생들의 폭력에 분노한 파리의 치안총감과 일단의 시민은 독일 학생의 호스텔을 습격했고 그 과정에서 학생 몇 명이 살해당했다. 파리 대학 교수들은 이 사건을 대학의 권리에 대한 공격으로 간주해 국왕 필리프 2세에게 보상을 요구하며 자신들의 주장이 관철되지 않을 시에는 강의를 중지하고 다른 도시로 이주하겠다고 경고했다. 교수와 학생들이 도시를 떠날까 염려한 필리프 2세는 관련자들을 구속하고 무기징역을 구형하는 한편 학생들은 형사상의 범죄를 저질렀다 해도 교회법정에서 재판받도록 명령했는데, 이는 학생들의 신분을 성직자로서 간주한 조치였다. 그러나 교수들은 왕의 구두명령에 만족하지 않았고, 이 내용을 문서로 보장받기를 원했다. 결국 필리프 2세는 그 내용을 담은 '국왕 헌장Royal Charter'을 발표했다. 이 문서에는 우니베르시타스에 대한 내용은 언급되지 않았지만 파리 대학의 학생들이 특별한 신분임을 인정한 것으로 중요한 의미를 지닌다. 즉 파리 대학의 특권이 최초로 명시된 문서인 것이다. 많은 연구자들이 이때를 파리 대학의 공식 설립으로 보는 이유가 바로 여기에 있다.

교수조합의 구성

13세기 내내 계속된 노트르담 챈설러와의 갈등, 도시와의 대립은 파리 대학의 조직과 체계에 막대한 영향을 미쳤다. 13세기 초만 하더라도 파리 대학은 학부 별로 엉성하게 엮인 교수와 학생의 조직체에 불과했다. 노트르담의 챈설러와 갈등이 본격화되기 이전인 12세기 말부터 신학, 법학, 인문학부의 교수조합이 구성되어 있었으나 구성원 간의 결속력이나 조직화는 미약했다. 그런데 노트르담 챈설러 및 도시와 갈등을 공동으로 대항하는 과정에서 조합의 권리와 규정이 체계를 잡아갔다. 이 과정에서 효율적인 협상과 대응을 위해 여러 개의 교수조합이 하나로 통폐합되는데, 흥미로운 것은 인문학부 교수조합이 파리 대학 전체를 대표하게 되었다는 사실이다.

파리 대학은 네 개의 학부faculty, 즉 상위학부인 신학부, 법학부, 의학부와 하위학부인 인문학부로 구성되었다. 인문학부는 상위학부 진학을 위한 예비적인 교육을 수행하는 단계로 교수들은 대개 상위학부 재학생으로 구성되었다. 따라서 인문학부 교수들은 나이도 가장 어리고 학문적 역량도 상위학부 교수들에 미치지 못했다. 그러나 인문학부는 학생과 교수의 수가 가장 많은 학부였다. 인문학부 교수들은 교수총회의 구성원 중 가장 높은 비율을 차지했고, 이들의 발언과 결정이 대학을 주도할 수밖에 없었다. 이처럼 인문학부에는 순수하게 강의만 담당하는 교수들과 인문학부 졸업 후 상위학부에서 공부 중인 학자들이 섞여 있어 그 구성은 복합적이라 할 수 있다.

13세기 중반에는 우니베르시타스가 완전한 형태를 갖추게 된다. 우니베르시타스 내에는 출신지에 따라 구성된 동향단이 있었는데,

파리 대학은 프랑스, 피카르디, 영국, 노르망디의 네 개 동향단으로 구성되었다. 프랑스 동향단은 주로 프랑스 및 남부 유럽 출신, 노르망디 동향단은 노르망디와 브르타뉴 및 파리 서부 지역 출신, 피카르디 동향단은 주로 파리 북부 지역과 저지대 국가 출신, 영국 동향단은 잉글랜드, 스칸디나비아, 독일 및 슬라브 출신으로 구성되었다. 각각의 동향단은 자신의 대표인 동향단장procureur을 선출했으며, 이 단장들이 대학 전체를 대표하는 렉토르를 뽑았다. 그중에서도 가장 기초적인 학위 과정을 담당하는 인문학부 교수조합이 두각을 나타내게 되었고, 결국 인문학부 교수조합의 장이 대학의 렉토르가 되었다.

그렇다면 파리 대학이 학생 중심의 볼로냐 대학과 달리 교수 중심의 조합으로 형성된 이유는 무엇일까? 파리 대학 교수들은 볼로냐와 달리 외국인이 많았다. 파리의 명성에 이끌린 이탈리아, 영국, 독일 출신 학자들이 파리로 몰려들면서 13세기 중엽에는 파리 대학 교수들 중 프랑스인을 손에 꼽을 정도로 외국인 비율이 높아졌다. 이들은 이방인인 자신의 취약한 권리를 보호하기 위해 결집하기 시작했고, 한편 상대적으로 나이가 어린 학생들의 보호자 혹은 대변인 역할을 담당하면서 대학 운영의 주도권을 잡게 되었다. 또한 볼로냐의 구성원들은 대개 속인 출신이었던 반면 파리는 교수와 학생 모두 성직자의 신분을 갖고 있었던 점도 교수 중심 조합의 형성에 영향을 미쳤다. 대다수의 교수와 학생들이 성직록을 받는 상황에서 학생과 교수 사이에 급료를 통한 경제적 지배의 형태가 나타날 이유가 없었기 때문이다.

대학의 특권

파리 대학은 오랜 시간 투쟁의 과정을 통해 자치권을 보장받는 한편 대학의 특권도 인정받았다. 파리 대학의 특권은 다른 대학들의 모범이 되었다. 대표적인 것이 로베르 드 쿠르송의 학칙 제정과 '학문의 아버지Parens Scientiarum'이다.

1215년, 교황은 당시 추기경이었던 로베르 드 쿠르송으로 하여금 파리 대학이 당면한 문제들을 자체의 학칙을 제정함으로써 처리하도록 했다. 이 학칙은 지금까지 암묵적으로 시행되고 있던 대학의 관행들을 성문화한 것으로 급료, 교과 과정, 챈설러의 권한, 공식 행사, 교수의 자격, 장례식 등이 명시되어 있다. 좀 더 구체적으로 살펴보자.

대학의 구성원은 기본적으로 성직자로 대우를 받았다. 교수들에게 급료는 생계 수단이었다. 성직자 교수는 자신이 속한 교구에서 받는 성직록으로 최소한의 생계를 유지할 수 있었다. 그렇다면 비성직자 교수와 학생들은 생계를 위해 학업을 포기해야 하는가? 그 당시 사설학교 교수들은 학생들로부터 수업료를 받았지만 이것은 교육은 아무런 대가 없이 이루어져야 한다는 교회의 가르침에서 벗어난 관행이었다. 그래서 1215년 제정된 학칙에서는 비성직자 교수와 학생들을 성직자에 준하는 대우를 하도록 했다. 교수의 연령도 규정했다. 인문학부 교수가 되기 위해서는 21세 이상이어야 하며, 최소 6년 이상 인문학을 배운 경력이 있어야 했다. 신학부 교수는 8년 이상 신학 교육을 받은 35세 이상의 학자라야 가능했다. 교육 내용도 체계화했다. 인문학은 기존의 일곱 개 과목(문법, 논리학, 수사학, 산술, 음악, 천문학, 기하학) 틀 안에서 이루어져야 했으며, 아리스토텔레스의 논리학과 프리스키아누스Priscianus의 문법이 일상적인 강의에서 취급되어야 했다. 반면 아리스토텔레스의 자연철학과 형이상학 그리고 이들에 대한 주석은 금지되었다. 챈설러의 역할은 졸업생들이 적합한 능력을 지녔음을 인정하는 것, 그래서 형식적으로 학위를 수여하는 것에 불과하게 되었다. 당시 파리 대학의 제반 사항을 기록한 로베르 드 쿠르송의 학칙은 초기 대학의 역사를 재구성하는 데 매우 중요한 근거다.

한편, 1229년 벌어진 '타운과 가운town and gown'의 폭력사건은 파리 대학이 자치권을 획득하는 결정적 계기였다. 사순절을 앞두고 벌어진 이 사건은 학생과 도시민 사이의 묵은 적개심에서 비롯됐다. 난투의 과정에서 여러 명의 학생이 왕의 경찰들에게 죽음을 당했고, 교수들은 살해에 가담한 자들을 처벌하라고 요구했다. 그러나 어린 국왕 루이 9세Louis IX를 대신해 섭정을 하던 모후 블랑슈 드 카스티야Blanche de Castille는 오히려 경찰의 편을 들었다. 이에 대학은 강의 정지를 선언하고, 학생들과 교수들은 곧바로 오를레앙, 옥스퍼드 등으로 이주했다. 2년 동안 파리에서는 강의가 없었다. 교황청과 파리 시민들은 학생과 교수의 입장에서 사태를 해결해 달라고 청원을 했고, 결국 1231년에야 루이 9세와 블랑슈 드 카스티야는 대학의 독립성을 인정하는 한편 1200년 필리프 2세가 승인한 대학의 특권들을 재확인하는 것으로 사태를 매듭지었다. 1231년 이 사건과 관련하여 교황 그레고리오 9세Gregorius IX는 칙서 '학문의 아버지'를 반포했는데, 주요 내용은 다음과 같다.

- 노트르담의 챈슬러가 교수를 임명할 때는 파리 대학 교수조합의 동의가 요구된다.
- 대학이 내부의 규율을 정하고 집행하는 것에 완전한 자율을 보장한다.
- 대학 공동체의 의지관철 수단으로서 강의 정지 및 이주의 자유를 인정한다.
- (일반인보다 저렴하게 집세를 내도록 하기 위해) 집세를 산정할 권리를 대학에 귀속한다.
- 부채의 연대책임을 면제한다.

'학문의 아버지'는 파리 대학의 교수와 학생들에게 귀속된 권리 일체를 조목조목 열거하고 자치권을 명시함으로써 대학이 완전한 권위를 가진 단체임을 인정했다. 그런 의미에서 '대학 대헌장'으로도 불린다. 이후 파리 대학은 노트르담 성당과 도시로부터 상당한 수준의 독립성을 인정받으며 광범위한 특권을 누릴 수 있었다.

한편, 13세기 중반 파리 대학 내부에서 교수들 사이에 갈등이 있었다. 대학의 주도권을 놓고 수도원 출신 교수들과 재속 성직자 교수들이 대립한 것이다. 원래 파리 대학의 신학 교수 구성에서 수도원 출신은 소수에 불과했는데, 1254년에는 열다섯 명 중 아홉 명이 수도원 출신으로 채워질 정도로 그 비율이 급격하게 증가했다. 특히 도미니크회와 프란체스코회 같은 탁발교단의 수도사들이 대거 교수직을 차지했다. 파리 대학 교수들 사이의 긴장과 경쟁이 고조된 이유는 두 가지였다. 첫째, 탁발교단 출신들이 대학의 교수직을 차지하면서 재속 성직자 출신들의 신학부 교수직이 줄어들었기 때문이다. 탁발교단 출신들은 소속 교단으로부터 경제적 도움을 이미 확보한 상태지만 재속 성직자들의 경우 신학부 교수직을 얻느냐 마느냐는 생계와 직결된 문제였다. 둘째, 탁발교단 출신들이 대학의 규율과 정신에 어울리지 않는다는 비판이었다. 탁발교단 출신들은 대학보다 소속 교단에 대한 충성이 우선이었다. 이들은 대학의 규율과 관례보다 소속 교단의 그것을 더 중요하게 여겼다.

1253년 사건에서 이러한 문제가 심각하게 드러났다. 파리 대학 교수 한 명이 살해되는 사건이 발생했고, 대학은 이전의 관례대로 사건의 해결을 요구하며 강의 정지를 결정했다. 그러나 탁발교단 소속 교수들은 동참을 거부했다. 재속 성직자 출신의 교수들은 구성원을 징계할 수 있는 조합의 권리에 따라 동참을 거부한 수도원 출신 교수들을 추방했다. 대학의 권위에는 복종하지 않으면서 특권만 향유하려는 수도원 출신 교수들의 이기심을 비판한 것이다. 오랜 분쟁이 이어졌지만 결국에는 재속 성직자의 승리로 마무리되었다. 1318년 재속 교수들이 탁발교단 출신 교수들에게 대학의 학칙에 복종하겠다는 서약을 받아냈고, 그 과정에서 인문학부 교수들이 더 강한 권한을 행사하게 되었다.

이러한 과정을 거치면서 파리 대학은 12~13세기 유럽 전역에서 대학의 모범이 되었다. 특히 교황청은 파리 대학 신학부의 권위에 크게 의존했다. 이단이 창궐하던 13세기에 교황은 보편교회의 수장으로서 파리 대학 신학부를 통해 교리의 합리성과 일관성을 유지하고자 했다. 중세 최고의 학자 토마스 아퀴나스Thomas Aquinas를 비롯한 신학자들이 파리 대학의 학문적 위상을 드높인 때도 이 무렵이다. 이 당시, 파리 대학의 학문적 권위는 교황권, 황제권과 더불어 기독교 세계를 구성하는 세 가지 권위 중 하나로 여겨질 정도였다.

3

옥스퍼드와 그 외의 대학들

옥스퍼드 대학

옥스퍼드 대학은 볼로냐 대학, 파리 대학과 함께 최초의 대학으로 분류된다. 1200년 무렵에 교수들 조합이 태동했으며, 바로 이어 교황과 국왕이 대학의 지위를 인정하는 과정을 거치며 다른 유럽 대학에 비해 매우 이른 시기에 대학을 형성했다.

잉글랜드 최초의 대학이 옥스퍼드에 자리 잡게 된 이유가 무엇인지는 확실하지 않다. 옥스퍼드는 주교좌성당이 있는 도시도 아니고, 그 규모 역시 런던과는 비교도 되지 않는 도시였다. 다만, 1180년 즈음 옥스퍼드 시에 궁정의 관직이 할당되고, 교회법정에도 참여하게 되는 등 정치적으로 중요한 도시로 인정받게 된다. 이런 이유로 수많은 법률가들이 이곳에 모여들었고, 그중 몇몇은 옥스퍼드에서 법률학교를 열게 된 것으로 추정한다. 이후 채 10년도 지나지 않아 옥스퍼드 법률학교는 유럽 대륙에까지 이름을 알리게 되어 외국 학생들을 유치하는 잉글랜드 유일의 학교로 부상했다.

옥스퍼드에 모여든 교수와 학생들의 공동체가 어느 시점에 대학으로 발전했는지는 분명하지 않다. 1167년, 캔터베리Canterbury 대주교 토머스 베켓Thomas Becket과 성직자 재판권 문제로 대립하던 국왕 헨리 2세Henry II가 파리 대학에서 공부하던 잉글랜드 학생들에게 귀국을 명령한 사건이 결정적 계기가 되었다는 주장도 있으나 명확하지는 않다. 옥스퍼드 역시 다른 대학처럼 도시와 갈등이 우니베르시타스의 형성에 결정적 계기가 되었다. 1209년 발생한 도시와의 갈등을 해결하는 과정에서 1214년 교황 인노첸시오 3세는 대학의 특권을 최초로 인정하는 칙서를 공표했다.

그러나 옥스퍼드 대학은 도시와의 갈등을 해결하는 과정에서 교황보다는 국왕의 도움을 더 많이 받았다. 특히 학생들의 집값이나 대학 내 사법권의 행사와 같은 사안은 국왕의 도움이 필요한 것이었다. 헨리 3세Henry III는 1231년 교수들의 조합을 우니베르시타스로 인정했으며, 이후로도 대학의 특권을 인정하고 강화하는 명령들을 지속적으로 내렸다. 1244년에는 옥스퍼드 챈슬러에게 부채와 관련된 소송, 집세의 확정, 말의 대여, 계약 위반, 식자재 구입 등 광범위한 권한을 부여했으며, 1248년에는 완전한 자치와 특권을 인정하는 헌장을 내렸다.

흥미로운 점은 도시와 갈등에서 동향단의 활동이 두드러지지 않았다는 사실이다. 섬나라라는 특성상 외국인 교수 및 학생의 수도 적었고, 교회나 도시 당국의 위협도 크지 않았기에 동향단이 강력하게 활동할 이유가 없었던 것이다. 그래서 옥스퍼드 대학을 총괄한 것은 동향단의 대표인 렉토르가 아니라 챈설러였다. 물론 파리 대학의 챈설러와는 큰 차이가 있었다. 옥스퍼드 대학에서는 챈설러가 교수조합 내에서 선출되었으며, 교회나 세속 당국을 상대로 대학의 권익을 보호하고 신장하는 역할을 수행했다. 그 결과로 옥스퍼드는 다른 대학에서는 찾아볼 수 없는 높은 수준의 자치권을 누렸고, 대륙에서 학문이 경직되는 시기에도 여전히 참신한 사고의 중심지 역할을 할 수 있었다.

옥스퍼드 대학의 가장 큰 특징은 아무래도 '칼리지어트 시스템 collegiate system'일 것이다. 옥스퍼드의 칼리지는 가난한 교수와 학생들이 숙식의 걱정 없이 공부할 수 있도록 하는 한편 이들의 생활을 엄격하게 통제하고 규율할 필요에서 만들어졌다. 1410년에는 학생이 '홀hall'이나 '호스텔hostel'에서 하숙하는 것을 전면 금지하고 모든 학생들을 칼리지에서 생활하도록 강제함으로써 칼리지어트 시스템이 뿌리를 내리게 되었다. 옥스퍼드의 칼리지는 교수와 학생이 함께 생활하는 공간이었다. 칼리지의 대표는 펠로우fellow라고 부르는 칼리지 교수들에 의해 임명되었으며, 국왕이나 칼리지의 후원자가 임명하는 경우도 있었다. 교수들이 학생들과 함께 생활하는 까닭에 펠로우들은 학생들을 개인지도할 수 있었고, 이 과정에서 자연스럽게 지식만이 아니라 인성과 품격까지도 교육하는 관행이 자리를 잡게 되었다. 이처럼 펠로우의 지도 아래 지식 교육과 인격 교육이 결합된 것을 '튜토리얼 시스템tutorial system'이라 부른다. 학생과 교수의 일상 및 교육 활동이 칼리지별로 이루어지게 되자 칼리지는 재정과 행정, 교육 등 모든 면에서 대학과 독립적인 관계가 되었다. 그 결과 대학은 학위 수여권만 유지하는 상징적인 기관으로 남게 되었다.

오랜 역사 속에서도 옥스퍼드 대학은 자신들만의 고유한 전통을 잘 간직해 특별한 변화 없이 지금에 이르렀는데, 아마도 외부 세력의 영향이 상대적으로 적었던 섬나라의 지리적 특성이 영향을 미쳤을 것이다. 로마와 거리가 멀어 교황의 직접적인 관심과 통제 밖에 있었으며, 대내적으로도 대학을 감독할 책임을 지닌 링컨Lincoln 주교구와도 거리가 멀었기에 옥스퍼드는 독자적이고 자율적인 대학으로 발전할 수 있었다. 옥스퍼드 대학의 강한 자율성은 학문 자유의 토대가 되었고, 그러한 자유는 학문적 성과로 이어져 오늘날의 명성을 가능케 했다.

그 외의 대학들

볼로냐 대학과 파리 대학은 이후 설립되는 대학의 모델이 되었다. 이탈리아를 비롯한 남부 유럽의 대학들 그리고 법학을 중심에 두었던 프랑스의 오를레앙 대학 등은 볼로냐 대학의 학생조합 모델을 따랐다. 옥스퍼드와 케임브리지 대학 및 중북부 유럽의 대학들은 교수조합 중심의 파리 대학을 모델로 삼았다.

볼로냐 대학, 파리 대학 같은 초기 대학들은 교수와 학생들의 자발적 의지에 의해 아래로부터 형성된 것이었다. 그러나 얼마 후 교황, 군주 등의 주도로 세워진 대학들도 속속 등장했고, 이후에는 자생적 대학보다 위로부터 설립된 대학들이 더 많아졌다. 나폴리Napoli 대학, 툴루즈 대학, 로마 대학이 대표적이다.

신성로마제국의 황제 프리드리히 2세Friedrich II는 볼로냐 대학의 권위에 도전할 목적으로 1229년에 나폴리 대학을 세웠다. 프리드리히 2세는 볼로냐 대학이 교황과 밀접한 관계를 유지하며 발전하자 이에 대항할 목적으로 자신의 영향권 내에 있던 나폴리에 대학을 세운 것이다. 물론 교황청을 비롯한 교회 세력들은 나폴리 대학에 간섭을 할 수 없었다. 최초의 국립대학이라 할 수 있는 나폴리 대학은 1260년 프리드리히 2세의 죽음과 함께 힘을 잃고 말았다. 교황 그레고리오 9세는 이단으로 규정된 알비파Albigenses와의 전쟁을 마친 후 1229년에 툴루즈 대학을 세웠으며, 1233년에는 칙서를 내려 파리 대학과 같은 특권을 보장했다. 툴루즈 대학에서 교수자격증을 획득한 자는 추가적인 검증 없이 어디에서나 교수로 임용될 수 있도록 한 것이다. 교황 인노첸시오 4세Innocentius IV는 1244~45년 로마에 대학을 세웠다. 이러한 대학들은 법학부나 신학부 등 하나의 학부로 구성되었으며, 오로지 황제와 교황의 관리를 양성할 목적으로 설립되었다.

남부 유럽에서도 대학의 설립은 주로 군주 주도로 이루어졌다. 이베리아 반도에서는 13세기 동안 카스티야Castile, 아라곤Aragon, 포르투갈Portugal, 레온Leon의 군주들이 대학 설립에 앞장섰다. 볼로냐 대학을 모델로 해 설립된 이 대학들은 학생 중심 대학이었지만 군주들이 엄격하게 지배하는 형태여서 독립성은 볼로냐보다 약했다. 파리와 볼로냐 대학은 교황의 인가를 요구하지 않았지만, 에스파냐 대학들은 교황에게 많이 의지했다. 레온 왕국의 알폰소 9세Alfonso IX는 1218년 살라망카 대학을 설립했으며, 카스티야에서는 1241년에 바야돌리드Valladolid 대학이, 1293년에는 알칼라Alcalá 대학이 설립되었다. 1290년에는 디니스 1세Dinis I가 포르투갈 최초의 대학인 코임브라Coimbra 대학을 설립했다.

그런데 독일에서는 대학 설립이 다른 지역보다 훨씬 늦었다. 도시의 늦은 발달이 그 원인 중 하나다. 프랑스, 이탈리아, 에스파냐에서는 도시를 중심으로 새로운 지식의 유통과 사회계층들의 이동이 활발했던 반면 독일에서는 도시의 성장이 많이 뒤처졌다. 그 결과 도시의 역동성과 신분 유동성은 서부 및 남부 유럽과 비교할 수 없을 정도로 낮았다. 독일은 사회경제적으로 그리고 정치문화적으로 근대로의 발전이 상대적으로 늦었던 것이다. 학문적으로는 '새로운 것'이 '나쁜 것'으로 받아들여질 정도로 보수적 특성이 강했다. 12세기까지 독일의 정신을 주도했던 것은 수도원적 세계관이었다. 성직자들은 파리의 새로운 학문적 풍토에 대해 극도로 분노했고, 이단의 거점이 되고 있다는 이유로 도시를 증오했다.

무엇보다 신성로마제국 황제, 선제후, 귀족 등은 자신의 영토 내에 대학을 세우는 것에 관심이 없었다. 자녀들에게 대학 교육이 필요할 경우는 파리나 볼로냐 대학 등 외국의 유명한 대학으로 보내면 될 일이었다. 굳이 대학을 세워 중산층 자녀들에게까지 고급 교육을 제공할 필요는 없다고 생각했다. 이러한 태도는 독일 귀족들이 혈통을 다른 무엇보다 중요하게 여겼기 때문이다. 독일인들은 교회 고위직에는 귀족 태생이 임명되어야 한다는 생각이 강했지만, 프랑스에서는 학문적으로 뛰어나면 외국인이거나 귀족이 아니라 하더라도 주교가 될 수 있다고 생각할 정도로 개방적이었다.

결국, 사회경제적 구조가 전적으로 농업중심적인 경우 그리고 사회적 유동성이 매우 제한적인 상황에서는 대학이 형성되기 어려웠음을 짐작할 수 있다. 국적과 신분에 구애받지 않는 학생과 교수의 학문공동체였던 중세 대학은 도시라는 개방적이고 역동적인 환경을 전제로 했다.

3장

중세 대학의 유산

서양의 중세가 온전한 평가를 받게 된 것은 오래되지 않았다. 중세는 야만적이며, 폭력적이고, 편협한 신앙에 사로잡힌 시대로 오랫동안 묘사되었다. 서양의 중세가 이렇게 편향되게 평가받았던 이유는 중세인을 뒤이은 르네상스인들의 비판 때문이었다. 르네상스인들이 볼 때 중세는 고대의 영광스러운 문화와 학문을 걷어찬 '야만의 시대'였고[10] 예절과 낭만을 무시한 채 힘으로 모든 것을 해결하려 했던 '폭력의 시대'였다. 편협하고 아둔한 스콜라주의에 사로잡혀 아름다운 문장과 논리적 해석이 제대로 평가받을 수 없었던 '무지의 시대'이기도 했다. 르네상스인들에게 중세는 '암흑의 시대'였다.

중세를 고대와 근대를 단절시킨 시기로 평가하는 이러한 해석은 이제는 많이 극복되었다. 지금은 보편적 정치제도로 자리 잡은 의회제도가 시작된 것이 중세였다. 또한 지역적 다양성을 기독교가 하나로 묶어 유럽 공통의 의식과 문화를 창조해낸 시기이기도 하다. 아름답고 운치 있는 중세 서정시들에서는 막강한 교회 권력과 집단주의 속에서도 개인의 자유로운 감성이 살아 있었음을 느낄 수 있다.

흥미로운 사실은 중세 시대가 온전한 평가를 받지 못하던 때조차도 중세 대학은 높이 인정받았다는 점이다. 대학은 중세의 창조물이지만 그 누구도

---

10 지금 유럽 도시들의 랜드마크가 된 중세 대성당의 건축양식에 르네상스인들은 '고딕 (gothic)'이라는 이름을 붙였는데, 이는 '야만적'이라는 뜻이다.

대학을 비난하거나 폄하하지 않았다. 중세 대학은 교회가 독점하던 지식을 대학으로 가져옴으로써 이후 서양 학문의 발전을 이끈 중심이었다. 물론 최초의 대학들에서는 교회의 영향력이 막강했고 교수와 학생들 역시 성직자에 가까웠지만, 대학이 추구했던 학문적 지향은 보다 세속적이고 합리적인 방향으로 흘렀다. 이런 흐름 속에서 인문주의, 종교개혁, 과학혁명 등으로 대표되는 서양의 근대 지성이 싹틀 수 있었다. 정치적으로 파편화되어 있던 중세 사회와 달리 대학은 국제적인 기관이었다. 공통의 언어인 라틴어를 사용하고, 교육 내용이 동일하며, 조직 구성이 통일되었던 중세 대학의 보편적 특성으로 학생과 교사들은 이 대학에서 저 대학으로 자유롭게 이동할 수 있었고, 어디에서든 동일한 특권을 누릴 수 있었다. 중세 대학이 실현했던 국제적인 학문공동체의 이상은 유럽 통합의 비전으로 이어져 지금 볼로냐 프로세스Bologna Process[11]에까지 영감을 주고 있다.

900여 년 전 중세 유럽에서 탄생한 대학은 이제 전 세계로 확산되어 각 나라의 고등교육을 담당하는 대표적 교육 기관이 되었다. 오랜 시간 사회의 변화를 수용하는 과정에서 대학은 여러 형태를 실험했다. 세계 곳곳으로 확산되는 과정에서 대학은 지역과 문화의 특성을 반영하게 되었다. 그러나 이러한 다양성에도 불구하고 우리는 '대학' 하면 떠올리게 되는 몇 가지 요소들을 공유하고 있는데, 그 가운데는 중세 대학에서 비롯된 것들이 많다. 유니버시티라는 이름이 그렇다. 학사, 석사, 박사로 이어지는 학위의 위계 또한 중세의 유산이다. 비록 중세 때 완전한 형태로 정착된 것은 아닐지라도

---

11 1999년, 영국, 프랑스, 독일, 이탈리아 등 유럽연합의 29개 나라가 볼로냐에 모여 '단일한 고등교육제도' 설립을 목적으로 출범한 프로그램이다.

인문학부에서 예비적인 교육을 수료한 후 상위학부로 진학해 전공 분야를 연구하는 시스템은 중세 때 만들어진 것이다. 렉토르, 챈설러, 프록터proctor, 딘dean, 프레지던트president 등 대학 내의 직책을 일컫는 단어들은, 그 의미와 역할은 다소 다를지라도, 지금도 사용되고 있다. 지금은 졸업식 때만 입는 학위복도 중세 대학의 전통에서 비롯된 것이다. 학문의 자유를 추구하는 대학의 정신 역시 중세 대학의 자치권 투쟁과 연관되어 있다. 중세 대학의 유산은 우리가 생각하는 것 이상으로 크다.

'유니버시티'의 유래와 의미

중세 대학을 교육 기관으로서 지시하는 용어는 처음에는 존재하지 않았다. 당연한 사실이지만 교수와 학생들의 모임이 제도적으로 정착되지 않았기 때문이었다. 시간이 흘러 이러한 모임의 수가 늘어나고, 내부적으로 체계를 갖추며, 이와 함께 사회적으로도 인정받기 시작하면서 중세 대학을 지칭하는 단어들이 여럿 등장했는데, 그중에서 '우니베르시타스'와 '스투디움 제네랄레' 두 가지 이름이 가장 널리 사용되었다.

유니버시티university의 어원인 우니베르시타스는, 흔히 상상하는 것처럼, '우주' 혹은 '보편성' 같은 철학적이고 긍정적인 의미를 지니는 단어가 아니다. 우니베르시타스는 단지 '모두' '전체'를 뜻하는 단어로, 중세 도시에서 형성된 다양한 종류의 인적 결사체 혹은 모든 형태의 길드 등을 일컫는 용어였다. 이발사조합, 목수조합, 상인조합모두 우니베르시타스라고 불렸다. 도시에서 형성된 대학은 구성원의 권리를 보호할 방법을 도시에서 먼저 구성된 또 다른 조합의 사례에서 찾았고, 명칭 역시 그대로 따랐던 것이다.

대학은 내적으로 단단하게 결속된 법인체로, 교황, 황제, 군주, 도시 정부 등 외부 권력으로부터 상당한 정도의 자유를 향유했던 법률적 실체였다. 대학은 자체의 법규를 제정하고, 이를 근거로 구성원의 행동을 규제할 수 있으며, 자체의 재원을 확보하고, 대학의 이름으로 법률 소송을 진행할 수 있었다. 다른 길드처럼 대학 역시 새로운 회원이 되기 위해서는 기존 구성원들로부터 승인을 받아야 했다.

우니베르시타스는 다른 무엇보다 인적 결합을 강조하는 용어다. 그렇기에 어떠한 사람들로 구성된 조합인지를 드러낼 필요가 있었고, 이를 위해서 우니베르시타스 다음에는 지칭하는 대상을 밝혔다. 대학은 흔히 우니베르시타스 마기스토룸 에트 스콜라리움Universitas Magistorum et Scholarium, 즉 '선생과 학생들의 우니베르시타스'로 불리었다. 그러므로 중세 대학은 지식의 전수와 발전을 위해 모인 교수와 학생의 공동체로 정의할 수 있다.

대학과 도시의 길드는 여러 면에서 닮았다. 중세 대학에서 교수를 지칭할 때 '가르치는 자'를 뜻하는 마스터master, 독토르doctor 등의 용어가 사용되었는데, 마스터는 길드에서 '장인'을 이르는 용어였다. 교수 자격을 얻기 위해서는 '가입식inceptio'을 거쳐야 했는데, 길드의 '직인'이 장인으로 입회하는 의식과 동일했다. 다만 직인은 장인들 앞에서 자신의 전문 기술을 발휘해 제품을 만들어야 했던 반면 대학에서는 교수 후보자가 교수들 앞에서 지식의 수준과 강의 역량을 시험으로 입증했다. 시험을 통과한 후에는 상징물을 수여하고 후보자가 연회를 베풀게 되는데, 이 모두는 길드의 관행이었다. 대학 구성원의 계서제와 길드의 신분 구분도 매우 유사하다. 대학 상위학부 졸업자는 길드의 장인에 해당하는데, 학문과 전문 기술에서 완성을 이룬 자다. 인문학부 졸업자는 길드의 직인에 해당하며, 자신의 분야에서 아직 완성을 이루지 못한 그래서 업무에서 독립성을 부여받지 못한 존재다. 이 계서제의 맨 아래에는 대학의 학위를 갖지 못한 일반 학생과 장인과 직인의 지도 아래 기술을 배우는 '도제'가 위치한다.

우니베르시타스 자체는 단순히 조합을 의미하는 단어이기에 우리가 지금 말하는 하나의 대학 안에는 여러 개의 조합이 동시에 존재할 수 있었다. 예를 들어, 볼로냐 대학에는 법학부 학생들의 우니베르시타스가 두 개 있었다. 하나는 알프스 이북 학생들로 구성된 것이었으며, 다른 하나는 이탈리아 지역 학생들의 우니베르시타스였다. 나중에는 인문학부와 의학부가 생겨나면서 여기에도 우니베르시타스가 존재하게 된다. 또한, 이미 언급했듯이 우니베르시타스 내부에는 일종의 지역별 조합인 동향단이 조직되었다. 이처럼 중세의 대학은 지금 우리가 상상하는 것처럼 하나의 캠퍼스 혹은 건물에서 통일된 조직체계를 갖추고 교육 활동이 이루어지는 형태가 아니었다.

한편, 스투디움 제네랄레라는 명칭은 13세기 중반 이후에 사용되었다. 최초의 대학이 형성되고 얼마의 시간의 지나 대학이 사회적 의미를 갖기 시작하면서 역할과 기능을 명확히 규정하기 위해 만들어진 용어인 것이다. 스투디움 제네랄레는 '스투디움'과 '제네랄레' 두 단어가 결합된 것으로, 스투디움은 교육이 이루어지는 공간을 뜻했고, 제네랄레는 스투디움이 위치한 지역의 범위를 넘어 다양한 지역으로부터 학생들을 모집할 수 있는 능력을 의미했다. 특정 지역의 학생만을 모집할 수 있는 스투디움 파티쿨라레studium particulare와 달리 보편적 교육을 수행할 수 있는 자격을 뜻하는 것이었다.

어떤 대학을 스투디움 제네랄레로 지정한다는 것은 대학에 보편적 권리를 부여하는 것이었기에, 그 권한을 행사하는 주체는 보편적 권력이어야 했다. 따라서 스투디움 제네랄레로 지정할 권한은 교황 혹은 신성로마제국 황제에게 있었다. 그런데 사실상 중세 내내 교황이 이를 독점적으로 행사했다. 나폴리 대학처럼 신성로마제국 황제로부터 스투디움 제네랄레로 지정되는 경우가 일부 있었지만, 대부분의 대학들은 교황으로부터 지정받았다.

세 가지 특별한 권리가 스투디움 제네랄레의 지위와 연결되었다. 첫째, 스투디움 제네랄레로 인정된 교육 기관은 학위를 수여할 수 있었으며, 기독교 세계 어디에서나 그 학위는 인정되었다. 즉 스투디움 제네랄레에서 학위를 취득한 자는 매우 높은 수준의 지적 능력을 갖춘 자로 추가적인 검증 절차 없이 기독교 세계의 어떠한 지역에서도 가르칠 권리를 얻게 된다.[12] 둘째, 스투디움 제네랄레는 그것을 발급한 권력으로부터 보호를 받는다는 것을 의미하는 것이었다. 따라서 스투디움 제네랄레의 지위는 그것의 발급자가 누구든 최고 권력으로부터의 보편적 보호를 의미하는 것이었다. 셋째, 스투디움 제네랄

---

12 어느 곳에서든 가르칠 수 있는 '보편적 교수자격증(ius ubique docendi 또는 licentia ubique docendi)'은 사실 볼로냐 대학과 파리 대학을 제외한 나머지 대학을 위한 것이었다. 볼로냐 대학과 파리 대학의 교수들은 이미 그 명성만으로도 어디에서나 교수로 일할 수 있었다.

레에서 학문하는 학생과 교수는 성직자와 동일한 특권을 가질 수 있었다. 우선, 성직록의 혜택을 받을 수 있었다. 대학생은 재속 성직자가 교구에서 봉사하는 대가로 받는 성직록을 대학에서 공부한다는 이유로 받을 수 있었던 것이다. 또한 세속의 법정이 아닌 교회 법정 혹은 대학 내 법정에서 재판을 받는 등 사법적 특권을 누렸다.

15세기 말, 16세기 초에 이르면 전 유럽에서 '스투디움'이 대학의 명칭으로 널리 사용되었다. 새로 설립된 대학들은 스투디움 제네랄레로 인정받기 위해 교황청에 청원서를 냈다. 교황의 승인이 대학 설립의 규범이 된 것이다. 그러나 16세기의 종교적, 정치적 격변으로 인해 교황에게 승인을 요청하는 관행은 서서히 사라졌다. 종교개혁으로 가톨릭에서 이탈한 프로테스탄트 계열의 대학들은 가톨릭 수장인 교황에게 승인을 받아야 할 이유가 없어졌기 때문이다. 근대 국민국가의 등장으로 대학이 국가에 종속됨에 따라 교황의 영향력이 급격하게 약해진 것도 또 다른 이유였을 것이다. 이러한 과정을 거치며 대학의 명칭 역시 우니베르시타스로 수렴되어 지금에 이른 것으로 보인다.

2

대학의 체계

무엇을 통해 중세 대학의 구조, 조직, 운영 방식, 교육 활동 등을 알 수 있을까? 가장 좋은 것은 대학의 규정 또는 학칙일 것이다. 그러나 아쉽게도 12~13세기 대학의 규정은 거의 남아 있지 않으며, 전해진다고 해도 일부만 파편적으로 남아 있을 뿐이다. 지금까지 온전하게 전해지는 최초의 대학 규정은 1236년에서 1254년 사이에 기록된 케임브리지 대학 규정 정도다. 교황청에서 대학에 내려준 문서들, 이를테면 1215년과 1231년 파리 대학, 1214년 옥스퍼드 대학, 1219년 볼로냐 대학에 발급한 교황 칙서에는 대학과 도시, 혹은 대학 내부 문제들에 한해서만 언급하고 있을 뿐 당시 대학의 전반적인 상황을 알 수 있는 내용은 빈약하다. 결국, 중세 대학의 모습을 되살리기 위해서는 파편처럼 남아 있는 여러 사료들을 상상력을 발휘해 재구성하는 수밖에 없는 형편이다.

학부

중세 대학의 교과목은 당시에 통용되던 지식의 분류체계에 의해 구성되었다. 이러한 지식의 체계는 고대의 아리스토텔레스나 키케로 같은 학자들, 아우구스티누스와 히에로니무스 등의 교부 신학자들, 카롤링거 개혁 등을 거치며 확정되었다. 각각의 교과목은 각 분야의 기본 텍스트와 그에 대한 권위자들의 주석서를 교재로 채택했으며, 12세기 무렵에는 대학에서 가르칠 교재들이 확정되었다. 이른바 권위서들이라 불리는 이 교재들은 전 유럽에서 거의 동일하게 적용되었고, 커다란 변화 없이 중세 내내 대학의 교재로 활용되었다.

지식의 분류체계는 중세 대학의 학부faculty 명칭에 그대로 반영되었는데, 신학, 법학, 의학, 인문학으로 구성되었다. 이와 함께 일부 파생적인 과목들이 교육되기도 했다. 이를테면 공증公證이 법학부 수업에서 교육되었으며, 외과술surgery을 의학부 수업에서 가르치기도 했다. 대학에서 가르쳐야 할 지식들이 규정되었다는 사실은 전통적 지식 분류체계에서 배제된 학문들이 대학 교육에서도 배제되었음을 의미하는 것이다. 역사, 시, 관습법customary law, 기술mechanical arts 같은 과목들은 중세 지식체계에서 배제되었다.

중세의 지식들은 엄격하게 구별되었을 뿐 아니라 그 사이에 위계가 존재했다. 위계를 결정하는 요소는 종교적 특성, 사회적 유용성, 지적 존엄 등이었다. 중세 지식의 위계는 대학의 학부에도 반영되었다. 신학부가 가장 상위에 위치했으며, 법학부와 의학부가 바로 그 아래에, 인문학부는 제일 아래에 있었다. 신학부, 법학부, 의학부를 상위학부라 부르고, 인문학부를 하위학부로 분류한 것에서 알 수 있듯이, 인문학부는 상위학부 진학을 대비한 예비적 교육을 위해 존재했다. 네 개의 학부는 에덴동산의 네 강줄기에 비유되기도 했으며, 성 보나벤투라St. Bonaventura는 인문학부는 건물의 기초로, 법학과 의학부는 벽으로, 신학부는 지붕으로 비유하기도 했다.

학부는 원래 학문 분야, 학과목 등을 이르는 말이었는데 13세기 중반 이후 학과목을 교육하는 단위, 즉 인문학부, 신학부, 법학부, 의학부를 지칭하게 되었다. 학부도 결국은 하나의 인적조직이기에 학부의 장(학장)이 있으며, 인장印章과 규정이 있다. 학장이 처음으로 등장한 것은 13세기 파리 대학과 몽펠리에 대학이었으며, 14세기에는 어디에서나 학장의 존재를 확인할 수 있었다. 학장은 대개 교수 중 가장 연장자가 담당했으며, 학부의 교육, 토론, 시험, 행정 등을 총괄했다. 14세기 말에는 모든 대학이 전통적인 4학부 즉 인문학부, 의학부, 법학부(법학부는 교회법과 시민법으로 구분), 신학부를 갖추어야 한다고 생각하게 되었다. 그러나 네 개의 학부를 완전하게 갖춘 대학은 많지 않았다. 볼로냐, 파도바, 몽펠리에 대학 같은 경우 초기에는 사실상 법학 단일 학부로 구성되어서 학부라는 개념이 적용되지 않았다.

어떤 면에서 중세 대학은 상위학부 중심의 기관이었다. 모든 중세 대학은 상위학부 가운데 하나 이상의 학부로 구성되었다. 법학부나 의학부만으로 구성된 경우도 있었으며, 상위학부 하나에 인문학부가 결합된 경우도 있었다. 그러나 인문학부만으로 구성된 경우는 하나도 없었다. 인문학부는 구성원이 가장 많았음에도 단일하게 존재할 수 없었고, 상위학부와 결합되어서만 존재했던 것이다. 그런 이유로 인문학부의 교육은 독자적이지 않았으며, 상위학부 특히 신학부의 요구에 따라야 했다.

수업과 학위

중세 대학의 교육은, 지역에 상관없이, 어디에서나 동일하게 진행되었다. 대학에서 사용하는 언어는 라틴어로 통일되어 있었다. 수업에 활용되는 모든 교재가 라틴어로 기록되었으며, 학자 간의 소통 역시 라틴어로 이루어졌다. 수업의 방식도 스콜라적 교육 방법으로 통일되어 있었다. 스콜라적 교육 방법의 두 가지 특징은 '강의'와 '토론'이다. 강의는 실라버스에 명시된 교재의 본문과 주석을 읽는 것으로, 사실상 강독을 의미했다. 학생들은 수업을 통해 각 과목 권위자들의 서적을 완전히 통달해야 했다. 문법은 프리스키아누스, 논리학과 철학은 아리스토텔레스, 신학은 성경, 법학은 《시민법 대전Corpus Juris Civilis》과 《교회법 대전Corpus Juris Canonici》, 의학은 히포크라테스Hippocrates, 갈레노스Galenos, 그리고 아비센나Avicenna(본명은 '이븐 시나')와 같은 이슬람 학자의 저서 등이 중세 대학에서 사용된 교재들이었다. 여기에 12~13세기 대가들의 저작들, 가령 스콜라신학자 피에르 롱바르Pierre Lombard의 《명제집Libri Quattuor Sententiarum》 등이 추가되었다. 책이 귀했던 때였으므로 학생들은 교수의 구술을 듣고 암기해야 했다. 강의는 상위학부 학생이나 석사 학위 소지자가 맡는 '특별강의'와 정교수[13]들이 진행하는 '일반강의'로 구분되었다. 특별강의가 일반강의를 보완하는 일종의 보충수업이라면, 일반강의에서는 보다 심도 있는 수업이 이루어졌다.

토론은 교수가 특정 주제를 제시하면 학생들이 강의에서 배운 바를 토대로 자신의 논지를 제시하는 교육 방법이다. 토론자들은 아리스토텔레스의 삼단논법에 기초해 논쟁을 이끌어야 하며, 지속적으로 권위자들을 언급하는 한편 특정 주제와 사례에 대해 옹호 또는 반박을 해야 한다. 학습 과정에서 제기된 문제점들을 논리적으로 해소하고, 자신의 것으로 소화하는 것이 토론의 주요 목표로, 학생들의 능력 향상을 위한 연습인 동시에 진리 발견의 수단으로 활용되었다.

인문학부의 교육 과목은 3학과 4과로 구분되었다.[14] 문법, 수사학, 논리학으로 구성된 3학은 말과 기호에 대한 과목이며, 4과는 사물과 수에 대한 학문으로 산술, 음악, 천문학, 기하학으로 구성되었다. 지역에 따라 가르치는 내용에 조금씩 차이는 있었다. 법학이 발달했던 지중해 지역에서는 문법과 수사학이 중시되었고, 신학의 중심지였던 파리나 옥스퍼드 대학에서는 논리학 혹은 변증법이 핵심과목이었다. 아리스토텔레스의 《오르가논Organon》은 가장 중요한 논리학 교재였다. 인문학부를 졸업하는 데는 4년에서 6년 정도 걸렸다.

신학부는 중세 학문의 여왕이었다. 한동안은 파리, 옥스퍼드, 케임브리지 대학만이 신학을 가르칠 수 있었을 정도로 교황청은 신학부

---

13 여기서 정교수라고 표현한 부류는 대체로 상위학부를 졸업한 박사 학위 소지자들로 대학에서 인문학부 및 상위학부 교육을 전담하는 계층을 말한다. 한편, 대학에는 석사 학위를 받고 상위학부에서 공부하면서 인문학부에서 강의를 하는 교수도 있었고, 석사 학위를 받았으나 상위학부에 진학하지 않고 인문학부 강의를 담당하는 교수도 있었다.

14 중세 대학에서 교육된 인문학 과목들은 그리스와 로마를 거치며 그 내용이 다듬어지는데, 3학 4과로 체제가 정형화된 것은 5세기 경 마르티아누스 카펠라(Martianus Capella)와 카시오도루스에 의해서다.

를 엄격하게 관리했다. 교수와 학생들의 자부심이 가장 높고, 대외적으로 영향력도 가장 강했던 만큼 교육 기간도 가장 길었다. 신학 박사 과정은 최소한 8년 이상을 공부해야 했으며, 학위를 받으려면 나이가 적어도 35세 이상은 되어야 했다. 신학교수로 길러지는 전체 교육 기간은 15년에서 16년 정도 걸렸던 것으로 보인다. 신학부 강의는 기독교의 도그마를 체계적으로 정리한 피에르 롱바르의 《명제집》을 중심으로 이루어졌으며, 교부들의 저작이나 당대 신학자들의 주석도 곁들여졌다. 법학은 교회, 궁정, 도시 모두에서 가장 각광받는 학문이었다. 법학부는 내부적으로 교회법과 시민법으로 구분되어 있었다. 로마법의 전통이 강했던 볼로냐 대학은 시민법을 중심으로 명성을 쌓았다. 파리 대학은 시민법 교육을 실시하지 못하도록 교황청에서 통제하는 바람에 법학부의 정식 명칭은 교회법학부였다. 의학 교육은 스콜라적 교육 방식을 따르다 보니 실용적인 의술의 발전보다 관념적 연구를 지향했다.[15] 법학부와 의학부의 박사 학위를 취득하는 기간은 6년이 소요되었다.

학생들은 문법, 논리, 수사학의 기초 과정을 마치면 학사 학위를 받았다. 이들은 졸업 후 학문적 전문성을 필요로 하지 않는 도시의 서기나 공증인 등의 직업을 얻거나 대학에 계속 남아 교수의 지도 아래 산술, 기하, 천문, 음악 등의 4과를 더 공부하게 된다. 이 과정을 다 이수하면 석사 시험을 치르게 되며, 이를 통과하면 어디에서든 가르칠 수 있는 '보편적 교수자격증'을 얻게 된다. 석사 학위를 가진 학생

---

15 중세 사회에서 치료행위는 주로 이발사에 의해 이루어졌다.

중 소수의 학생들만이 상위학부 과정에 진학한다. 상위학부 과정을 마치면 별도의 시험 없이 박사 학위를 받지만, 수업 기간이 길고 학위 수여식에 소요되는 비용도 워낙 비싸서 학위를 받는 학생들은 많지 않았다.

칼리지

우리나라에서는 종합 대학 내 단과 대학을 가리키는 용어로 칼리지를 주로 사용한다. 유니버시티 안에 유사한 전공 학과들을 묶은 학문 단위를 칼리지라고 부르는 것이다. 일반적으로 칼리지는 대개 규모가 작은 고등교육 기관에 사용되는 편이나, 종합 대학과 거의 대등한 규모의 고등교육 기관이라도 칼리지를 사용하는 경우가 있다.

칼리지가 제일 먼저 등장한 곳은 파리 대학이었다. 루이 9세의 전속사제였던 로베르 드 소르본Robert de Sorbon은 1257년 신학부 학생들을 위해 소르본 칼리지Collége de la Sorbonne를 설립했다. 14세기에는 칼리지가 대거 설립되었는데, 1500년경 파리에는 약 70개의 칼리지가 있었다. 칼리지가 제일 활발하게 설립된 곳은 잉글랜드였다. 옥스퍼드 대학은 1249년에 최초의 칼리지가 설립되었으며, 지금은 38개가 운영되고 있다. 케임브리지 대학은 1284년 최초의 칼리지가 설립되었고, 현재 31개가 운영되고 있다.

칼리지는 처음에는 가난한 학생들의 숙소 혹은 기숙사를 의미했다. 고향을 떠나 공부를 했던 대부분의 중세 대학생들에게 숙소는 매우 중요한 고려사항이었다. 처음에는 도시의 홀이나 호스텔을 임대해 생활했지만 경제적으로 부담이 컸다. 대학의 입장에서도 혈기왕

성한 학생들의 생활을 통제하기 어렵다는 문제가 있었다. 그래서 대학은 신앙심이 깊고 학문발전에 관심이 많은 기부자들에게 건물이나 방을 기증받아 학생들의 숙소로 사용했다. 이러한 점에서 초기 칼리지는 한편으로는 중세 자선활동의 한 사례라고 할 수 있다. 돈이나 토지를 비롯한 재산을 기증해 대학에 칼리지를 세운 사람들은 왕이나 왕비, 고위성직자, 정치인, 부유한 귀족 등이었다. 이들은 칼리지를 설립해 학생들의 학업을 지원하는 것을 자선과 경건의 실천으로 인식했다. 기부자들은 칼리지의 구성원들이 자신들의 영혼과 구원을 위해 예배하고 기도하기를 바랐다.

그러나 모든 학생들이 칼리지의 혜택을 받지는 못했다. 칼리지 중에는 인문학부 학생을 위한 곳도 있지만 대개는 오랜 시간과 막대한 비용을 들여 공부해야 하는 상위학부 학생들을 위해 설립되었다. 그런 이유로, 15세기 이전에는 대학생 중 극히 소수만이 칼리지에 들어갈 수 있었고, 나머지 학생들은 개별적으로 숙소를 얻어야 했다. 인문학부 학생에게 문호가 개방되는 것은 16세기 이후였다.

처음에는 숙식만을 제공하는 공간이었던 칼리지는 시간이 흐르면서 서서히 학문공동체의 성격을 갖추게 되었다. 단순히 숙소의 역할만 하던 칼리지가 15세기에 이르면 대학의 교육 기능까지 담당하게 된 것이다. 기숙사에 거주하는 교수와 학생들은 대개 동일한 지역 출신이거나 같은 학부에 소속된 자들이었다. 이들은 같은 공간에 거주한다는 이점을 이용해 자연스럽게 대학의 교육 기능을 칼리지로 가져왔다. 굳이 강의실을 빌리고 먼 곳까지 이동할 필요 없이 교수와 학생이 기거하는 칼리지에서 수업이 이루어지게 된 것이다. 16세기에 이르면 전통적인 대학들에서 칼리지는 자체의 규정과 재정을 갖춘 독립적이며 자율적인 교육 단위로 자리 잡았다.

칼리지를 통한 교육의 분권화가 가장 활성화된 곳은 잉글랜드였다. 파리 대학에서는 대학 본부가 칼리지에 대한 통제권을 어느 정도 갖고 있었으며, 인문학부의 약 3분의 1 정도만이 칼리지에서 교육받을 뿐이었다. 반면 잉글랜드에서는 칼리지와 대학의 기능이 확연히 분리되었다. 잉글랜드에서는 모든 칼리지가 교육을 전담했고, 대학의 통제는 거의 없었다. 칼리지는 교육을 제공하는 역할을, 대학은 학위 수여나 입학 같은 공적 활동을 담당하는 곳으로 업무가 명확히 구분되었다. 칼리지는 교육의 기능뿐 아니라 인격 형성의 역할도 담당하는 곳이었다. 교수인 펠로우와 학생이 같은 공간에서 숙식하며 생활하는 공간이었던 까닭에 펠로우들은 학생들의 언어, 태도, 습관 등에 대해서도 간섭하고 충고했다. 옥스퍼드와 케임브리지 대학은 칼리지에 기초한 독특한 교육 시스템을 창안했고 그 전통을 지금까지 잘 유지하고 있다.

3

중세 대학의 사회적 유익

중세 대학이 형성된 근본 원인은 무엇일까? 대학의 역사가 학술적으로 탐구되기 시작한 이래 이 문제는 학자들의 주요 관심 사안이었다. 분명한 것은 중세 사회를 구성하는 다양한 집단이 대학으로부터 얻는 유익이 있었기에 중세 대학은 형성되고 또 발전할 수 있었다는 사실이다. 중세인들이 대학을 통해 얻고자 한 것은 무엇이었을까? 교황, 황제, 지역의 군주, 대도시의 주교, 도시 당국, 귀족, 도시 부르주아지, 대학의 교수와 학생들은 제각각 대학에 어떠한 기대를 갖고 있었을까?

교황들은 크게 세 가지 이유에서 대학에 관심을 가졌다. 첫째는 종교적 이유다. 신학이 방대해지고 교리가 복잡해지면서 각 교단과 학자들의 주장이 서로 다르고 때로는 상호 모순되기까지 하는 상황에서 정통교리의 지위를 지적으로 강화해야 했다. 특히 이단의 확산에 적절하게 대응할 필요가 있었다. 둘째는 정치적 이유다. 유럽의 영적·세속적 지배권을 놓고 각국의 국왕 및 수많은 봉건영주들과 경쟁을 벌여야 했던 교황은 대학을 통해 자신의 지배를 정당화할 학문적 근거를 확보하려 했다. 셋째는 날로 정교해지고 방대해지던 교황청 및 지역 교회의 업무를 담당할 고급인력을 대학으로부터 제공받기 위해서였다.

대학의 유용성을 간파한 교황은 대학의 교수와 학생들을 자신의 목적대로 활용하기 위한 수단이 필요했는데, 대표적인 것이 성직록과 교수자격증이었다. 교황들은 수많은 대학 가운데 일부 대학을 대상으로 스투디움 제네랄레의 지위를 부여했다. 스투디움 제네랄레의 지위는 학문적 권위에 대한 인정일 뿐 아니라 기독교 세계 어디에서나 통용되는 교수자격증을 수여할 수 있는 권한을 부여받았음을 의미하는 것이기도 하다. 대학의 구성원은 취업 문제를 해결하고, 기관의 명성을 높일 수 있는 보편적 교수자격증을 획득하기 위해 노력할 수밖에 없었다. 성직록 역시 대학의 교수와 학생들에게는 매우 중요한 사안이었다. 지금의 대학생들과 마찬가지로 중세의 대학생들 역시 생활비와 학업에 소요되는 부수적 경비로 고민해야 했다. 특히 성직자 신분이 아니면서 경제적 형편이 좋지 못한 대학의 구성원들이 학업을 계속 이어가기 위해서는 경제적 문제가 먼저 해결되어야 했다. 대학의 구성원에게 지급된 성직록은 이러한 걱정을 해결할 수 있는 효과적인 수단이었고, 대학들은 교황으로부터 그러한 특권을 부여받기 위해 애를 썼다.

황제, 국왕, 도시 정부, 영방 제후들 역시 대학의 중요성을 알고 있었다. 자신의 신민들이 해외의 대학으로 유학을 가는 것은 국부가 유출되는 것인 동시에 불온한 사상과 이념을 가져올 위험성이 있는 것이었다. 하지만 이보다 더욱 중요한 것은 정부의 운영이었다. 대학을 통해 배출된 지성인들은 궁정과 도시 정부를 강력하고 효율적으로 운영할 수 있는 수단이었기 때문이다. 특히 궁정이 담당해야 하는 업무의 범위가 넓어지고 다양해지며 전문화될수록 국왕들은 교육받은 인재의 필요성을 절감했으며, 대학은 그러한 인재의 주요 공급처였다.

도시가 대학으로부터 얻을 수 있는 유익은 무엇이었을까? 도시에 학생과 교수들이 들어와 학교를 세우는 것이 도시민의 입장에서는 달갑지만은 않은 일이었다. 이때까지 도시에서 지식이 필요했던 분야는 교회, 상업, 법률, 도시 행정, 건축, 공학 등의 분야였다. 이러한 것들은 기초적인 산수나 초보적 글쓰기 능력이면 충분했으며, 보다 전문적인 분야 역시 굳이 대학이 아니어도 해결할 방안은 많았다. 게다가 외국에서 온 학자들, 특히 젊고 혈기 넘치는 학생들과 함께 생활하는 것은, 문화와 언어의 차이로 인해 위험한 일이기까지 했다. 그러나 유명한 학자들이 도시의 명성을 드높이고, 수많은 대학인이 도시의 경제를 윤택하게 해주었으며, 대학의 존재가 도시의 위상을 높이자 도시민들은 대학의 유익을 체감하기 시작했다. 특히 도시 행정이 날로 고도화되고 상업 활동이 정교화되면서 법률적 도움을 얻고 행정 관료를 충원하는 데 대학은 필수적인 존재였다.

대학의 구성원이 대학을 통해 얻을 수 있는 유익은 무엇인가? 학생들에게 가장 중요한 것은 학위였을 것이다. 그러나 초창기에는 대학의 학위를 통해 얻을 수 있는 직접적 유익은 없었다. 대학의 학위는 사실상 대학 내에서 가르칠 수 있는 자격을 얻는 것 이외에는 별

다른 소용이 없었다. 교육 기관이 아닌 다른 어떤 기관에서 필요로 하는 자격을 주는 것이 아니었기 때문이다. 석사 학위는 상위학부를 졸업해 학위를 받은 정교수의 감독 아래 인문학부에서 강의할 수 있는 능력을 인정받는 것이었으며, 박사 학위는 대학에서 독립적으로 강의를 수행할 수 있음을 인증하는 것이었다. 그러나 대학 밖에서는 이러한 학위가 어떤 특정 직업을 위한 증명이 되지 못했다. 신학 학위가 성직자의 필수 자격이 아니었으며, 법률가나 공증인이 되기 위해 반드시 법학 학위를 받을 필요는 없었다. 그러나 15세기에 들어서면 교회나 세속 기관에서 자리를 얻는 데 대학의 학위가 매우 경쟁력 있는 수단이 되었다. 이제 대학의 학위는 영혼을 치유하고, 법률 업무를 수행하며, 행정 업무를 담당하고, 의료 행위를 하며, 교육을 담당하고자 하는 이들이 갖추어야 할 요건으로 인식되었다.

자치권

중세 대학은 다양한 세력들과 투쟁하는 과정에서 형성되었다. 볼로냐 코뮌과의 갈등과 대결이 볼로냐 대학의 형성으로 이어졌다. 노트르담 챈슬러의 간섭과 통제에서 벗어나기 위한 저항이 파리 대학을 성장시켰다. 만약 최초의 대학들이 세속의 권력이나 교황에 의해 설립되었다면 이러한 투쟁의 과정은 없었을 것이다. 설령 있었더라도 그토록 치열하지는 않았을 것이다. 신성로마제국 황제 프리드리히 2세가 설립한 나폴리 대학처럼 설립과 함께 대학의 특권을 공표하고, 다른 세력들이 대학에 개입하지 못하도록 법률적·제도적 장치를 마련했을 것이기 때문이다. 그러나 최초의 대학들은 교수와 학생들의 자발적 모임에서 시작되었으며, 자신들을 통제하고 이용하려는 외부 세력으로부터 스스로를 보호하기 위해 조직의 체계를 갖추어 나갔다.

타운과 가운

중세 대학은 도시를 기반으로 자연스럽게 형성되었다. 중세 도시의 길드들이 구성원들의 경제적 이익을 보호하기 위해 구성된 것과 마찬가지로 지식의 전수를 목적으로 하는 교수와 학생들의 자치조직인 대학 역시 내부 구성원들의 권익을 보호하기 위해 조직되었다. 자체의 규율을 만들고, 돈을 모았으며, 구성원들은 서약을 통해 규율에 복종했다. 대학이 이처럼 조직화해야 했던 이유는 무엇보다 대학을 위협하는 외부 세력이 존재했기 때문이다.

볼로냐 대학이나 파리 대학의 경우에서 보듯이 중세 대학은 교회 권력, 세속 권력과의 갈등에서 자신의 권익을 지키기 위해 강력히 투쟁했다. 특히 도시와 갈등이 빈번했다. 도시민들은 학생들의 불안정한 지위를 이용해 경제적 이익을 취하려 했다. 도시 정부는 학생들의 혈기 넘치는 행동을 치안권과 법률을 통해 다스리려 했다. 그러나 대학은 이러한 간섭과 통제가 대학의 자치권을 침해하는 것으로 보았다. 비록 특정 도시에 자리 잡고 있었지만 대학은 도시의 재판권에 복속되기를 거부했으며, 특별한 권리를 요구했다.

대학은 자치권을 지키기 위해 강의 정지와 이주라는 두 가지 전략을 사용했다. 대학의 존재가 도시의 위상을 높이고 경제적 이익을 증진한다는 사실을 잘 알고 있던 대학인들은 강의 정지와 이주를 무기 삼아 도시 당국을 압박했다. 대학의 구성원 모두가 다른 도시로 옮겨가는 이주는 특히 강력한 무기였다. 아이러니하게도 이주가 가능했던 것은 대학이 가난했기 때문이다. 중세 대학들은 오로지 학생과 교수들 그리고 몇 권의 책들로 구성되었을 뿐 별다른 자산이 없었기 때문에 다른 도시로 옮겨가는 것은 어려운 일이 아니었다. 건물이나 도서관 같은 곳에 자본이 투자되기 시작한 것은 13세기 말에나 되어서였다. 도시의 입장에서 이주가 위협적이었던 것은 교수와 학생들을 대상으로 생계를 이어가는 도시민들이 큰 피해를 입기 때문이었다. 대학이 있는 학문적 도시라는 명성에 나쁜 영향을 미치는 것도 바람직하지 않았다. 대학의 이주는 다른 대학의 설립으로 이어지기도 했다. 예를 들어, 비첸차(1204년 설립), 아레초(1215년 설립), 파도바(1222년 설립), 시에나(1246년 설립), 피사(1343년 설립)에서 대학의 설립은 볼로냐 대학의 이주와 연관되어 있다. 1229년 설립된 케임브리지 대학 역시 옥스퍼드 대학 구성원들의 이주에서 비롯되었다.

대학이 그 지역의 교회 혹은 세속 권력과 갈등하고 대립할 때 교황과 황제, 국왕들은 대학의 편을 들어주는 경우가 많았다. 물론 이러한 호의가 대학의 자치권을 진정으로 지켜주려는 의도에서 비롯된 것은 아니었다. 오히려 도움을 제공하는 만큼 더 크게 간섭하고 통제하며 이용하려고 했다. 13세기 초 교황 호노리오 3세Honorius III는 볼로냐 대학이 학위를 수여할 때 볼로냐 수석사제의 동의 아래 시행할 것을 요구했는데, 이는 교회를 통해 볼로냐 대학의 운영에 개입하려는 의도였다. 호노리오 3세는 1219년 칙서를 통해 파리 대학에서는 시민법 강의를 하지 못하도록 규정함으로써 대학의 내부 문제에 개입했다. 또한 교황청은 자연철학과 관련한 아리스토텔레스의 책이나 주석집들은 공식적으로든 비공식적으로든 읽혀서는 안 된다고 강력하게 경고하는 등 학문의 내용이 기존의 신앙질서를 위협한다고 판단될 경우는 더 철저하게 규제했다. 결국 파리 대학에서는 아리스토텔레스의 형이상학과 자연학 수업이 금지되었다. 교황 그레고리오 9세는 신의 '말씀'을 철학자의 거짓 학문으로 더럽히는 일을 금지해야 한다고 파리 대학의 교수들에게 지시했으며, 대학에서는 신학적 저작이나 교황들의 논저에 의거해 해결할 수 있는 문제에 한정해서만 토론할 것을 요구했다.

중세 대학의 자치권 투쟁은 대체로 성공적이었다. 교회와 세속 권력이 대학의 자치권을 보장하는 과정에서 대학 내부 문제에 개입하고 통제하기도 했지만, 결국 대학이 보장받은 자치권은 그러한 간섭과 통제보다 훨씬 이득이었다. 대학의 구성원인 교수와 학생들은 자치권 투쟁의 과정에서 일련의 특권을 보장받음으로써 학자로서 삶을 영위할 수 있는 기본 조건들을 보호받게 되었다. 무엇보다 대학의 구성원들은 성직자로서의 신분을 보장받았다. 물론, 대학 구성원들은 성직자 지위를 인정받음으로써 무기를 소지할 수 없고, 세속의 복장을 입을 수 없으며, 결혼도 할 수 없었지만, 이러한 제한보다는 다른 혜택이 훨씬 많았다. 성직록을 받았으며 각종 세금과 군역에서 자유로웠다. 사법적으로는 오히려 성직자보다 나은 대우를 받았다. 학생들은 잘못을 저질렀을 경우 해당 지역의 교회가 아닌 대학 내부의 법정에서 재판을 받았다. 교황의 특별한 보호 아래 있던 파리 대학은 교황 이외에는 그 어떠한 권력도 함부로 할 수 없는 특권적 지위를 누렸다. 이외에도 다양한 특권을 보장받았다. 대학 주변의 집세가 규제되었으며, 도서의 가격도 관리되었다. 대학인들이 주로 거주하는 지역에서는 소음이나 냄새를 유발하는 작업장이 들어설 수 없었으며, 여행할 때는 통행세와 관세를 면제받았다.

한편, 중세 내내 대학에 대한 교황과 세속 군주들의 지배력은 강력하지도 촘촘하지도 못했다. 게다가 교회 권력과 세속 권력이 서로 갈등하고 견제하는 가운데 힘의 진공상태가 오랜 기간 지속되었고, 그 틈을 활용해 대학은 충분한 자치를 누릴 수 있었다. 중세 대학이 상당한 수준의 자치권을 유지할 수 있었던 이유는, 대학의 의지도 중요했지만, 이러한 외적 상황에 힘입은 바가 컸다.

중세 대학 자치권의 의의

자치권autonomy이란 규범nomos을 부여해 그에 따라 행동하는 능력을 말한다. 따라서 대학의 자치권이란 대학 스스로 규정을 제정해 외부의 간섭이나 통제 없이 자율적으로 운영하는 능력이라 할 수 있다. 구체적으로는 교수와 학생을 선발하고, 교육의 내용과 방식을 정하며, 연구 및 교육 활동을 수행하고, 학위를 수여하는 등의 활동에서 대학과 그 구성원들이 얼마나 독립적이며 자율적으로 결정하고 행동할 수 있는가를 진단하여 자치권의 수준을 판단하게 된다.

중세 대학은 대학의 근원이자 원형으로 인식된다. 그 결과 현대 대학이 처한 수많은 과제와 문제를 해결하고자 할 때 중세 대학에서 그 해법을 찾으려는 경향이 있다. 특히 중세 대학들이 투쟁을 불사하면서도 간절하게 지키고자 했던 자치권은 현대 대학들에게 여러 면에서 영감을 준다.

대학을 지탱하는 근본정신 가운데 하나가 바로 '학문의 자유'인데, 현대 사회 속에서 그 가치가 제대로 지켜지지 못함을 비판할 때 중세 대학의 자치권 투쟁을 언급하는 경우가 있다. 중세 대학은 외부 세력의 간섭에 맞서 자치권을 지키고자 노력했으며, 그 결과 상당한 수준의 학문의 자유를 향유했다는 것이다. 중세 대학이 학문의 자유를 추구했다는 주장들은 대개 이 시기 대학의 지적 분위기가 자유로 웠다는 사실을 근거로 내세운다. 대학이 형성되기 이전의 교육은 전통적으로 내려오는 지식을 경직되게 전수할 뿐이었다. 학자들은 전수되는 지식에 아무런 문제도 제기하지 않으며 기존의 권위를 대물림할 뿐이었다. 그러나 아벨라르의 예에서 알 수 있듯이, 이 시기에는 자유롭게 생각하고, 질문하고, 토론하는 교육 방식이 유행하게 된다. 아벨라르는 의심을 통해 탐구하고 탐구에 의해 진리를 얻는다고 생각했다. 중세 대학에서 토론과 비판이 이루어졌으며, 자유로운 의견의 제시가 가능했다는 것은 상당한 수준의 학문의 자유가 보장되었음을 의미하는 것이라고 이들은 주장한다. 한편, 중세 대학의 코스모폴리탄cosmopolitan적 특성 또한 자유로운 학문적 분위기에 일조했을 것이라고 이들은 주장한다. 중세 대학은 교수와 학생의 국적이 문제가 되지 않았으며, 출신과 신분이 중요하지 않았고, 대학이 위치한 국가나 도시로부터도 독립된 자유로운 자치적 공동체였다. 권위에 얽매이지 않는 자유로운 분위기에서 학자들은 자신의 생각과 감정을 솔직하고 거리낌 없이 표현할 수 있었을 것이란 논리다.

교수와 학생들의 인적공동체로 출발해 자율과 자치를 방해하는 장애들에 맞서 투쟁했던 중세 대학의 노력에서 많은 사람들이 '학문의 자유'를 연상하는 것은 어찌 보면 당연한 일이다. 그러나 중세 대학이 추구했던 자유를 우리가 상상하는 '학문의 자유'로 직접 연결 짓는 것은 성급한 결론이다. 중세 대학에서 '학문의 자유'라는 언급이 있었다 할지라도 그것이 오늘날 우리가 생각하는 '교육의 자유', '연구의 자유', '발언의 자유'와는 결이 다르기 때문이다. 중세 대학의 자치와 관련해 공표된 문서들을 검토해 보면 여기서 언급된 자유의 내용은 사상의 자유, 학문의 자유와는 거리가 있음을 알 수 있다. 중세 대학은 우니베르시타스라는 공동체에게 주어진 자치권을 추구했던 것뿐이다.

하지만 자치를 향한 중세 대학의 투쟁은 학문의 자유와 관련해 중요한 의미를 갖는다. 현대 대학이 추구하는 학문의 자유, 사상의 자유는 일단 대학의 자치가 확고하게 보장된 다음에 가능한 것이다. 대학이 교회의 신학적 판단으로부터, 국가의 정치적 간섭으로부터, 기업의 재정적 후원으로부터 독립되어 자율적으로 교육과 연구 활동을 수행할 때 진정한 학문의 자유가 실현될 수 있기 때문이다. 중세 대학은 자치권을 위해 치열하게 투쟁했고, 이후의 대학들에게 자치권을 대학이 지향해야 할 가장 중요한 가치로 인식하게 만들었다는 점에서 결국은 학문의 자유를 위한 토대를 놓았다고 평가할 수 있다.

한편, 많은 학자는 대학의 자치권이 중세 대학만의 고유한 특성이라고 주장한다. 사실 역사상 존재했던 수많은 고등교육 기관과 중세 대학은 여러 면에서 유사한 특성을 공유하고 있다. 지식 전문가의 존재, 학위 수여권, 다양한 학문의 교육 및 연구, 사회 엘리트의 양성 등에서 중세 대학과 다른 문화권의 고등교육 기관들 사이의 차이를 발견하기는 어렵다. 행정 관료 및 각 분야의 전문가를 양성하기 위한 엘리트교육은 중세 유럽의 독창적 산물이 아니다. 중국을 비롯한 동아시아에서는 국가 시험제도를 통해 관료를 선발하는 역사가 아주 오래되었다. 학위 수여 기능은 이슬람이 오히려 유럽보다 앞선다. 9세기 이래로 이슬람의 고등교육 중심지들에서는 신학, 법학, 의학, 문학 등에 박사 학위를 수여했다. 특히 이슬람의 마드라사는 중세 대학의 전신이라고 보는 견해가 있을 정도로 여러 면에서 닮았다. 네개의 학부 구성 역시 유럽 대학의 고유한 것은 아니다. 6, 7세기 무렵 페르시아의 준디사부르Jundisabur는 신학, 철학, 수학, 천문학, 의학을 가르쳤던 매우 뛰어난 고등교육 기관이었다.

그러나 중세 대학 이외의 고등교육 기관에서는 자치권 혹은 자율성의 개념이 미약했다. 동아시아의 고등교육 기관들은 교육의 내용과 시험 절차 등에서 국가의 강력한 통제를 받았다. 마드라사 역시 이슬람법의 통제를 받는 종교 기관의 성격이 강했다. 그에 반해 중세 대학은 교수와 학생을 포함하는 학자들의 법률적 공동체로서, 비록 지역 교회와 교황권의 감시를 받았지만, 스스로 지도자, 렉토르를 선임하고, 교수법과 시험 절차를 규정하며, 공식 학위를 발급하고, 제한적이나마 사법권을 행사하며, 파업을 했던 자율적 조직이었다.

약 3,000년 이상 다양한 문명들이 발전하는 과정에서 고등교육 기관 역시 번성했다. 그런데 '우니베르시타스' 혹은 '스투디움 제네랄레'라고 부르는 중세 고등교육 기관만이 오랜 세월을 지속해 유지되면서 현대 대학의 모체가 되었다. 대학이 지키고자 했던 자치권, 그에 기초한 학문의 자유가 그 강하고 질긴 생명력의 한 원인일 것이다.

4장

전통과 변화
사이에서

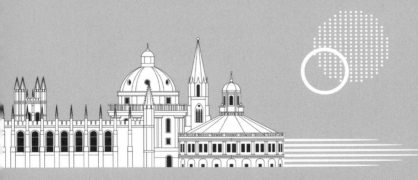

유럽의 중세 후기는 혼돈의 시기였다. 상업의 발달과 도시의 성장, 고딕 성당, 스콜라 철학, 대학 등으로 대표되는 12~13세기의 안정과 번영을 뒤로하고 정치적, 경제적, 사회적 불안이 여기저기서 나타나고 있었다.

잉글랜드와 프랑스는 국가의 명운을 걸고 백년전쟁(1337~1453)을 치렀다. 백년전쟁을 통해 잉글랜드와 프랑스에서는 국민감정이 형성되는 한편 왕권이 강화되는 기회가 되기도 했다. 이베리아 반도에서는 이슬람 세력들을 몰아내고 기독교 왕국을 다시 세우기 위한 레콩키스타reconquista로 전쟁이 끊이지 않았다. 전체 유럽 인구 중 약 3분의 1이 사망한 흑사병은 유럽 사회의 경제, 신앙, 문화 등에 심대한 영향을 미쳤다. 흑사병으로 인한 노동력의 심각한 감소는 경제 전반의 변화를 초래했으며, 죽음에 대한 공포로 이단과 미신이 난무했고 퇴폐적인 쾌락이 만연했다. 유럽 사회의 농업 생산성은 정체되었고, 상승하던 인구 곡선은 하강으로 방향을 틀었으며, 피렌체 은행들이 파산을 선언할 정도로 경제는 악화되었다. 그 수가 늘어나던 도시에서는 귀족화된 부르주아지 일부가 도시 행정을 독점하는 한편 길드 역시 폐쇄적 조직으로 변화했다. 도시의 권력에서 소외되고 부를 획득할 기회도 사라져 버렸다는 사실을 깨닫게 된 프롤레타리아들은 반란을 일으키며 계급갈등의 불씨를 지피기 시작했다. 교회의 변화는 더 극적이었다. 프랑스 국왕 필리프 4세Philippe IV는 교황 보니파시오 8세Bonifatius VIII를 납치 감금했으며, 교황청을 아비뇽으로 옮기고, 자신의 측근들을 교황으로 세우는 등 교황청의 권위에 도전했다. 결국, 1378년에서 1417년까지 로마와 아비뇽 양쪽에서 교황이 옹립되어 동시에 두 명의 교황이 존재하는 일이 벌어졌다. 교회 대분열은 통일성을 유지하던 가톨릭교회에 균열을 가져오고 교황권을 크게 약화시켰다.

이러한 혼란은 중세를 지탱하던 시스템에 문제가 생겼음을 알리는 경고등이었다. 14세기 중반 이후 유럽 사회에서는 봉건 사회의 특성이 하나둘 희석되기 시작했다. 교황의 권위는 날로 약해지는 반면 국왕은 지방의 권력을 중앙으로 흡수하며 그 위력을 더해갔다. 여전히 농업 중심의 경제 체제가 유지되었지만, 자본주의적 요소들이 싹을 틔웠다. 화약이 소개되면서 중세 군대의 전술에 변화가 생겼는데, 이는 기사계급의 몰락을 예고하는 것이었다. 학문에서도 변화가 감지되었다. 스콜라 철학을 비판하는 르네상스 인문주의가 지식인들 사이에서 유행했다. 나침반의 도입과 항해 기술의 발달은 지금껏 유럽 내부에 머물렀던 시야를 더 넓은 세계로 향하게 했다. 중세적 특성들이 약해진다는 것은 곧 새로운 시대의 시작을 의미하는 것이었다. 이런 점에서 중세 후기는 변화의 시기였다. 시대의 변화는 대학에도 변화를 요구했다.

사회의 혼란이 날로 심각해지는 가운데서도 전반적으로 대학의 숫자는 증가했다. 파리 대학과 같은 보편적 특성을 가진 대학들은 인기가 시들해졌으나, 새로운 대학들이 유럽 전역에서 설립되었다. 특히 경제가 발전하고, 국민 의식 혹은 민족 감정이 각성되던 곳에서 대학이 많이 설립되었다. 가장 활발한 곳은 독일을 비롯한 동유럽 지역이었다. 체코의 프라하Prague 대학(1346년 설립)을 시작으로 오스트리아의 비엔나Vienna 대학(1365년 설립), 폴란드의 크라쿠프Kraków 대학(1364년 설립), 독일의 하이델베르크Heidelberg 대학(1385년 설립), 쾰른Köln 대학(1388년 설립), 라이프치히Leipzig 대학(1409년 설립) 등이 연이어 설립되었다. 근대로 접어들어서도 대학에 대한 사회의 기대와 관심은 여전했지만, 급속히 변화하는 시대의 흐름을 얼마나 잘 수용할 수 있는지가 대학의 성공과 실패를 갈랐다.

중세 후기 대학의 변화

중세 후기에 수많은 대학이 유럽 전역에서 새로 설립되었지만, 대학의 기본 체제에는 크게 변화가 없었다. 대부분의 신설 대학이 볼로냐 대학 혹은 파리 대학을 모델로 삼았기 때문에 대학 구조, 교육 내용과 방식은 달라지지 않았던 것이다. 인문학부, 신학부, 법학부, 의학부로 구성된 전통적인 4학부 체제가 유지되었고, 스콜라적 교육 방법이 지속되었다.

다만, 남부 유럽 대학들과 북부 유럽 대학들은 학부의 중요성, 학생의 수준 등에서 여전히 차이가 있었다. 유럽 남부인 이탈리아 대학 교수들의 약 75퍼센트는 법학과 의학을 가르쳤으며, 나머지 20퍼센트가 인문학부에 소속되었다. 신학부 교수는 대략 5퍼센트 정도였다. 이에 반해 독일과 영국으로 대표할 수 있는 북부 대학들에서는 법학과 의학 대신 인문학부와 신학부를 중심으로 운영되었다. 독일에서는 교수의 상당수가 인문학부에서 강의했는데, 인문학부와 신학부의 교수가 전체의 3분의 2를 차지했다. 물론 학생들의 숫자는 교수들의 분포에 비례했다. 이탈리아 대학들은 상위학부와 전문직 교육 중심인 반면 북부 대학들, 특히 영국과 독일의 대학들은 인문학부가 교육의 중심이었던 것이다. 이탈리아 대학생들이 법학과 의학 분야에서 박사 학위를 취득하기 위해 대학에 온 반면 북부 유럽 대학생의 대다수는 인문학부를 마치기 위해 대학에 왔다. 이러한 차이는 학생들의 졸업 후 진로 역시 서로 달랐음을 의미한다. 이탈리아 대학의 학생들은 법학 박사 학위를 받은 후 변호사, 판사 혹은 시와 교회의 행정관이 되었다. 북부 유럽에서는 인문학부 졸업자 대다수가 초등학교 교사가 되었다.

전반적인 지속성에도 불구하고 중세 후기 대학에는 몇 가지 주목할 만한 변화가 있었다. 우선 대학 구성원들의 사회계층 구조에 변화가 생겼다. 예전에는 하층계급 출신들이 인문학부 학생으로 들어오는 경우가 많았으나 이제는 대학에서 가난한 학생을 찾아보기 어렵게 되었다. 관료, 법률가, 의사, 지역 귀족 가문의 자녀 등 '사회 엘리트'의 비중이 날이 갈수록 높아졌다. 가난한 학생들에게 숙식을 제공할 목적으로 지어진 기숙사마저도 이제는 부유한 학생들의 차지가 되었다. 대학 교수들의 지위 역시 상승했다. 대학 교수들은 성직록과 학생들이 제공하는 비용 외에도 지대地代 수입으로 부를 축적하는 경우가 많았다. 이제 대학 교수 역시 봉건영주와 같은 전통적 지배계층으로 변모했다. 그 결과 대학의 교수직이 일부 귀족화된 교수 집안의 전유물이 되는 등 중세 후기의 대학은 '사회 엘리트'의 폐쇄적 기관으로 변질되었다.

대학이 폐쇄적 엘리트 기관으로 변한 이유 중 하나는 대학을 통해 얻을 수 있는 편익이 그만큼 커졌기 때문이다. 대학의 학생은, 특별한 경우 이외에는 병역을 면제받았다. 보통의 대학은 세금을 납부하지 않았으며, 교황이 부여한 자치권으로 외부의 간섭으로부터 상당한 자유를 누릴 수 있었다. 또한 왕과 귀족들의 기부를 통해 건물과 도서 등 값비싼 재산을 보유하게 되면서 이제는 가난한 기관이 아니었다. 재산도 건물도 없었던 이전 시기에는 평등의 원리로 대학 공동체가 운영되었는데, 대학의 사회적 지위가 향상되고 건물 등을 포함한 재산이 늘어나자 대학이 엘리트들의 전유물로 바뀐 것이다.

또 하나의 중요한 변화는 대학의 보편적 특성, 코스모폴리탄적 성격이 퇴색되었다는 사실이다. 중세 대학에서는 어디에서든 공통의 언어 라틴어를 사용했고, 교과 과정은 동일했으며, 학위는 통용되었다. 따라서 교수와 학생들은 국가와 지역의 경계에 제한받지 않고 어느 곳에서든 배우고 가르칠 수 있었다. 그러나 중세 후기로 들어서면서 대학의 국가적·지역적 성격이 강화되었다. 가장 국제적인 기관이었던 파리 대학은 이제는 프랑스인의 대학으로 변해버렸다. 백년전쟁 동안에는 수많은 잉글랜드인들이, 교회 대분열(1378~1417) 기간에는 독일인들이 파리를 떠나면서 파리 대학의 학생 구성에서 프랑스인의 비율이 점점 높아졌다.

대학의 국가적·지역적 특성이 강해진 결정적인 이유는 교황권은 날로 약해지고 있던 반면 국왕의 권한은 강해졌기 때문이다. 1077년, 카노사Canossa에서 신성로마제국 황제 하인리히 4세Heinrich IV를 눈밭에 무릎 꿇게 했던 교황 그레고리오 7세의 이야기는 이제 먼 옛

날 일이었다.

　이 시기 국왕들은 교황과의 대결도 마다하지 않았다. 1301년, 프랑스의 필리프 4세는 교황 보니파시오 8세를 납치해 감금할 정도로 더는 교황을 두려워하지 않았다. 14세기에 시작된 교회 대분열은 교황의 힘과 권위를 추락시킨 결정적 사건이었다. 1378년, 로마와 아비뇽에서 두 명의 교황이 동시에 정당성을 주장하면서 이제 중세의 교황, 교황청의 권위는 바닥에 떨어졌다. 대학들은 이해관계에 따라 지지하는 교황이 달랐는데, 볼로냐와 프라하 대학, 잉글랜드의 대학들은 이탈리아 출신 교황을 지지한 반면 프로방스 지역의 대학들은 아비뇽 교황편을 들었다. 파리 대학은, 교황의 적극적 지원으로 성장했지만, 프랑스 영토 안에 있기에 국왕의 힘을 무시할 수 없게 되었다. 이렇게 대학에 대한 교회의 지배력은 현저하게 약해졌다. 대학의 각종 문제를 해결해 주고, 대학의 교육을 관장하며, 구성원들의 장래에 영향을 미치던 교회의 영향력은 이제 기대할 수 없었다. 그러나 교회의 지배력 약화가 곧 대학이 외부 권력으로부터 자유로워졌다는 뜻은 아니었다. 교회의 자리를 국가가 대신했기 때문이다.

　점차 강화되고 있던 왕권은 이제까지 대학이 누려왔던 각종 특권들을 폐지했다. 1437년, 프랑스의 샤를 7세Charles VII는 대학으로부터 재정적 자율권을 박탈했으며, 전쟁을 치를 때면 세금을 징수할 뿐 아니라 일정액을 할당해 기금을 내도록 대학을 압박했다. 1445년에는 대학 자체 법정을 폐지하고 고등법원의 관할 아래 둠으로써 중세 대학의 가장 중요한 특권이었던 사법적 특권마저 박탈했다. 1470년, 루이 11세Louis XI는 파리 대학의 모든 교수와 학생들이 자신에게 충성을 맹세할 것을 요구했다. 1499년 파리 대학은 이른바 '파업권'마저 상실하고 만다. 왕권이 강화되면서 중세 대학이 누리던 특권 일체를 상실한 프랑스 대학들은 이제 '프랑스 국왕의 맏딸'로 불리며 갈리아주의Gallicanisme[16]의 선봉에 서게 되었다.

이 시기 국왕을 비롯한 세속 권력들에게 대학은 매우 필요한 존재로 부상했다. 중세 후기에 대학 설립을 주도한 자들이 국왕, 군주 혹은 도시 정부라는 사실이 이를 증명한다. 이들 세속 권력자들은 대학이 자신들의 권위를 높여준다고 믿었으며, 날로 복잡해지는 궁정 업무 혹은 도시 행정을 담당할 행정가, 법률가, 성직자가 필요했다. 이러한 이유로 이들은 대학을 설립하고 지원하는 데 기꺼이 자신들의 재산을 투입했다. 대학에 건물을 지어주고, 교수직을 새로 만드는 데 돈을 아끼지 않았다. 남부 유럽 대학들에서 학생조합이 담당했던 교수의 급료 지불을 이제 코뮌이나 도시 정부가 떠맡았다. 북부 유럽에서도 정부 관료가 되려는 대학생이 점차 늘어나면서 그들에게 필요한 시민법 교육 수요 또한 함께 증가했다. 이제 교수와 학생들의 자발적 학문공동체로서 출발한 초기 대학의 형태는 찾아보기 어렵게 되었다.

그렇지만 대학에 대한 세속 권력의 지배력 강화를 부정적으로만

---

16 갈리아주의는 세속 권력이 교황의 권력 아래 있지 않으며, 따라서 군주가 다스리는 영토 내의 교회에 대한 지배권 역시 군주와 교황이 동일하게 갖는다는 이론이다. 14세기 이후 프랑스 국왕들은 갈리아주의를 근거로 교회에 대한 지배권을 놓고 교황과 격렬하게 대립했다. 갈리아Gallia 혹은 골Gaul로 불리던 프랑스에서 유래한 사상이기에 갈리아주의라고 한다.

볼 수는 없다. 대학이 세속 정치와 긴밀한 관계를 맺으며 오히려 대학의 발전을 가져온 측면이 분명 존재하기 때문이다. 우선 관료제가 확대되면서 대학인들이 궁정의 업무에 이전보다 더 많이, 더 깊이 관여하게 되었다. 당연히 대학에 우호적인 정치인들이 궁정에 포진하게 되었고, 이는 대학이 국왕으로부터 다양한 지원을 얻어내는 데 유리하게 작용했다. 한편으로는 대학의 운명이 국왕의 손아귀에 들어간 것이지만, 다른 한편으로는 대학의 정치적 영향력이 확대된 것이기도 했다. 이전 시기 대학에 대한 교회 권력의 관심이 지원과 통제라는 두 가지 측면을 동시에 갖는 것과 마찬가지로 국가 권력의 관심 역시 밝음과 어두움이 동시에 존재한다.

르네상스 인문주의의 확산

15세기 말 이탈리아의 도시 밀라노와 피렌체에서는 도시의 '랜드마크'가 될 대성당 건축이 한창이었다. 밀라노는 12세기 이래 중세 도시의 상징이 된 고딕 양식을 채택해 성당을 건축하고 있었다. 반면 피렌체에서는 필리포 브루넬레스코Filippo Brunellesco의 설계와 감독 아래 고딕 양식이 아닌 돔 형식의 성당을 짓고 있었다. 돔 형식의 피렌체 두오모 대성당[17]은 중세 대성당에서는 볼 수 없었던 새로운 형태, 새로운 기술의 건축이었다. 밀라노 대성당이 중세의 마지막을 장식하는 것이라면, 두오모 대성당은 르네상스의 시작을 알리는 혁신이었다.

물론 브루넬레스코가 설계한 대성당의 돔 형식은 완전히 새로운 것은 아니었다. 그가 참고한 것은 고대 로마의 돔 건물 '판테온

---

[17] 정식 명칭은 산타마리아 델 피오레(Santa Maria del Fiore) 대성당이다.

pantheon'이었다. 브루넬레스코는 설계도가 남아 있지 않은 로마의 판테온을 연구해, 이를 새 시대에 걸맞게 재탄생시켰다. 이 새로운 건축 양식은 곧 바티칸 성당 건축으로 이어졌고, 전 유럽으로 확산되었다.

르네상스의 본질은 고대 그리스·로마의 문학과 예술을 재생하는 것으로, 르네상스의 지적운동을 우리는 인문주의humanism라 부른다. 르네상스 인문주의는 지역과 외부 환경, 시기에 따라 서로 다른 특징을 보인다. 특히 북부와 남부 유럽의 차이는 매우 컸다. 북부 유럽은 기독교 전통이 강하게 남아 있어 원시 기독교와 성경의 원리에 더 관심을 가졌다. 반면에 남부 유럽은 세속적인 경향이 강했으며, 문학과 예술 분야에서 탁월한 성취를 이루었다.

인문주의 정신

르네상스인들은 자신들이 새로운 시대에 살고 있다는 사실을 명확하게 인식하고 있었다. 이들은 스스로를 '현대인'이라 불렀다.[18] 이들에게 중세는 고대인들의 지혜와 아름다움을 더럽힌 퇴행의 시대였다. 반면에 고대는 이상적 세계였고, 그렇기에 닮아야 할 모델이었다. 그러나 르네상스인들이 고대를 무조건 경외하고 모방했던 것은 아니다. 그리스·로마의 고대인들을 거인으로 우러러본 반면 자신들 스스로는 난쟁이로 여기며 고대를 모방하는 데만 집중했던 12세기 지식인들과는 달랐다. 르네상스인들은 스스로를 또 하나의 거인으

---

18 인류의 역사를 고대, 중세, 현대로 나누는 세 시대 구분법이 르네상스 시대에서 시작되었는데, 르네상스인들은 자신의 시대를 중세에서 벗어난 '현대(modern)'로 인식했다.

로 인식하고 있었다. 르네상스인들이 고대의 지식과 학문을 연구할 때 사용한 방법은 대화dialogue였다. 대화는 상대방의 주장을 듣기만 하는 일방적 활동이 아니라, 자신의 생각도 제시하는 상호적 활동이다. 르네상스인들은 고대를 존경의 눈으로 바라보았지만, 고전의 오류를 지적하는 데 거리낌이 없었고, 자신들이 새롭게 발견한 것들을 자랑스럽게 여겼다.

이러한 태도는 현세에 대한 긍정으로 이어졌다. 중세인들은 이 세상의 삶을 불완전하고 불안한 것으로 인식했다. 그러나 자신들의 시대를 긍정하고 자신들의 업적을 자랑스러워하는 르네상스인들은, 내세지향적인 중세적 가치를 버리고 현실에 대한 분명한 인식을 토대로 세속적인 경향을 띠게 된다. 이러한 태도는 자연과 사회를 보는 시각도 바꾸어 놓았다. 중세인들에게는 자연이 공포와 경외의 대상이었다면, 르네상스인들은 자연을 있는 그대로 묘사하고 관찰하려 했다. 신앙을 위해 그려진 중세의 그림들이 의미 전달에 집중한 나머지 눈에 보이는 것과는 다르게 사물을 묘사한 반면 르네상스인들은 눈에 보이는 대로 그림을 그리고자 했다. 원근법이 등장하고, 사실적 묘사를 중시한 것도 바로 그러한 이유 때문이다. 신의 섭리로 바라보았던 자연현상 역시 관찰과 분석의 대상이 되면서 근대과학의 발전이 가능하게 되었다.

고대를 이상화하고 자신들의 시대를 어두움에서 벗어난 새 시대로 이해하는 르네상스인들의 태도는 자연스럽게 중세에 대한 저항으로 이어졌다. 르네상스인들은 '스콜라 철학'을 쓸모없는 논쟁으로 여겼다. 중세의 라틴어는 고전의 참다운 의미를 방해하는 상스럽고 변질된 언어라고 비판했다. 키케로의 우아한 산문을 칭송했던 언어학자 로렌초 발라Lorenzo Valla는 교황이 세속 권력보다 우위에 있음을 주장하는 근거였던 '콘스탄티누스의 기진장Donatio Constantini'이 가짜임을 밝혀냈다. 4세기 무렵, 로마 황제 콘스탄티누스 1세가 서유럽의 전 영토를 교황에게 기증했다는 사실을 담고 있는 이 문서가 실상은 8세기 라틴어로 기록된 위조문서임을 언어학적 방법을 동원해 증명한 것이다.

르네상스 인문주의를 가장 반긴 것은 군주와 귀족들이었다. 이탈리아에서는 교황들이 성 베드로 대성당을 개축 및 보수하고, 라파엘로와 미켈란젤로의 그림으로 바티칸 궁정의 벽과 천정을 채웠다. 피렌체에서는 메디치가의 후원으로 수많은 예술가와 과학자들이 활동할 수 있었다. 마키아벨리Niccolò Machiavelli는 현실적인 군주의 모습을 제시한 《군주론Il Principe》을 헌정했다. 카스틸리오네Baldassare Castiglione는 《궁정론Il Cortegiano》에서 새로운 형태의 예절을 규정하며 궁정의 문화를 바꾸었다. 이렇듯 인문주의는 정치, 사회, 문화, 일상의 변화를 이끌어낸 거대한 운동이었다. 그럼에도 르네상스 인문주의의 본질은 교육운동이었다.

미국 컬럼비아Columbia 대학의 크리스텔러Paul O. Kristeller 교수에 의하면 르네상스 인문주의는 하나의 이념에 기초한 철학사조가 아니다. 인문주의자들을 하나로 묶을 수 있는 공통된 이데올로기나 신학 이념은 찾을 수 없다. 인문주의는 지역과 시기에 따라 서로 다른 특징을 보인다. 특히 북부의 인문주의가 기독교 경건주의의 형태를 띠었던 반면 남부 유럽 인문주의는 세속적인 성격이 강했다. 다만 이들에게 공통으로 발견되는 경향이 하나 있다. 바로 그리스·로마의 고전을 학습함으로써 수사학, 언어학, 역사학, 시, 윤리학 등으로 구성된 '스투디아 후마니타티스studia humanitatis(인문학)'를 사회 전반에 확산시키겠다는 신념이다. 교육자들이었던 인문주의자들은 공통적으로 배움의 필요성을 강조했으며, 교육받은 사람 혹은 교양 있는 사람을 존중했다.

대학과 인문주의

배움과 교양에 대한 인문주의자들의 강조는 결국 대학 교육의 개혁에 관심을 갖도록 만들었다. 인문주의자들에게 스콜라주의는 현실의 문제를 해결하는 데 아무런 도움도 주지 못하는 공리공론空理空論이었다. 현재의 삶을 중요하게 생각했던 인문주의자들은 현실적인 지혜와 지식을 줄 수 있는 역사학, 수사학, 정치학 등에 관심이 컸다. 또한, 인간의 지적 도덕적 인격 함양을 목표로 했던 인문주의자들은 신학, 법학, 의학 등 상위학부의 전문적 교육에 집중되었던 중세 대학 교육의 한계를 지적했다.

인문주의에 기초해 대학 교육을 개혁하기 위해서는 우선 인문주의자들을 교수로 임용하고, 교육 내용을 인문주의적 이상에 따라 변경해야 했다. 또한 철학, 수학, 언어학, 역사 등의 새로운 과목도 도입해야 했다. 그러나 개혁에 대한 반발이 제법 거셌다. 키케로의 문학과 플라톤의 철학을 부활시키며 등장한 인문주의는 기독교에 위험한 것으로 여겨져 교회로부터 저항을 받곤 했는데, 대학은 교회와 보조를 맞추어 이러한 신지식에 저항하는 경향이 있었다. 대표적 인문주의자 로렌초 발라는 법학부 교수들의 반대로 신분의 위협을 느낀 나머지 자신이 재직하던 파비아Pavia 대학 교수직을 버리고 도망쳐야 했고, 로마 대학으로 옮긴 후에도 신학부 교수들의 공격을 받았다. 그는 교황의 보호가 있은 후에야 비로소 안전할 수 있었다. 대학은 스콜라주의의 아성이었던 것이다.

그렇지만 조금씩 변화가 나타났다. 이탈리아에서는 주도적인 인문주의자들이 15세기 중반에는 대학의 교수직을 장악했다. 독일에서는 신학부 교수들의 저항이 거세어 상위학부 교수로 자리 잡는 것이 쉽지 않았지만, 16세기 전반 무렵에는 인문주의자들이 대학에서 주도권을 잡을 수 있었다. 그러나 수사학 혹은 시학 등 인문학을 가르치는 교수들이 대학에 임용되었던 것은 아니다. 그보다는 인문주의적 방법론으로 무장한 교수들이 신학부, 법학부, 의학부, 인문학부에 포진하면서 대학을 변화시켰다.

인문주의적 학문 연구의 핵심은 비판정신이다. 언어, 문헌학, 역사학 등의 인문주의 교육을 받은 학자들은 원저작의 핵심을 파악하고, 문맥을 보다 쉽게 이해할 수 있었다. 중요한 것은 인문주의자들은 원저작을 이해하는 데서 그치지 않고, 실험과 관찰을 통해 원저작의 오류를 지적하고 수정·보완할 수 있게 되었다는 사실이다. 예를 들어, 인문주의적 방법론을 익힌 의학부 교수들은 중세에 만들어진 의학 교재들을 경멸했던 반면 고대 로마 의학자 갈레노스의 원전 의학서에 대해서는 칭송을 아끼지 않았다. 그들은 필사본을 발굴하고, 새로운 방법을 발견하는 데 열심이었다. 갈레노스의 중세 라틴어 번역본에 만족할 수 없었던 그들은 그리스어 지식을 활용하여 보다 나은 라틴어 번역본을 만들기도 했다. 무엇보다 이들은 갈레노스를 무조건 따르려 하지 않았다. 인문주의 의학자들은 갈레노스의 이론을 검증해보기 위해 직접 해부학 실험을 했다. 이 과정에서 이들은 갈레노스의 오류를 발견하게 되었고 이를 수정했다. 마침내 갈레노스의 생리학은 폐기되었고, 인문주의자들의 새로운 연구가 그 자리를 대신하게 되었다.

인문주의를 선도한 것은 이탈리아 대학이었다. 이탈리아는 르네상스가 가장 먼저 꽃핀 곳이었으며 인문주의 역시 이곳에서 가장 먼저 시작되었기 때문이다. 그리스어와 라틴어 고전을 연구하기 위해 유럽 전역에서 학생들이 볼로냐, 파도바, 시에나, 피렌체Firenze, 피사, 페라라Ferrara, 파비아 등 이탈리아의 대학 강의실로 몰려들었다. 몇몇 대학에서는 알프스 이북 학생들의 수가 이탈리아인을 앞지를 정도였다. 이탈리아에서 공부한 인문주의자들이 자신의 나라로 돌아가 새로운 사상과 방법론을 소개하면서 인문주의는 알프스를 넘어 북유럽으로 확산되었다.

르네상스를 대표하는 가장 뛰어난 인문주의 학자들이 대학에 많았다. 텍스트 역사 비평으로 유명한 로렌초 발라는 파비아 대학과 로마 대학에서 수사학을 가르쳤다. 갈릴레이Galileo Galilei는 메디치Medici 가문의 궁전으로 가기 전 파도바와 피사 대학에서 강의했다. 근대 해부학의 창시자라 불리는 베살리우스Andreas Vesalius 역시 파도바 대학에서 강의했다. 에라스뮈스Desiderius Erasmus는 케임브리지 대학에서, 루터Martin Luther는 비텐베르크Wittenberg 대학에서 각각 학생들을 가르쳤다. 이들 인문주의 학자들은 지식의 영역을 놀랍도록 확장시켰고,

학문의 경계를 가로지르며 새로운 발견들을 내놓았으며, 그 효과가 르네상스 이후에도 계속될 혁신적 연구들을 생산했다. 대학 교수들의 연구는 의학, 수학, 자연철학 혹은 과학, 인문학 등에서 특히 빛을 발했다. 법학 분야에서도, 비록 그 범위는 작았지만, 고대 로마법을 역사적으로 재구성하는 등의 혁신적 성과들이 있었다.

그러나 이 시기 대학에서 인문주의가 자리를 잡고 사회 전반으로 확산되는 데는 군주 혹은 도시 정부의 역할이 컸다는 점을 기억해야 한다. 프랑스에서는 1530년, 유명한 인문주의자이자 그리스어 학자인 기욤 뷔데Guillaume Budé가 국왕 프랑수아 1세François I를 움직여 파리 대학에 인문학 강좌를 개설하려고 했다. 그러나 파리 대학은 인문주의 교육이 도입되는 데 강력하게 반발했고, 결국 프랑수아 1세는 인문주의 교육을 위한 새로운 기관 콜레주 루아얄Collége Royal을 설립했다. 콜레주 루아얄은 독립된 기관으로, 그리스어, 라틴어, 히브리어 흠정 강좌를 개설했다.

잉글랜드에서도 인문주의가 자리를 잡는 데 국왕의 역할이 컸다. 헨리 8세Henry VIII는 토머스 모어Thomas More를 비롯한 인문주의자들을 중용하며 16세기 영국 인문주의 확산에 길을 열었고, 인문주의 교육을 받으며 성장한 엘리자베스 1세Elizabeth I는 사회 전반에 인문주의가 꽃을 피우도록 지원했다. 대학에서도 인문주의자들의 영향력이 날로 커졌다. 특히 케임브리지 대학은 히브리어, 그리스어, 신학, 시민법, 의학 교수직을 신설하며 인문주의 운동을 주도했다.

14세기 이후 대학은 다양한 비판에 직면하게 된다. 그중에는 대학의 본질 혹은 존재 이유를 묻는 근본적 비판도 있었다. 바로 대학이 순수하게 학문을 탐구하는 기관인가 아니면 사회적 유용성을 실현하는 기관인가 하는 문제였다. 중세 대학의 스콜라주의는 수도원적이상인 '사색적 삶vita contemplativa'을 추구했다. 이러한 태도는 사람들의 시선을 신으로 향하게 했으며, 인간의 현실에는 무관심하도록 만들었다. 그런데 중세 후기부터, 대학은 의사, 법률가, 공직에서 일할사람을 양성하는 기관임에도 개별 인간 존재와 이들의 실제적 문제에 관심을 갖지 않는다는 비판이 서서히 늘어난 것이다.

인문주의가 바꾸려고 했던 대학의 모습은 이러한 비판에 대한 해법이기도 했다. 눈앞에 드러나는 변화는 적었다. 인문학을 가르치는교수들이 크게 늘어난 것도 아니다. 교과목이라고 해야 역사, 그리스어 등이 인문학부 과목에 추가될 뿐이었다. 그러나 보이지 않는 변화들이 대학 내부에서, 대학 구성원들에게서 일어나고 있었다. 무엇보다 학문과 교육의 방향이 달라졌다. 이전 시대 대학이 지식 그 자체를 위한 지식, 즉 비타 콘템플라티바vita contemplativa를 위해 존재했다면, 인문주의자들은 사회에 유익이 되는 현실적 지식, 즉 비타 악티바vita activa에 관심을 두었다. 성직자, 의사, 법률가, 행정 관료, 교사 등을 양성하는 것이 중세 대학에서는 부차적 과업이었다면 16세기에는 대학의 중요한 목표가 되었다. 또한, 지식을 비판적으로 대할수 있게 되었으며, 교육의 목적 역시 젠틀맨gentleman, 계몽된 신하 혹은 시민의 양성으로 바뀌었다. 이제 대학의 교육이 현세의 삶을 향해방향을 조정하게 된 것이다. 수직적 고딕 양식이 수평적인 르네상스양식으로 바뀌게 된 것처럼.

3

종교개혁

1517년 10월 31일, 마르틴 루터는 자신이 신학교수로 있던 독일 비텐베르크 대학 정문에 95개의 조항을 담은 반박문을 게시했다. 구원에 관한 가톨릭교회의 가르침에 의문을 제기한 이 행동은 곧 전 유럽에 알려졌다. 인쇄술의 발달로 '종이에 인쇄된' 루터의 사상이 빠르게 지식인들에게 전파되었고, 판화의 이미지를 통해서 무식한 농민들도 종교개혁 사상을 이해할 수 있었다. 종교적 통일성을 유지하던 유럽 사회는 전통교리를 유지하는 '가톨릭'과 새로운 교리를 주창하는 '프로테스탄트'로 양분되었다.

종교의 변화는 대학의 변화로 이어졌다. 이 시기 대학은 하나의 종교 기관이었기 때문이다. 게다가 종교개혁은 단순히 교리와 교회에만 국한된 사건이 아니었다. 종교개혁은 정치, 사회, 종교, 문화 전반에 거대한 영향을 미치게 되었고, 대학은 그러한 거대한 변화로부터 자유로울 수 없었다.

종교개혁과 인문주의

대학에 인문주의 교육을 적극적으로 도입한 것은 16세기 종교개혁가들이었다. 중세 가톨릭교회의 지적 버팀목인 스콜라주의의 틀을 깰 도구를 언어학과 문헌학 등에서 발견한 종교개혁가들은 인문주의를 수용하기 위해 대학을 개혁하고자 했다.

루터는 교육의 과정에서 인문주의의 영향을 받은 것으로 보인다. 인문주의 훈련을 받은 루터는 성서를 원전으로 읽음으로써 원래의 의미를 파악하고자 했으며, 그리스어·히브리어 성서를 읽는 과정에서 가톨릭 교리의 오류를 발견하게 되었다. 원전 성서의 라틴어 번역본인 《불가타 성서Vulgata》가 원래의 의미를 훼손하였으며, 가톨릭교회의 일부 교리와 전통이 성서로부터 벗어난 것임을 알게 되었다.[19] 이런 점에서 그는 인문주의자였다. 하지만 루터 자신은 인문주의에 대해 의심의 눈초리를 거두지 않았다. "근원으로 돌아가자ad fontes"는 인문주의 정신에는 공감하지만, 루터가 추구한 것은 인문주의에 기초한 학문과 삶의 태도가 아니라 교회의 개혁이었기 때문이다. 루터는 대학 그 자체를 못마땅하게 여기기도 했다. 루터는 자신이 그토록 깨트리고 싶었던 교황청의 요새, 스콜라주의의 온상이 바로 대학이라고 생각했던 것이다.

이러한 루터를 설득해 독일 대학에 인문주의를 확산시킨 인물이

---

19 〈마태복음〉 4:17의 "회개하라 천국이 가까이 왔다"는 구절을 《불가타 성서》는 "죗값을 치러라, 천국이 가까웠다"라고 번역했으며, 당시 사람들은 이를 "고해하라"라는 의미로 받아들였다. 16세기 초반 로마 교회는 《불가타 성서》를 근거로 면죄부는 죗값을 치르는 하나의 방법이라고 주장하면서 면죄부의 판매를 정당화했다.

바로 필리프 멜란히톤Philip Melanchthon이다. 멜란히톤은 개혁신앙을 전파하고 종교개혁가들을 양성하는 데에 대학이 매우 유용한 수단이라는 점을 역설하며 루터를 설득했다. 멜란히톤은 1518년 비텐베르크 대학 취임 강연에서 1200년 이후 아리스토텔레스에 대한 잘못된 번역과 스콜라적 논쟁들이 대학, 교회, 도덕을 훼손했다고 주장한 인문주의자로, 그의 주도로 비텐베르크 대학에 인문주의적 교육 방식이 도입되었다. 1536년에는 인문학부에 교수를 열 명 증원했는데, 당시 상위학부에는 고작 한 명에서 세 명의 교수가 있을 뿐이었다. 전통 과목인 문법, 논리학, 수학, 물리학, 천문학에 더해서 히브리어, 그리스어, 역사와 시학을 보충했으며, 웅변 분야에도 두 명의 교수를 임명했다. 마르부르크Marburg 대학을 비롯한 새로 설립된 대학들과 아카데미에서도 인문주의를 제도적으로 정착시키기 위해 멜란히톤의 개혁 프로그램을 모델로 삼았다.

잉글랜드 대학들에서도 인문주의의 도입은 종교개혁과 긴밀하게 연결되었다. 케임브리지 대학을 중심으로 15세기 말부터 인문주의가 서서히 영향력을 확장시켜 나갔다. 케임브리지 대학은 에라스뮈스를 초빙해 연구하고 가르치도록 했으며, 인문주의를 정착시키기 위한 커리큘럼 개혁을 추진했다. 이렇게 양성된 인문주의자들은 대륙의 종교개혁 사상을 조금씩 흡수하기 시작했고, 결국 헨리 8세의 이혼문제가 로마 교회와의 단절로 귀결되는 상황에서 이들이 적극적으로 활동했다. 이들 인문주의자들은 케임브리지 대학을 중심으로 인문주의의 지평을 조금씩 넓혀나가 결국에는 잉글랜드를 프로테스탄트 국가로 변모시키는 데 크게 기여했다.

종교개혁가 칼뱅Jean Calvin과 츠빙글리Ulrich Zwingli 역시 인문주의 방법론으로 무장하여 가톨릭교회를 공격했다. 칼뱅은 파리 대학에서 인문주의 교육을 받았으며, 문헌학과 수사학 등 인문주의자의 연구방법론을 성경 주석에 활용하는 한편 키케로의 웅변술을 신이 주신 훌륭한 은사라고 평가했다. 취리히에서 종교개혁을 이끈 츠빙글리는 에라스뮈스가 출간한 그리스어 신약성서를 보고 그 사상과 방법에 깊은 감동을 받았다.

16세기 종교개혁가들은 교회의 전통이나 중세 신학자들의 해석에 의존하지 않고 성서의 원전으로 돌아가 순수했던 원래의 기독교 신앙을 찾으려 했다. 종교개혁가들은 중세의 왜곡된 기독교 신앙을 바로잡을 근거지로 대학을 선택했다. 이들은 대학의 지적 분위기를 인문주의로 전환해 가톨릭교회의 오류를 발견하고 참된 신앙을 찾으려 했다. 개혁신앙을 전파하기 위해서는 대학을 통해 개혁적 성직자를 교육하고 양성해야 했다. "인문주의가 없었다면, 종교개혁도 없었을 것이다"라는 모엘러Bernd Moeller의 말처럼 인문주의는 종교개혁가들의 가장 강력한 무기였으며, 대학은 그 무기를 장착한 성채였다.

기독교 세계의 분열

중세 대학은 종교적으로 통일되어 있었다. 수많은 대학이 로마 교황청으로부터 설립 인가를 받았으며, 대학 구성원 모두가 가톨릭교회의 일원으로서 성직자로 대우받았고, 가톨릭교회의 지침에 따라 학문의 경계를 설정하고 옳고 그름을 판별했다. 그러나 종교개혁으로 중세 교회의 통일성은 무너졌다. 단순하게는 가톨릭(구교)과 프로테스탄트(신교)로 양분된 것이었다. 하지만 프로테스탄트 진영 역시 내부적으로 루터파, 칼뱅파, 잉글랜드 국교회Anglican Church 등으로 다양하게 분열되었다. 기독교 세계의 분열은 대학들 역시 특정 종파에 소속될 수밖에 없는 상황으로 몰아넣었다.

종교개혁의 광풍이 온 유럽을 휩쓸자 가톨릭과 프로테스탄트 진영으로 나뉜 제후들이 곳곳에서 전쟁을 벌였다. 가톨릭에서는 신성로마제국의 황제 카를 5세Karl V가 중심이 되었고, 프로테스탄트들은 슈말칼덴 동맹Schmalkaldischer Bund을 맺어 맞섰다. 양측은 1555년 아우크스부르크Augsburg에서 화의和議를 맺고 싸움을 종식시켰다. 화의를 통해 이제 각 국가와 도시는 해당 군주의 신앙에 따라 종파를 선택해야 했다. 독일과 북유럽 지역은 대개 루터파를 지지했으며, 프랑스를 비롯한 남부 유럽은 가톨릭으로 남았다.

군주가 신앙을 결정하면서 대학 역시 그 결정을 따라야 했는데, 이것은 군주가 대학을 복속시키는 하나의 수단으로 작용했다. 국왕의 이혼문제로 로마 교황청과 결별한 잉글랜드에서는 1534년 수장령Act of Supremacy으로 인해 헨리 8세가 교회의 최고 지도자가 되었다. 잉글랜드 국교회가 탄생한 것이다. 헨리 8세는 교회와 수도원의 재산을 압수했으며, 옥스퍼드와 케임브리지 대학 역시 국왕의 직접적 통제 아래 놓이게 되었다. 메리 여왕Mary Stewart 때 잠시 가톨릭으로 되돌아갔다가 엘리자베스 1세 때 다시 국교회로 복귀하는 혼란을 겪기도 했다. 잉글랜드 내전(1642~51) 동안 대학들은 살아남기 위해 국가의 눈치를 봐야 했다. 프랑스에서는 성 바르톨로메오 학살(1572) 사건으로 극에 달한 가톨릭과 위그노Huguenot의 갈등을 해결하기 위해 앙리 4세Henri IV는 1598년 '낭트 칙령'을 공표했다. 이 칙령으로 인해 제한된 형태나마 종교적 자유가 허용되자 수많은 위그노가 대학에서 학위를 받을 수 있게 되었다. 그러나 한 세기 후인 1685년 루이 14세Louis XIV가 낭트 칙령을 폐지함으로써 관용의 시대는 끝을 맺었다. 스트라스부르Strasbourg 대학을 제외한 모든 프로테스탄트 대학들이 폐쇄되었다. 위그노 학자들은 추방되었는데, 이들 대부분은 신앙이 자유로운 네덜란드 대학으로 이동했다. 독일에서는 브란덴부르크Brandenburg의 지배 가문이 칼뱅주의로 개종하자 프랑크푸르트안데어오데르Frankfurt an der Oder 대학은 지배자의 결정을 옹호하는 신학적 근거를 제공해야 했다.

종교적 분열 이후로는 대학을 선택할 때 지역, 학부, 교수보다 종교적 신념이 가장 중요한 고려요소가 되었다. 이제 많은 대학은 자신이 속한 종파에 대한 신앙 고백을 입학과 졸업의 필수요건으로 제시했다. 제네바에서는 칼뱅파가 제시하는 신앙 고백서를 인정하지 않는 학생들은 수업에 들어갈 수 없었다. 독일과 스칸디나비아의 루터파 대학들에서는 입학의 필수 조건이 '아우크스부르크 신앙 고백'의 지지 표명이었다. 심지어는 칼뱅주의자로 의심되거나 가톨릭에 동조하기만 해도 학생들은 추방되었고, 교수들은 해고되었다. 잉글랜드에서는 1662년 제정된 통일령Act of Uniformity으로 국교도 외에는 대학 입학이 금지되었다. 잉글랜드 대학들의 신앙 선서는 1854년이 되어서야 비로소 폐지되었다. 국교도가 아닌 잉글랜드 학생들은 외국으로 유학을 떠날 수밖에 없었는데, 가톨릭교도는 대개 대륙으로 가고, 비국교도는 스코틀랜드로 갔다. 가톨릭 지역에서는 1564년 교황 비오 4세Pius IV가 공표한 칙서에 의해 졸업을 위해서는 신앙 고백을 해야 했으므로, 프로테스탄트들은 자연스럽게 졸업에서 배제되었다.

학문의 내용까지 종파적 이해에 따라 판단되었다. 1545년 가톨릭 군주들을 등에 업고 교황이 된 바오로 3세Paulus III는 트리엔트Trient에서 거대한 공의회(트리엔트 공의회)를 개최했다. 1563년까지 계속된 이 공의회는 가톨릭교회의 개혁, 신앙과 도그마의 정제, 규율 회복 등을 위한 방안이 결정했다. 프로테스탄트에 맞서 가톨릭 신앙을 보호하기 위한 각종 조치들이 통과된 것이다. 대학은 당장 그로부터 영향을 받았다. 대학을 졸업할 때 신앙 선서를 해야 했다. 금서 목록도 공표되었다. 1557년에 최초로 시작된 금지도서 공표는 20세기까지 이어져 자유로운 학문의 발전에 커다란 장애로 작용했다. 놀랍게도 앙드레 지드André Gide와 장 폴 사르트르Jean Paul Sartre 등도 그 목록에 이름을 올렸다. 프로테스탄트라고 해서 달랐던 것은 아니다. 인문주의 학자 세르베투스Michael Servetus는 삼위일체 교리를 반대한다는 이유로 로마 교회와 프로테스탄트 양쪽 모두에게 정죄를 받았으며, 도피 도중 제네바에서 칼뱅과 제네바 시의회에 의해 산 채로 화형을 당했다.

대학이 종파로부터 영향을 받게 되자 지식인 세계에서 종교적 소수파가 생겨났다. 대학이 자신의 신앙과 다른 종파를 강요한 결과 일자리를 잃는 교수가 많아졌다. 국가의 종교와 일치하지 않아 고등교육의 기회를 박탈당한 학생들도 있었다. 종교 문제로 갈등하는 학자들은 신앙을 관용해 줄 국가 혹은 도시로 이민을 갔다. 16~17세기 내내 유럽 곳곳은 종교적 상황이 맞는 곳을 찾아 국경을 넘는 학자로 넘쳐났다. 이들은 바젤Basel, 루뱅Louvain, 레이던Leiden, 볼로냐, 파도바 등 비교적 종교적으로 관대했던 도시로 몰려들었다. 이 시기 레이던 대학이 새로운 학문의 중심지로 부상한 이유도 종교적으로 자유로 웠기 때문이다.

기독교 세계의 분열이 대학에 부정적인 영향만을 미쳤던 것은 아니다. 종교개혁 초기에는 대학의 입학생이 급격하게 줄기도 했다. 전반적으로 사회가 불안정했기 때문이었다. 가톨릭교회에서 지급하던 성직록이 프로테스탄트 지역에서는 중단된 것도 한 원인이었다. 그러나 각 종파는 대학의 중요성을 절감하게 되었다. 가톨릭과 프로테스탄트 모두 자신들의 교리와 종교적 신념을 확산시키는 데 교육보다 중요한 수단은 없다는 사실을 깨닫게 되었기 때문이다.

프로테스탄트 지역에서는 개혁신앙의 존폐가 교육에 달렸다고 보고 대학을 열성적으로 설립했다. 가톨릭 지역에서는 하급 성직자들의 신학 교육이 제대로 이루어지지 않았던 것이 결국 종교개혁으로 이어졌다고 보았고, 트리엔트 공의회에서는 이에 대한 개선방안이 주요 의제로 등장했다. 결국, 성직자들이 설교하고 평신도를 가르치며 예배를 집전하고 성사聖事를 행할 수 있으려면 교육받은 성직자의 양성이 급선무임을 인식했고, 이를 위해 모든 대성당들은 학교를 설치하도록 지시했다. 오스트리아, 바이에른, 라인강 연안 등 변경지역에서는 대학 설립이 활발하게 추진되어 이른바 반동 종교개혁의 기지 역할을 했다. 특히 로욜라Ignatius Loyola가 설립한 예수회Society of Jesus는 반동 종교개혁의 중심이었다. 예수회는 에스파냐와 아메리카 대륙에 자신들의 대학을 설립했으며, 프랑스와 이탈리아, 중북부 유럽에서도 가톨릭 교리를 수호하기 위해 수많은 학교와 대학을 운영했다.

유럽을 벗어난 대학

1492년 콜럼버스의 아메리카 발견은 유럽과 아메리카 대륙 모두에 큰 변화를 가져왔다. 먼저 에스파냐와 포르투갈에 의해 중남부 아메리카 대륙이 정복되었다. 17세기에는 영국, 프랑스, 네덜란드 등이 북아메리카를 식민지로 삼았다. 다양한 품목이 두 지역 간에 교환되었으나 유럽이 정복자의 지위에 있었기 때문에 문명의 교환은 철저히 유럽 중심적이었다. 대륙의 이름을 아메리카로 지은 것도, 원주민을 인디언이라 부른 것도 유럽인이었다. 종교와 언어는 아예 유럽의 것을 그대로 사용했다.

유럽인들이 처음 아메리카 대륙에 발을 내디뎠을 때 대학과 비슷한 교육 기관은 그곳에 없었다. 후에 밝혀진 것처럼, 원주민들에게는 잉카, 마야, 아즈텍 문명처럼 나름의 발전된 문명이 있었지만, 유럽인들이 창안한 대학과 같은 교육 기관은 없었다. 식민지가 확대되고, 유럽인 정착민들이 늘어나며, 식민지 지배 체계가 자리를 잡아가

자 고등교육에 대한 요구가 늘어났다. 16~18세기 중남부 아메리카의 에스파냐 정착민들과 북아메리카의 영국, 프랑스 정착민들은 새롭게 건설한 자신들의 공동체에서 교육받은 사람이 필요하다고 생각했다. 마침내 18세기 말 즈음에는 아메리카 대륙 전역에서 수많은 대학과 칼리지들이 존재하게 되었다.

당연한 사실이지만, 이러한 대학과 칼리지들이 무에서 창조된 것은 아니었다. 16세기 이래 아메리카 대륙에 세워진 대학들은 유럽인들의 손에 의해 설립되었으며, 이들은 자신들에게 익숙한 유럽 대학의 형태와 이념을 이식했다. 에스파냐 식민지에서는 살라망카 대학의 영향이 가장 커서 대학들 가운데 약 3분의 2가 살라망카 대학을 모델로 삼아 설립되었다. 영국 식민지에서는 옥스퍼드와 케임브리지 대학이, 프랑스 식민지에서는 예수회 칼리지 혹은 신학교 등이 길잡이가 되었다.

대학이 제일 먼저 설립된 곳은 중남부 아메리카였다. 첫 번째는 1538년 에스파냐 식민지에 세워진 산토도밍고Santo Domingo 대학이었다. 북아메리카에서는 중남부 아메리카에서 최초의 대학이 설립된 후 100여 년 동안 대학 수준의 교육 기관이 존재하지 않았다. 1650년이 되어서야 하버드Harvard 대학이 최초로 설립되었다. 식민지와 본국의 관계도 신대륙의 남과 북이 달랐다. 중남부 아메리카의 대학들은 에스파냐제국으로부터 탄탄한 지원을 받아 건설되었으며, 모든 부문에서 국가의 지배와 간섭이 있었다. 신설된 대학들은 언제나 국왕 혹은 로마 교황의 승인을 얻으려 했다. 반면 북아메리카의 대학들은 영국 정부로부터 별다른 지원을 받지 못했고, 따라서 간섭도 없었다. 영국은 식민지 대학들에 대해서 대체로 무관심했다. 대학 설립 승인도 최초에는 본국 정부에 허가를 요청했으나 차츰 식민지의 지역 당국이 그 일을 맡았다.

대학 설립의 원동력은, 중남부와 북부 아메리카 모두, 종교였다. 기독교 신앙을 새로운 땅에 뿌리내리게 하겠다는 신념이 가장 중요한 동기였다. 대학 설립자들은, 가톨릭교도든 개신교도든 모두 종교적 신념을 기관의 운영 목적으로 설정했다. 에스파냐 국왕들은 원주민 소년에게 에스파냐어를 가르치는 이유가 그들에게 신앙을 전하기 위해서라고 아메리카 대륙 정복 초기부터 말했다. 산토도밍고 대학 설립의 핵심 목표가 성직자 양성을 통한 복음전파였다. 현지의 언어를 대학에서 가르친 것 역시 선교사들이 복음전파를 위해서는 원주민들의 언어를 알아야 한다는 지역 사회의 요구 때문이었다. 북아메리카 최초의 대학들 역시 하나같이 신실한 성직자 양성을 목표로 설립되었다.

하지만 종교적 다양성은 남과 북이 매우 달랐다. 1517년에 시작된 종교개혁이 유럽의 종교적 통일성을 깨트렸지만, 에스파냐에는 별다른 영향을 미치지 못했다. 그들은 여전히 가톨릭으로 통일되어 있었고, 중세적 심성을 소유하고 있었다. 반면 영국 식민지의 대학들은 다양한 종파들로 분열되어 있었다. 북아메리카 사회 역시 종교를 중요시했고, 대학 설립의 주요 동력 또한 종교였지만, 이곳에서는 종교적 다양성이 허용되었다.

중남부 아메리카 대학들

최초에는 탐험가들이, 그 다음에는 정복자들이 아메리카로 들어왔다. 이들은 아메리카 대륙을 에스파냐제국의 식민지로 만들어 국왕의 재산을 늘리고 국가를 부유하게 만들고자 했다. 그러나 다른 한편에서 이들의 마음을 사로잡고 있었던 것은 바로 선교의 열망이었다. 이베리아 반도에서 무슬림을 몰아낸 종교적 열정으로 아메리카 대륙의 원주민들을 기독교 신앙으로 이끌겠다는 사명감이 이들의 가슴을 뜨겁게 했다. 각 수도회 교단에서도 선교사를 파견해 가톨릭 신앙을 전파하려 했다. 한편, 정복자들은 자신의 자식들이, 에스파냐의 엘리트들이 그러하듯, 학문을 통해 신과 국왕을 섬기는 고귀한 자리에 오르기를 기대했다. 그러므로 중남부 아메리카 대학들은 식민지에 대한 에스파냐제국의 지배체계 강화, 원주민 복음화, 정복자 자녀들의 교육 등을 중요한 목표로 삼았다.

1509년 도미니카 수도회는 히스파니올라Hispaniola섬에 처음 도착했다. 몇 년 후에 이들은 식민지 선교 사업에 적합한 성직자를 양성하기 위해서는 대학 설립이 필요하다고 판단했고, 교황에게 승인을 요청했다. 드디어 1538년 교황 바오로 3세의 칙령이 하달되었고, 중남부 아메리카 최초의 대학인 산토도밍고 대학이 설립되어 완전한 대학의 지위를 부여받았다. 도미니카 교단의 수도원장이 이 신설 대학의 총장rector을 맡았고, 본국의 알칼라 대학, 살라망카 대학 등과 동일한 특권을 받았으며, 처음부터 인문학부, 신학부, 법학부, 의학부 등 네 개의 학과를 갖출 수 있었다. 1550년에는 과테말라에 선교사 양성을 목적으로 대학을 세우려고 했지만 무산되었다. 그러나 바로 다음 해에 에스파냐 왕실에서 리마Lima와 멕시코시티Mexico City에 대학을 세웠다. 이들 역시 교황으로부터 설립 인가를 받았으며, 각각 1571년과 1595년에 살라망카 대학과 같은 특권이 수여되었다. 산토 도밍고, 리마, 멕시코시티에 세워진 중남부 아메리카 최초의 세 대학은 이후로 250여 년 동안 에스파냐가 지배하는 아메리카 식민지에 세워질 수많은 대학, 칼리지, 기타 고등교육 기관의 중심이자 원형이 되었다. 이곳의 교수들은 다른 대학들에게 커리큘럼, 학위 수여 기준과 학생 입학에 대해 조언하고 방향을 제시했다.

에스파냐 정착민들은 본국 정부 및 교회 당국과 긴밀한 협력관계를 유지하며 대학을 설립했다. 그리고 자신들이 가장 잘 아는 대학 살라망카를 모델로 삼았다. 중남부 아메리카의 대학 대부분이 학칙을 제정하고, 커리큘럼을 정하며, 입학 졸업 요건을 규정할 때 살라망카의 사례를 그대로 따랐다. 식민지에 설립된 대학들에서 살라망카의 졸업생들은 설립자, 감독관, 총장, 교수로 활약했다.

포르투갈 식민지였던 브라질의 경우는 좀 달랐다. 포르투갈의 코임브라 대학은 에스파냐의 살라망카 대학과 같은 역할을 식민지에서 전혀 하지 못했다. 이 지역의 교육은 대체로 예수회 손에 있었다. 예수회는 1547년 브라질에 도착할 때부터 선교 사업을 위해 학교를 설립했는데, 이렇게 설립된 학교 중 몇 곳은 학사 혹은 석사 학위를 수여하는 칼리지가 되었다. 이러한 기관들은 성직자와 법관을 전문적으로 훈련하는 데 그 역할이 제한되었으며, 고등교육을 완수하고자 하는 학생들은 식민지 본국으로 가야 했다. 1922년, 리우데자네이루Rio de Janeiro에 브라질 최초의 대학이 설립될 때까지 이곳에는 대학이 없었다.

대학은 공식적으로는 원주민에게도 개방되어 있었으며, 실제로 원주민들이 입학 허가를 받고 대학생이 되는 경우도 있었다. 멕시코 대학은 설립 인가서에 원주민에 대한 교육을 명시해 넣기도 했다. 그러나 실제로는 고등교육은 식민지 태생 백인들을 위한 것이었다.

식민지 대학들은 초기에는 어려움이 많았다. 무엇보다 대학 운영에 필요한 재원이 기대보다 턱없이 부족했다. 리마 대학은 1551년에 설립되었지만 1570년대에 가서야 겨우 실질적인 활동을 시작하게 되는데, 이유는 바로 돈 때문이었다. 다른 대학들도 교수들에게 지급할 돈이 없어 능력 있는 교수를 구하는 데 어려움을 겪었다. 칠레의 산펠리페San Felipe 대학은 설립된 지 9년이 지난 1756년이 되어서야 첫 번째 교수를 명부에 등재할 수 있었다. 새로운 대학들은 살라망카를 모델로 설립되었지만 대개 축소된 형태로 운영될 뿐이었다. 교수를 구하기가 어려웠으며 교수직 역시 불과 몇 개만 있을 뿐이었다. 큰 대학들은 전통적인 네 개 학부, 즉 신학부, 교회법학부 혹은 시민법학부, 의학부, 인문학부를 갖출 수 있었지만, 작은 대학들은 신학부와 교회법학부 같은 교회 관련 학부들만 있는 경우가 많았다.

대학에 대한 재정 지원은 주로 가톨릭 교단이 담당했다. 중남부 아메리카 대학의 첫 번째 국면에서는 국왕이 큰 역할을 했지만, 이후부터는 가톨릭 교단의 발의와 지원으로 대학이 설립되고 운영되었다. 도미니카 수도회, 아우구스티누스 수도회, 프란시스코 수도회 등이 학교와 대학 설립에 앞장섰으며, 특히 예수회의 활약이 두드러졌다.

북아메리카 대학들

청교도들이 본국의 종교적 박해를 피해 정착지를 건설하면서 본격적으로 개척된 북아메리카 식민지는 그 규모가 확대되고 정착민이 늘어나면서 사회기반 시설들도 조금씩 확대되었다. 교회는 성직자를 필요로 했고, 학교는 교사를 필요로 했으며, 법률가와 의사 등의 전문가도 있어야 했다. 식민지가 발전하면서 자연스럽게 대학 설립에 대한 요구도 분출되었다.

그러나 식민지 본국 잉글랜드는 북아메리카에서 대학을 설립하는 데 소극적이었다. 본국에서는 식민지를 농산물 생산지로 바라볼 뿐이었다. 버지니아에 대학 설립을 요청한 식민지에게 본국 정부가 보인 반응이 대표적이다. 교육받은 성직자와 평신도를 양성할 필요성을 느낀 버지니아 식민지의 대표는 잉글랜드 국왕에게 대학을 설립하기 위한 국왕 칙서를 내려달라고 청원했다. 기독교를 전파하고 현지의 정착민들과 원주민의 영혼을 구원하기 위해서는 대학교가 효과적이라는 이유를 달았다. 그런데 국왕을 대리하는 법무장관의 응답은 단호했다. "영혼? 빌어먹을 식민지의 영혼! 담배나 재배하게!"

실제로 버지니아 식민지는 담배를 재배하라는 잉글랜드 정부의 지시를 충실히 이행했다. 그러자 잉글랜드의 공동 통치자인 윌리엄 3세 William III와 메리 2세Mary II는 이에 대한 보답으로 1693년 국왕 칙서를 수여해 버지니아에 '윌리엄앤드메리 칼리지College of William&Mary'를 설립했다. 정착민들이 자발적으로 대학 설립에 앞장서기 시작하자 잉글랜드와 식민지 정부는 설립 인가서를 발급하고 때로는 기금을 기증하는 데 그 역할을 한정하며 소극적 태도를 취했다.

1636년 매사추세츠 의회는 400달러의 기금으로 칼리지를 설립했다. 이 기관은 3년 후 기부자 존 하버드John Harvard를 기념하기 위해 하버드 칼리지Harvard College로 이름을 지었다. 1642년 지배기구로 '감독' 위원회가 임명되었고, 1650년에 의회로부터 인가서를 받았다. 이렇게 북아메리카에서 학위를 수여할 권한을 가진 최초의 고등 교육 기관이 탄생했다. 다음은 버지니아의 윌리엄앤드메리 칼리지로 1693년 영국 국왕으로부터 승인을 받았으며 다음 해에 문법학교로 문을 열었다. 하버드처럼 기부자의 이름을 따서 설립된 예일 칼리지Yale College는 1701년 코네티컷에서 기숙형 학교collegiate school로 시작해서 1745년에 식민지 의회로부터 승인을 받았다. 뉴저지 칼리지 College of New Jersey(오늘의 프린스턴Princeton 대학)는 1746년 총독으로부터 인가서를 받았다. 컬럼비아 대학의 전신인 킹스 칼리지King's College는 1754년에 문을 열었다. 필라델피아 칼리지College of Philadelphia는 1791 년에 펜실베이니아Pennsylvania 대학이 되었다. 브라운Brown 대학의 전신 로드아일랜드 칼리지Rhode Island College는 1764년 침례교 기관으로서 승인을 얻었다. 뉴저지에 있는 러트거스Rutgers 대학의 전신 퀸즈 칼리지Queen's College는 1766년에 인가서를 받았다. 다트머스 칼리지 Dartmouth College는 1769년 식민지 시대 마지막 승인을 얻은 대학이다.

비록 본국에서 승인을 얻어야 했으나, 승인을 받은 북아메리카 대학들은 상당한 자치권을 갖고 있었다. 북아메리카에서는 인가서의 발급 주체, 설립자의 국적, 대학이 속한 종파는 크게 중요하지 않았고, 대학이 위치한 지역의 특성이 대학의 성격을 결정했다. 설립 목적은 대체로 비슷했다. 유럽에서 온 지식 그리고 무엇보다 종교적 지식을 통해 문명화된 삶을 준비하는 것이었다. 이것은 북아메리카 대학들의 최우선 목표가 성직자 양성임을 뜻한다. 실제로 대학들은 특정 종파와 연계되어 있었다. 하버드, 예일, 다트머스는 회중교회 Congregational Church와 관련이 있으며, 윌리엄앤드메리와 컬럼비아는 국교회였다. 프린스턴은 장로교, 브라운은 침례교 계열이었다. 하지만 대학의 종파성이 학생과 교수들의 신앙과 양심을 강제하지는 않았다. 필라델피아 칼리지는 모든 개신교도에게 열려 있었다. 로드아일랜드 칼리지에서는 침례교가 대학을 운영했지만, 유대교 학생들도 입학할 수 있었다.

대학의 수준은 매우 낮았다. 엄밀히 말하면 대학보다 아래 단계인 칼리지였다. 학생들은 기숙사에서 숙식을 하며 사감으로부터 지도를 받았다. 학생 수는 대개 100명 내외로 매우 적었으며, 학사 학위가 최종단계였지만 학업을 마치는 학생은 많지 않았다. 교육은 고전과 인문학 과목이 중심이었다. 라틴어, 그리스어, 히브리어, 논리학, 수사학, 자연과학, 신학 등 전통적인 과목들이 편성되었다. 북아메리카 대학들은 전문 직업 교육을 제공하지 않았다. 법학과 의학 등 전문 분야에 대한 훈련은 도제 시스템에 맡겨두었다. 의학 학위를 필요로 할 경우 미국인들은 대서양을 건너 유럽 대학에 갔으며, 대륙보다는 에든버러Edinburgh 대학 같은 스코틀랜드 대학들을 선호했다. 북아메리카에서 대학의 입학은 백인 남성에게만 한정되었으며, 여성과 흑인들은 규정과 관습에 따라 입학이 거부되었다.

북아메리카 대학 역시 가난으로 인해 성장을 방해받았다. 대부분의 대학들은 학생 수업료를 제외하고는 별다른 수입을 기대하기 어려웠다. 따라서 수업료를 내는 학생 수가 대학의 생존에 결정적이었다. 대학의 발전을 위해서는 기부금을 받아 교수를 채용하고 교육비를 지원할 수밖에 없었는데, 기부금 수입이 턱없이 낮았다. 하버드의 기부는 사실 예외적인 경우였다. 북아메리카 대륙에는 기부할 토지는 충분했지만 가치가 매우 낮아서 별 도움이 안 되었다. 개인의 기부나 유산 등으로 인한 수익이 대학의 보편적 재원으로 자리 잡는 것은 18세기에 들어와서야 가능했다.

능력 있는 교수가 부족한 현실도 대학의 성장을 가로막는 또 하나의 장애물이었다. 1750~1800년 사이 북아메리카에서 대학에 재직한 교수들은 다 합쳐야 210명을 넘지 않는 것으로 추정된다. 대부분의 대학에는 한 두 명의 교수가 있을 뿐이었다. 이들이 학생을 가르치고, 행정을 담당하며, 총장 역할을 했다. 또한 기숙사에서 학생들과 함께 생활하며 상담을 하고 규율을 지키도록 훈육했다. 입학생 평가, 대학의 행사 주관, 학위 수여, 기부금 모금 등도 이들의 역할이었다.

황제, 국왕, 교황, 교회, 상인들의 후원도 변변치 않았고, 가난 때문에 운영에 어려움을 겪었지만, 북아메리카에서 대학의 수는 날로 늘었다. 1800년 이전 미국에는 열세 개의 대학이 있었다. 이 시기 잉글랜드에는 단 두 개의 대학밖에 없었다.

5장

위기의 대학
: 17~18세기

일반적으로 근대는 대학이 쇠퇴했던 시기로 여겨진다. 대학이 지식 분야만이 아니라 정치, 경제, 문화 등 모든 분야에서 성장과 발전의 원동력이 되었던 중세와 달리 근대에는 대학이 그러한 역할을 수행하지 못했다고 비판받았다. 19세기의 개혁을 통해 대학의 새로운 길을 제시하고, 학문의 영역을 대폭 확장시켜 비약적인 사회 발전의 토대를 마련하기 전까지 대학은 근대로의 발전을 막아선 장애물이었다는 것이 일반적인 평가다.

16~18세기 대학을 비판하는 자들은 이렇게 말한다. '코페르니쿠스Nicolaus Copernicus와 갈릴레이를 가르쳐야 할 때 교수들은 아리스토텔레스를 읊었다. 혁신적 연구는 강의실 밖에서 이루어졌으며 대학은 활력을 잃었다. 중세 이래 대학의 주도권은 신학자들에게 있었는데, 이들은 새로운 지적 혁신에 대해 거부감을 가지고 옛 전통에 머물러 있으려 했다. 학생들이 대학에 오는 가장 중요한 이유는 단지 학위를 따기 위해서, 그래서 정부와 교회의 관료로 채용되기 위해서였다. 대학에 다니는 동안 학생들은 난동을 피우거나 도시 여자들 뒤꽁무니나 따라다니기 일쑤였으며, 학업에는 소홀했다.' 한 마디로 근대 대학은 철 지난 지식을 고수하고, 귀족화된 교수들이 자신들의 지위만 보존하려 애쓰는 보수주의의 거점이었다는 것이다.

그러나 이러한 비난은 다소 지나친 감이 있다. 15~16세기 대학들은 르네상스 인문주의와 종교개혁이 전 유럽으로 확산되는 데 매우 중요한 역할을 했다. 여러 분야에서 혁신적 연구를 담당했고, 유럽의 종교와 사회를 바꾸어 놓았다. 신학은 에라스뮈스와 루터에 의해 개혁되었으며, 의학은 베살리우스와 하비William Harvey 등에 의해 발전했다. 고전 언어와 문법, 문헌학 등은 로렌초 발라 등의 학자들에 의해 새롭게 조명을 받았다. 코페르니쿠스와 갈릴레이의 새로운 발견들이 이후 과학 발전에 자양분을 제공했다.

또한, 근대 대학과 관련된 여러 지표를 보면 대학이라는 제도의 인기가 시들지 않았음을 알 수 있다. 그 증거 중 하나로 새로운 대학들이 계속해서 설립되었다는 사실을 지적할 수 있다. 1400년경에는 스물아홉 개의 대학들이 기능하고 있었다. 15세기에는 스물여덟 개의 새로운 대학들이 설립되었다. 1555~1625년 사이에는 열여덟 개의 대학들이 등장하는데, 두 개가 사라지면서 총 73개의 대학들이 존재했다. 모든 지역에서 새로운 대학들이 설립되었지만, 특히 중부 유럽에서 더 많았다. 1400~1625년 사이 에스파냐 여덟 개, 프랑스 아홉 개, 네덜란드와 벨기에 세 개, 스위스 두 개, 이탈리아 일곱 개, 독일에 열네 개가 설립되었다. 중세에 대학이 하나도 없었던 스코틀랜드에서도 이 기간 동안 네 개의 대학이 설립되었다. 스칸디나비아에서는 코펜하겐Copenhagen 대학과 웁살라Uppsala 대학이 세워졌다. 잉글랜드에는 새로운 대학이 하나도 설립되지 않았지만, 옥스퍼드와 케임브리지에 여러 개의 칼리지가 추가되었다. 유럽인들의 아메리카 대륙 진출로 에스파냐 식민지에서 아메리카 대륙 최초의 대학이 설립되었으며, 잉글랜드 식민지에서도 여러 대학이 설립되었다.

하지만 급격히 변화하는 사회에 비해 대학은 여전히 중세에 머물러 있었다는 비난을 피하기는 어렵다. 학문의 체계, 교육 내용, 학부의 구성 등에 전혀 변화가 없었다. 16세기의 종교적 분열은 대학을 더욱 경직시킬 따름이었다. 학문은 철저하게 종교에 종속되었고, 종교적 다름은 대학에서 배척당했다. 무엇보다 근대 사회의 발전을 견인할 과학 기술의 혁신이 대학에서 철저히 소외되었다. 전통과 권위를 중시하며 이론 중심의 학습에 초점이 맞춰진 대학의 분위기에서는 과학과 기술이 교육 과정에 편입되기 어려웠다. 근대화를 가로막는 이러한 대학의 문제들은 시간이 흐를수록 더 심각해졌다.

변화된 힘의 균형: 교회에서 국가로

초기 근대 국가의 발전

15세기까지 유럽의 대학들은 동일한 특성을 가지고 있었다. 대부분의 대학들은 파리와 볼로냐 대학을 모델로 삼았다. 대학들은 지리적으로는 특정 국가에 소속된 기관임에도 국가별 특성을 거의 띠지 않았다. 대학의 언어는 라틴어로 통일되어 있었다. 학부의 구성이나 교육의 내용도 거의 비슷했다. 기본적으로 대학은 가톨릭교회의 한 기관으로서 종교적으로 통일되어 있었다. 중세 대학의 보편적 특성은 대학에 미치는 영향력에 관한 한 국가보다 교회가 더 강했음을 증명하는 것이다.

그러나 15세기에 들어서면서 교회와 국가의 관계에 변화가 생긴다. 십자군 이후로 약해지던 교황의 위세는 교회 대분열을 겪으며 회복 불가능한 지경에 이르렀다. 반면, 영국과 프랑스 등에서는 국왕을 중심으로 왕국의 통합에 속도를 더해갔다. 국왕들은 강력해진 왕권을 바탕으로 지금껏 교회가 담당했던 영역까지도 통제하고 책임질 수 있음을 과시하려 했다.

국왕들은 이전보다 확장된 영역에서 완전한 지배력을 발휘하기 위해 새롭고 발전된 기술을 채택했다. 보다 넓은 영토를 획득하고 싶은 욕심은 새로운 군대 조직에 관심을 갖도록 만들었으며, 그 결과 기사를 중심으로 하던 봉건적 군대는 이제 용병들로 구성된 상비군이 대신했다. 씨줄과 날줄로 복잡하게 얽힌 유럽 국가 간의 관계 속에서 자국의 성장과 발전을 도모하기 위해서는 세련되고 치밀한 외교 기술이 필요했다. 날로 다양해지고 복잡해지는 정부의 과제들을 체계적으로 관리하기 위해서는 관료제와 공문서에 기초한 행정체계를 수립할 수밖에 없었다. 결국, 이러한 과업들을 감당하기 위해서는 재정의 규모가 비약적으로 확장되어야 했으며, 이로 인해 고도의 회계기법 및 효율적 관리가 중요하게 인식되었다.

그러므로 초기 근대 국가의 발전은 교육을 통한 전문 인적자원의 양성 없이는 불가능한 것이었다. 15세기 후반 이후 세속군주들이 대학의 중요성에 눈을 뜨게 된 것은 바로 이러한 배경에서였다. 이제 군주들은 국가의 통합과 발전에 필수적인 지식과 기술을 직접 관리하고 통제하려 했다. 지금까지 교회가 사실상 독점하고 있었던 교육의 문제를 국가 공동체의 문제로 인식하기 시작했다. 당연히 교육의 재원 역시 국가 몫으로 받아들였다. 국가는 대학의 설립에 직접적으로 관여하고, 교육 내용을 점검하며, 교수들을 통제하려 했다.

16세기의 종교개혁은 이러한 경향을 더욱 강화시킨 계기였다. 가톨릭에 대한 프로테스탄트의 저항은 기독교의 통일성을 무너뜨렸지만, 사회의 세속화는 아직 요원했다. 여전히 모든 사람들은 가톨릭이나 신교 가운데 하나를 선택해야만 했다. 중요한 것은, 그 결정의 권한이 신자 개개인에게 주어진 것은 아니라는 사실이다. 아우크스부르크에서 맺은 종교화의(1555)에 의하면 지역의 종교를 결정할 수 있는 것은 바로 해당 지역의 국왕 혹은 군주들이었다. 종교개혁은 세속군주에게 신앙을 결정할 권한까지 얹어주었다.

종교개혁을 계기로 강화된 대학에 대한 국가의 통제는 17~18세기 절대왕정 아래서 더욱 두드러졌다. 이 시기는 문서에 의해 국정이 운영되던 첫 시대로, 문서들은 잘 훈련된 행정 관료들에 의해 생산되고 관리되어야 했다. 관료제에 기초해 정부가 운영되기 시작한 것이다. 절대군주들은 국정을 효율적으로 운영하기 위해서는 잘 훈련된 관료가 필요하다고 생각했고, 그러한 관료 양성의 역할을 대학에 맡겼다. 대학이 국가의 부강에 도움이 된다고 판단한 절대군주들은 대학의 설립뿐 아니라 커리큘럼 개편 등 대학 내부의 문제에도 깊이 관여하려 했다. 이때, 감찰, 간섭, 총장 임명 등이 국가가 대학을 통제하는 수단이었다. 학칙 제정에도 깊이 개입해 커리큘럼, 교육 과목, 출판 허가 등을 통제했다. 학생들의 등록 조건, 수업 연한, 시험 방식 등이 국가에 의해 세밀하게 규정되었고, 학생들이 누리던 신분적 특권 역시 엄격하게 제한되었다. 심지어는 자국의 학생이 외국으로 유학 가는 것조차 금지했다. 1559년 에스파냐의 펠리페 2세Felipe II는 자신의 왕국에 유명한 대학이 많이 있으니 외국으로 굳이 나갈 필요가 없다며 유학을 금지했다. 통제할 수 없는 외국 학문이 에스파냐를 더럽힐 위험이 있으며, 국가의 부가 유출된다는 이유에서였다.

17~18세기에 대학에 대한 국가의 지배가 더 강화된 것은 재정 때문이었다. 대학의 규모는 날로 커져가고, 지출은 가파르게 증가하는데 비해서 수입에는 별다른 변화가 없었다. 대학들은 생존을 위해 국가의 재정 지원을 기대할 수밖에 없었다. 교수의 급료를 지급하고 때로는 호사스러운 건물의 건축 비용을 떠맡는 등 국가가 점차 대학 재정의 많은 부분을 감당하는 상황에서 대학은 국가의 요구를 수용할 수밖에 없었다.

이처럼 근대 이후로 대학을 후원하고 지원하는 핵심 세력은 국왕들이었다. 만약 대학들이 쇠퇴한다면 그것은 국왕이 대학에 무관심하거나 덜 관심을 가졌기 때문이었다. 학문의 발전과 진작은 국왕의 '고귀한 의무'라는 문구가 대학의 학칙에 명시되기 시작했다. 한편, 국왕이 대학에 관심을 쏟고 지배력을 행사하기 시작하자 중세 이래 유지된 대학의 보편적 특성, 코스모폴리탄적 특성은 점차 약화되었다. 외형적으로는 중세 대학의 특성이 유지되었지만 많은 대학에서 제도, 용어, 행사 등이 점차 국가별, 지역별 색채를 띠기 시작했기 때문이다.

그렇다고 해서 대학에 대한 교회의 영향력이 완전히 사라진 것은 아니었다. 18세기에도 도그마dogma적 신학이 대학 학문에서 지속되었다. 옥스퍼드 대학의 교수와 학생들은 사제 복장을 입어야 했으며, 칼리지의 펠로우는 결혼이 금지되었다. 정통 신앙과 충돌하거나, 전통적 사고를 훼손할 위험이 있는 학문의 도입에 대학은 강력히 저항했다. 왜 그랬을까? 중앙집권국가의 형성이 진전되자 교회의 주장과 결정은 그것을 국가가 승인할 때에만 성공할 수 있었다. 다만 이 과정에서 국왕과 성직자는 정통 교리를 유지하고 공동체의 삶을 증진한다는 공통의 목표를 향해 서로 대립하기보다 보완하는 입장이었다. 왕국을 통합하고 통치하는 과정에서 교회는 국왕에게 매우 중요한 파트너였다. 백성을 신앙으로 하나가 되게 할 힘이 교회에 있었기 때문이다. 이러한 경향은 프랑스, 영국, 에스파냐 등에서 더 강했다. 대학 역시 중세를 거치며 다져놓은 자치권과 독립성을 국가에게 완전히 빼앗긴 것은 아니었다. 이 시기 대학에 대한 국가의 지배는 아직 강력하지도 세밀하지도 못한 상태였다. 절대왕정 아래에서도 중앙집권화는 느슨했으며, 국가의 권력은 아직 일상에까지 파고들지 못했다. 교수들은 여전히 조합으로 자치권을 누릴 수 있었다. 국가의 요구는 대학의 전통적, 특권적, 조합적 자치권과 충돌했으나, 대개의 경우 적당한 수준에서 타협으로 마무리되었다.

프랑스

중세 대학들은 교회와 긴밀하게 연결되어 있었다. 교회로부터 각종 지원을 받았으며, 그 대가로 성직자와 교회로부터 관리 감독을 받아야 했다. 프랑스의 신학 중심 대학들은 다른 곳보다 교회와 더 가까운 관계를 유지했다. 파리, 몽펠리에, 오를레앙처럼 중세를 대표하는 프랑스 대학들은 교회에 상당한 영향력을 행사했으며, 중요한 결정이 있을 때면 교회는 대학에게 신학 문제에 관한 자문을 구했다. 반면 국가는 대학에 별다른 영향을 미치지 못했다.

그러나 백년전쟁 이후 상황이 바뀌었다. 국왕을 중심으로 프랑스 왕국이 차츰 통합되자 지방의 봉건영주들뿐 아니라 가톨릭교회 역시 국왕의 영향력 아래 놓이게 되었다. 프랑스 교회는, 이제 교황권과 대등하거나 때로는 더 우위에 있게 된, 왕권과 밀접하게 결합하기 시작했다. 이후, 프랑스에서 가톨릭교회는 한편으로는 '국왕' 아래에서 국가의 한 부분으로 기능해야 했으며, 다른 한편으로는 '로마 보편교회'의 일부로서 역할을 해야 했다.

이 과정에서 대학 역시 정치적으로는 왕권에 철저하게 복속되었지만, 국왕에게 적극 협조하면서 특권을 보장받고 전통을 유지할 수 있었다. 대학의 이러한 태도는 학문적으로는 중세 스콜라주의를, 신앙적으로는 가톨릭 정통교리를 유지할 수 있었다는 사실을 의미했다. 영국과 북유럽에서는 인문주의가 대학에 뿌리내린 후 종교의 변화로까지 연결되는 경우가 많았지만, 프랑스에서는 그렇지 못했다. 스콜라적 특성이 강했던 프랑스 대학들은 인문주의의 도입에 적극적이지 않았다. 인문주의 반대는 신학부에서 가장 심했다. 중세 스콜라주의의 거점이었던 신학부는 인문주의 확산을 차단하기 위해 저항했다. 결국 프랑수아 1세는 인문주의를 교육하기 위해 대학 밖에 '콜레주 루아얄'을 별도로 세워야 했다. 앙리 2세Henri II는 칼뱅의 개혁신앙을 전파하려는 위그노에 맞서 가톨릭을 수호하기 위한 격렬한 전쟁을 치렀다. 그 과정에서 프랑스 왕국 내 모든 교육 기관은 가톨릭만을 정통교리로 받아들여야 한다면서, 국왕이 대학을 포함한 모든 교육 기관의 보호자이자 감독관임을 강력하게 주장했다. 태양왕 루이 14세는 로마법 교수 자리에 프랑스법 교수를 추가해 고대 갈리아의 관습과 국왕의 법령을 가르치도록 했다. 학위취득 기간, 등록 및 입학 요건, 교수직을 규정에 명시하고, 1685년에는 낭트 칙령

(1598)을 폐지하여 프로테스탄트의 입학을 원천 봉쇄함으로써 가톨릭을 정통으로 확증했다.

근대를 지나며 프랑스 대학의 상황은 단순한 개혁조치로는 회복되기 어려운 지경에 이르렀다. 대학의 전통이 유지되고 교수들의 특권이 보장되었지만, 그것이 대학의 근대화를 방해한 것이다. 파리를 제외한 툴루즈, 몽펠리에 등에서 대학은 급격하게 쇠퇴했다. 신학은 여전히 스콜라적이었으며, 법학도 별 변화가 없었고, 뉴턴역학Newtonian mechanics은 18세기 중반 이후에나 도입되었다. 계몽주의자들은 교육의 상태에 대해 불평을 늘어놓았다. 과학은 대학의 문턱을 넘지 못하고 아카데미로 밀려났으며, 국왕의 목적을 위해 다양한 전문학교들이 설립되었다. 이제 대학은 국가와 교회의 이해관계에 유착되어 궁정과 교회의 관료를 양성하기 위한 훈련 기관 정도로 기능할 뿐이었다.

영국

잉글랜드에서는 튜더Tudor 왕조 시기에 국왕과 의회, 교회의 결합이 강화되었다. 헨리 8세의 이혼문제로 촉발된 로마와의 결별은 잉글랜드의 종교와 교육 시스템에 엄청난 영향을 미쳤다. 1534년 수장령으로 국왕은 잉글랜드 교회의 수장이 되었으며, 그 결과 교회는 국왕에게 종속되었다. 이미 1532년에 성직자에 대한 재판권을 잃으면서 교회는 성직자를 통제할 수단을 상실했으며, 1538년에는 수도원의 해체로 모든 재산을 잃었다.

국가와 교회의 관계 변화는 교육 시스템의 재정비를 동반했다. 오랫동안 독립적 조합 체제를 유지하던 옥스퍼드와 케임브리지 대학 역시 새로운 상황을 받아들일 수밖에 없었다. 엘리자베스 1세 이후 잉글랜드 국왕들은 교회뿐 아니라 두 대학에 대해서도 최고 권력임을 주장했고 그 권력을 실행했다. 대학은 왕국의 여러 기구 중 하나가 되었고, 1604년부터는 옥스퍼드와 케임브리지 대학이 각각 두 명씩 의회 평민회에 의원을 파견하게 되었다. 통일령 및 관련 신앙 조항들에서는 대학 구성원은 국교회의 충실한 신봉자여야 한다고 규정했다. 1581년 학칙으로 옥스퍼드 대학의 모든 구성원은 국교회에 충성 서약을 해야 했으며, 케임브리지 역시 그래야 했다. 국왕이 종교를 통제하고 대학을 종속시키려는 경향은 17세기에 더욱 강화되었다. 찰스 2세Charles II는 1662년 통일령을 반포해 국교도 외에는 대학에 입학할 수 없게 만들었다. 그러나 찰스 2세 다음 잉글랜드를 통치한 제임스 2세James II는 가톨릭을 지지했고, 교황주의자를 옥스퍼드 대학 모들린 칼리지Magdalen College의 학장으로 임명하기까지 했다.

대학이 정치적 환경에 예민하게 그러나 수동적으로 반응할 수밖에 없는 상황에서 잉글랜드 내전(1642~51)과 청교도혁명(1640~60)은 견디기 어려운 시기였다. 이 시기 동안 왕당파와 의회파의 대결이 첨예화되고, 국교회와 청교도가 대립하는 상황에서 대학은 크게 위축되었다. 이러한 정치적 혼란이 학문의 발전을 가로막았다. 옥스퍼드와 케임브리지 두 대학이 개혁가들로부터 비판받게 된 것은 당연했다. 특히, 학문의 발전이 없고 학생 수가 줄어든다는 비난이 17세기 동안 두 대학에 집중되었다.

반면에 스코틀랜드는 달랐다. 연합왕국United Kingdom 안에 통합되어 있었지만, 스코틀랜드는 적어도 교육 시스템에 관한 한 자신만의 체계를 잡아가고 있었다. 중세 내내 스코틀랜드 교회들은 성직자 후보자들을 잉글랜드나 프랑스로 유학을 보내 교육했다. 하지만 잉글랜드와 프랑스 간의 전쟁으로 유학이 어렵게 되자 스코틀랜드 교회들은 자신들만의 교육 기관을 설립했다. 세인트앤드루스St. Andrews(1413), 글래스고Glasgow(1451), 애버딘Aberdeen(1495), 에든버러(1582) 등이 장래의 성직자 양성에 필요한 과목을 제공하기 위해 이 시기에 설립된 대학들이다. 그러나 18세기 이전까지 스코틀랜드의 대학들 역시, 인문주의가 도입되고 종교개혁 등 여러 변화가 있었지만, 여전히 프랑스와 이탈리아의 전통적인 교육을 답습했고 특별한 혁신을 이루지 못했다. 이제 자유롭고 혁신적인 교육을 원하는 스코틀랜드인들은 네덜란드의 레이던 대학으로 갔다.

18세기로 접어들자 스코틀랜드에서는 새로운 시대적 요구를 수용하는 대학 개혁이 추진되었다. 모국어로 교육할 수 있게 되었으며, 지금까지 교육된 적이 없던 법학 과목을 가르치고, 의학 교육이 적극적으로 도입되었다. 에든버러 의학부는 전 유럽 최고의 의학 교육 중심지로 명성을 떨쳤다. 종교적으로 자유롭고 학문적으로 개방된 분위기 때문에 비국교도와 계몽주의 사상가들이 스코틀랜드 대학으로 몰려들었고, 이들이 대학의 팽창과 성공을 견인했다. 스코틀랜드에서는 기존의 학문 구조에 얽매이지 않고 학자들이 자신의 전문적 주제를 발전시켜 대학 교과목으로 정착하도록 함으로써 대학 과목의 전문화를 선도했다.[20] 계몽사상에 기초한 진보적 교육을 제공했던 18세기 스코틀랜드 대학들은 시대가 요구하는 매력적인 교육 커리큘럼을 제공했다. 교육 내용이 편협하고 잉글랜드 학생들로 한정되었던 옥스퍼드나 케임브리지와는 대조적으로 스코틀랜드 대학에는 많은 외국인이 찾아왔다.

---

20 대학 교육의 전문화 경향은 한 세기가 지난 후인 19세기에 독일의 새로운 대학들에서 본격적으로 추진된다.

2

낡고 보수화된 대학

중세 대학의 구조는 매우 단순했다. 인문학부와 신학부, 법학부, 의학부로 구성된 네 개 학부 체제였다. 그러나 중세 사회가 요구하는 전문 지식이 몇 개의 특정 분야에 한정되었기 때문에 대학의 구조가 단순했던 것은 아니었다. 오히려 날로 복잡해지던 경제적·사회적 환경은 고등교육에 대해 새로운 요구들을 쏟아내고 있었다. 하지만 대학은 사회의 요청과 기대에 호응하지 않았다. 근대에 들어서서 인문주의자들이 학문에 새로운 활력을 불어넣기도 했지만, 시간이 지남에 따라 대학은 다시 전통적 권위에 의존할 뿐이었다. 그 결과 대학의 가르침은 점차 시대에 뒤처졌고, 사회적 영향력은 대학 밖의 교육기관 혹은 전문 기관에 비해 떨어졌다.

대학을 둘러싼 외부 환경 역시 엄혹했다. 종교개혁과 반동종교개혁이 유럽을 가르고 처형, 망명, 종교전쟁을 낳았다. 절대군주들은 동맹을 바꿔가며 서로 싸움을 벌였고, 오스만튀르크는 비엔나를 침공해 유럽인들을 공포로 몰아넣었다. 또한 질병과 기아가 유럽을 휩쓸었다. 17세기는 여러모로 쇠퇴의 시대였다. 대학 역시 쇠퇴하고 있었다.

대학 쇠퇴의 증거들

학자들은 이 시기 대학이 쇠퇴하게 된 이유를 다양하게 설명한다. 경제적 위기가 하나의 원인으로 언급된다. 한 예로 기아와 전염병의 대재앙이 1629~33년 북부 이탈리아를 덮치면서 대학을 지원하던 사회 세력들이 약화되었고, 그 결과 대학은 경제적으로 위기에 처하게 됐다는 것이다. 그러나 경제 위기만으로는 대학이 쇠퇴한 이유를 완전하게 설명할 수 없다. 대학 입학생의 다수를 차지하던 사제들은 교회로부터 여전히 성직록을 지원받았으며, 귀족들은 경제 위기와 상관없이 돈이 충분했기 때문이다. 종교적, 정치적 갈등 역시 또 하나의 원인으로 지목된다. 30년전쟁(1618~48)은 중부 유럽과 이탈리아, 독일 대학들을 혼란에 빠트렸다. 옥스퍼드와 케임브리지 대학은 잉글랜드 내전으로 곤란을 겪어야 했다. 학자들의 학문적 결과물을 신앙의 잣대로 평가하는 대학의 경직성은 대학을 위험한 곳으로 여기게 만들었다. 17~18세기의 외부 환경들이 대학에 부정적이었던 것은 사실이다. 그러나 이러한 것들이 이 시기만의 문제는 아니었다. 기아와 질병, 종교, 전쟁, 경제적 쇠퇴 등의 문제는, 17~18세기에 다소 강력했으나, 이전 시기에도 있었다. 따라서 이 시기 대학의 쇠퇴 문제는 다른 곳에서도 그 원인을 찾아봐야 한다.

　그렇다면 대학의 쇠퇴는 무엇을 근거로 설명할 수 있는가? 직접적이며 명확한 지표는 대학 수 혹은 대학생 수의 하락일 것이다. 중세 내내 대학의 수와 학생의 수는 지속적으로 늘었으며, 그 수준은 일반 인구의 증가율보다 높았다. 이러한 오름세는 16세기 들어 더 강화되어 전 유럽에서 공통적으로 대학이 늘어나고 학생 수가 비약적으로 증가했다. 특히 옥스퍼드와 케임브리지 대학에서 이러한 상승세가 더 두드러져서 로렌스 스톤Lawrence Stone은 이를 가리켜 '교육혁명'이라고 부르기까지 했다. 그런데 잉글랜드와 북부 유럽에서는 17세기 중반부터 학생 수가 급격하게 줄어들었는데, 이를 근거로 대학의 쇠퇴를 주장하는 경우가 많다. 문제는 이들 일부 지역에서 학생 수가 줄었다는 사실을 기초로 17~18세기 유럽 전반에서 대학이 쇠퇴했다는 주장을 도출하기는 쉽지 않다는 점이다. 프랑스 및 남부 유럽에서는 학생의 수가 오히려 증가하는 경우도 다수 발견되며, 학생 수가 줄더라도 완만한 수준이었을 뿐이었다.

　대학 수 혹은 대학생 수의 하락으로 대학의 쇠퇴를 명쾌하게 설명할 수 없다면 다음으로는 대학의 사회적 영향력 혹은 중요도가 어떻게 변화했는지 살펴볼 필요가 있다. 이 시기에는 학문과 학자들의 중심지가 서서히 변화하고 있었다. 파도바 대학, 레이던 대학이 학문적으로 볼로냐와 파리 대학보다 더 중요해졌다. 스코틀랜드 대학들은 17세기에 옥스퍼드와 케임브리지 대학을 앞섰다. 18세기에는 할레 Halle와 괴팅겐Göttingen 대학이 중부 및 동부 유럽의 대학들을 선도했다. 이 시기 전통적인 학문의 중심지들을 제치고 새로운 명성을 얻게 된 대학들에는 공통의 특징이 있다. 종교적으로 관용의 폭이 컸으며, 새로운 지식을 수용하는 데 비교적 열려 있었다. 결국, 17세기 이후에는 전통에 집착하는 대학보다 근대 학문의 수용에 개방적인 대학에 대한 선호가 늘어가고 있음을 발견할 수 있다. 한편, 이 시기에 아카데미와 전문학교가 과학 기술 분야에서 대학보다 더 큰 영향력을 발휘한 사실에도 주목할 필요가 있다. 당시 대부분의 유럽 국가들은 과학과 기술의 힘을 바탕으로 부강함을 추구했는데, 대학은 이러한 요구를 충족하지 못했다. 반면 아카데미와 전문학교는 그러한 역할을 담당했다.

중세 이래로 전통과 역사를 자랑하는 대학들의 영향력이 축소되고, 대학과 전혀 다른 새로운 기관들이 사회 발전을 견인하는 상황은 이 시기 대학이 쇠퇴의 길에 접어들었으며, 위기에 처해 있음을 의미한다. 대학을 위기로 몰아넣은 원인은 한 마디로 대학과 사회의 괴리 때문이었다. 대학이 가르치는 학문과 사회가 요구하는 지식 사이의 괴리, 대학이 지키고자 하는 전통과 사회가 요구하는 기대 사이의 괴리가 더는 용인하기 어려울 만큼 벌어졌기 때문에 발생한 것이었다.

게다가 이 시기 대학들은 내부적으로도 활력을 잃었다. 우선 학생들의 학업 능력을 의심할 만한 다양한 현상들이 눈에 띈다. 학생들의 학업 기간이 전반적으로 줄어들었으며, 학위 취득 역시 이전보다 쉬워졌다. 논문 대필, 대리 시험 등 다양한 부정행위가 만연했다. 심지어는 일정 비용을 납부하면 시험도 보지 않고 학위를 주는 경우도 있었다. 학생들의 난동과 부도덕한 행실도 심각했다. 이탈리아 파비아 대학을 다닌 어느 학생의 증언에 의하면 모든 학생들이 칼을 차고 다녔으며, 언제나 싸울 준비가 되어 있었고, 이러한 상황을 피하면 겁쟁이로 취급받을 정도로 폭력이 난무했다고 한다. 교수들 역시 결강이 잦았으며 수업에 열정을 쏟지 않았다. 탄탄한 기초 지식과 철저한 준비가 필요한 강의와 토론 역시 제대로 진행될 리 없었다. 교육이 활성화되지 못하자 학과들은 제 기능을 다하지 못했다. 의학부의 부진은 심각한 지경이었다. 14세기 들어 이탈리아에서 외과 교수직이 만들어지고, 17세기부터 파도바 대학을 중심으로 해부학이 발전하면서 근대적 의학이 조금씩 발전하기 시작했지만, 처음부터 실습보다 이론을 중시하는 경향이 강했던 까닭에 학문적으로 도약할 기회를 계속 놓쳤다. 외과 시술은 장인들에게 맡긴 채 의약medicine에 치중함으로써 의학의 전반적인 발전을 이루어내지 못했다.

궁정과 교회의 관직이 일부 명망가의 자제들에게 대물림되는 것과 마찬가지로 대학의 주요 관직과 교수직 역시 일부 가문에게 세습되었다. 대학 교수들은 스스로를 귀족계층으로 인식했다. 금반지를 끼고, 다람쥐 모피로 만든 두건을 쓰고, 긴 옷에는 담비 모피 목깃을 달며, 팔뚝까지 덮는 긴 가죽 장갑을 낀 모습이 이제 교수의 전형이 되었다. 에스파냐에서는 절대군주가 등장하고 교회의 위세가 확대되면서 많은 이들이 대학에 입학했다. 궁정과 교회에서 확대된 관직을 얻는 데 대학에서의 교육이 상당한 도움이 되었기 때문이다. 그러나 최고 수준의 관직은 특권층과 권문세가, 교단의 몫이었다.

과학 기술의 발달 그리고 대학

근대 서양의 성장과 발전을 견인한 것은 위대한 과학적 발견이었다. 코페르니쿠스의 '지동설', 갈릴레이의 '낙하 법칙', 뉴턴Isaac Newton의 '만유인력의 법칙', 기체에서 부피와 압력의 관계를 다룬 '보일Robert

Boyle의 법칙', 라부아지에Antoine Laurent Lavoisier의 '질량보존의 법칙' 등 서양 물질문명의 폭발적 발전을 견인한 수많은 과학적 발견들이 근대에 있었다. 하지만 17~18세기 대학은 학문의 발전, 과학적 성취에서 중요한 역할을 담당하지 못했다.

근대 과학은 가정, 관찰, 결과의 수학적 법칙화로 구성된다. 특히 르네상스 이후 자연을 대하는 태도에 변화가 오면서 관찰과 실험은 점점 그 중요성이 높아졌다. 그러나 대학은 근대 과학을 수용하지 못했다. 데카르트René Descartes, 스피노자Baruch Spinoza, 파스칼Blaise Pascal, 라이프니츠Gottfried Wilhelm von Leibniz 등의 사상가들이 확립한 근대 철학은 수학이나 물리학 같은 학문들과 접촉하면서 발전했다. 즉, 전통과 결별하고 증거로부터 합리적으로 추론된 새로운 체계를 창조하는 것이 근대 학문의 특징이다. 그러나 대학에서 철학은 여전히 사변적 논쟁을 중심으로 이루어졌다. 대학들은 여전히 아리스토텔레스의 물리학을 형이상학의 부록 정도로 취급했다. 베이컨Francis Bacon은 대학이 다른 의견을 허용하지 않는 학자들의 손아귀에 잡혀 있어 과학의 발전을 가로막고 있다고 비판했다.

중세 대학의 학문적 지주는 스콜라 철학이었다. 그러나 근대로 들어서면서 처음에는 문헌학이 그 다음에는 수학이 그 후에는 실험 과학이 학문을 주도했다. 16세기에는 문헌학이 유행했고 신학적 논쟁들이 학문 세계를 지배했다. 이 시대의 위대한 학자들은 에라스뮈스, 루터, 칼뱅이었다. 문헌학에 이어 학문의 주도권을 갖게 된 것은 수학이었다. 코페르니쿠스, 라메Pierre de la Ramée, 갈릴레이, 데카르트 등 위대한 수학자들의 새로운 발견이 학문 세계를 열광시켰다. 그러나 이들 모두가 대학에서 가르쳤던 것은 아니다. 이 시대의 위대한 과학적 성과들은 대개 대학 밖에서 발견되었다. 대학은 과학을 그리고 과학자들을 위험한 존재로 여겼다. 수학자와 철학자의 연구가 대학의 학문 질서를 위협할 것이라고 보았기 때문이다. 18세기의 새로운 패러다임은 실험 과학이었다. 보일, 뉴턴 등의 과학자로 대표되는 실험 과학이 학문을 주도했다. 18세기 실험 과학과 그로 인한 응용 과학의 발전은 공학, 임학, 수의학 등을 다루는 전문학교 설립으로 이어졌다. 르네상스 이후 사회의 변화를 주도하는 학문들은 계속 진화하고 있었지만, 대학의 학문 구조는 여전히 중세에 머물러 있었다. 대학은 새로운 지식의 도입에 적합한 구조도 아니었고, 커리큘럼도 사회의 요구와는 거리가 멀었다.

과학적 발견은 기술의 개량으로 연결되어 실생활에서 각종 혁신을 이끌어야 한다. 이론의 발견과 현실의 적용이라는 선순환 구조가 잘 작동해야 하는데, 대학은 그 어디에서도 제대로 된 역할을 하지 못했다. 실용적 기술의 개발에서 대학 교육이 실패했음을 보여주는 대표적 사례가 바로 항해술과 지도학이다. 15세기 초반부터 포르투갈 선원들은 아프리카 서부 해안을 탐험하기 시작했다. 당연히 낯선 바람과 조류에 대한 새로운 지식이 이들에게 절실했다. 그러나 항해의 책임을 담당한 정부는 대학에 항해학과를 창설해 달라고 요청하지 않았다. 당시 대학의 학자들은 항해법과 지도학의 혁신에 무관심했기 때문이다. 결국, 에스파냐와 포르투갈에서는 이러한 당면한 과제를 해결하기 위해 항해전문학교를 설립한다. 대학들이 커리큘럼을 개혁하고 교수진을 충원하여 교육을 실시할 수 있을 때까지 마냥 기다릴 수는 없었던 것이다. 다른 나라, 다른 학문 분야에서도 상황은 비슷했다. 종국에는 대학이 무시되는 지경에 이르렀다. 시대가 필요로 한 기술공학 관련 학부를 설립해 달라고 대학에 요청하지도 않았으며, 대학 역시 이들 분야를 도입하기 위한 어떠한 시도도 하지 않았다. 대신에 정부는 특정한 과목의 교육을 전담할 전문학교를 설립하는 쪽을 선호했다.

대학에서는 과학을 연구할 환경이 조성되지 못한 반면 대학 외부에서는 오히려 과학에 대한 관심이 커졌고, 과학자들을 환영했다. 17세기에는 사회 곳곳에 새로운 실험실들이 만들어졌다. 특히 천문학 분야에서 발전 속도가 빨랐다. 대학에 설치된 이러한 관측소들은 거대한 사설 관측소 혹은 각국 정부에서 설립한 관측소들과는 비교가 안 될 정도로 초라했다. 결국, 대학의 학자들은 동요하기 시작했다. 대학과는 다른 지적·물리적 환경에서 자신이 원하는 연구를 보다 효과적으로 수행할 수 있다는 사실을 깨달은 과학자들이 대학을 빠져나가기 시작했다. 코페르니쿠스는 천문학 연구가 번성했던 크라쿠프 대학에서 인문학부를 마쳤고, 이어서 파도바 대학에서는 의학을 공부했으며, 1503년 페라라 대학에서 교회법 박사 학위를 받았다. 그러나 그는 대학에 남지 않고 에름란트Ermland에서 관료로 40여 년을 보냈다. 갈릴레이도 대학을 떠난 과학자 중 한 명이었다. 파도바 대학, 피사 대학 등에서 18년간 가르치고 나서 그는 피로와 좌절을 느꼈다. 강의 부담은 조금씩 가벼워졌지만, 그의 월급으로는 가족을 부양하기 어려웠다. 시간을 쪼개어 개인교습을 해야 했으며, 공방을 운영하며 각종 실험도구를 만들어 팔아야 했다. 이런 이유로 그의 집은 항상 부산스럽고 시끄러워 연구에 집중할 수 없었다. 공학 연구에 대해 출판하기로 계획한 원고도 집필에 속도를 낼 수가 없었다. 결국, 갈릴레이는 대학을 떠나 메디치 궁정으로 들어갔다. 당시 대학들의 전반적인 상황으로 볼 때 갈릴레이의 동료 과학자들 역시 그러한 어려움을 겪었을 것이라는 데 의심의 여지가 없다. 종교 문제도 과학자들이 대학을 떠나는 데 한몫했다. 케플러Johannes Kepler가 그라츠Graz 대학을 떠난 이유는 종교적 신념 때문이었다. 프로테스탄트였던 케플러는 자신이 강의하던 그라츠 대학이 가톨릭을 강요하자 종교의 자유를 찾아 프라하 대학으로 옮겨야 했다.

중세 이후로 대학이 과학과 기술 발전을 외면하고 있었으며, 학문 기관으로서의 위상에 비해서 과학의 발전, 기술의 향상에서 제 역할을 해내지 못했다는 평가는 전적으로 옳다. 그러나 17~18세기 과학의 발전과 성취가 대학과 전혀 무관했다고 평가할 수 있을까? 최근 연구에 의하면 파도바 대학, 레이던 대학, 케임브리지 대학 등은 이른바 신과학 발전의 중심지로서 그 역할을 톡톡히 했다고 한다. 증기기관을 개발한 제임스 와트James Watt가 글래스고 대학의 과학실험실 담당자였다는 사실에서 알 수 있듯이 스코틀랜드 대학들은 산업혁명의 성과를 대학 교육에 잘 연결시키고 있었다. 무엇보다 이 시기 중요한 업적을 남긴 과학자들 상당수가 대학에서 받은 교육을 토대로 과학지식을 발전시켰다. 물론 대학 교수 출신 과학자의 수도 꽤 많았다. 그러므로 대학이 과학 발전에 아무런 역할을 못 했다거나, 심지어 장애물이었다는 평가로 인해 이 시기 과학의 발전을 이끈 일부 대학 혹은 학자들의 역할마저 온전히 평가받지 못해서는 안 될 것이다.

3

대학의 경쟁자들

근대 초기에 대학은 학문의 발전을 이루었을 뿐 아니라 그 수도 유럽 전역에서 늘어났다. 인문주의가 지식과 사고의 확장을 견인하고, 세속군주들이 대학 설립에 앞장서며 가능했던 15~16세기의 성장세는 17세기에 들어서면서 정체와 쇠퇴로 돌아섰다. 일반적으로 경제 위기, 전쟁, 질병, 대학 내부의 폐쇄적 구조와 지적 보수주의 등이 그 원인으로 제기된다. 이러한 문제들은 매우 심각한 것들이지만 새로운 것은 아니었다는 사실은 앞에서 지적한 바 있다. 그런데 17세기에는 이러한 문제들에 더해서 대학의 존재를 위협하는 또 다른 요인이 있었다. 바로 대학의 경쟁자들이었다.

르네상스 시기까지 대학은 고등교육을 사실상 독점하고 있었다. 각 교단에서 운영하던 성직자 양성 기관을 제외하면 대학 수준의 학문과 교육 기능을 담당하는 기관은 존재하지 않았다. 그러나 17세기에는 대학을 위협하는 새로운 기관들이 하나둘 등장했다.

16세기 후반 가톨릭과 프로테스탄트 지역 모두에서 새로운 종류의 학교들이 등장했는데 17세기에 그 수가 크게 늘어났다. 예수회가 이러한 학교들의 설립을 주도했다. 특히 귀족 자제를 대상으로 하는 교단 기숙학교들이 대학과 성공적으로 경쟁했다. 1570년대 중반 이후 예수회에서는 귀족 혈통의 자제만을 위한 학교를 이탈리아 각지에 설립해 운영했다. 밀라노, 제노아, 베로나처럼 대학이 없는 도시들뿐 아니라 파르마, 볼로냐, 페라라, 시에나, 로마 등 이미 대학이 있는 도시들에도 설립되었다. 마드리드, 그라츠, 비엔나 등에도 설립되었다. 프랑스와 독일에서는 귀족과 부유한 상인 자제를 대상으로 하는 기숙학교가 운영되었다. 철학자 데카르트가 이러한 기숙학교 출신이었다. 수업료가 무료인 다른 학교들과 달리 이들은 매우 비쌌지만 인기가 높았다. 자녀를 이러한 기숙학교에 보내려는 귀족들이 유럽 전역에 있었다.

기숙학교가 귀족과 부유한 학생들에게 인기가 많았던 이유는 이들이 끌릴 만한 커리큘럼과 교육 환경을 제공했기 때문이다. 북부 이탈리아의 예수회 기숙학교들은 인문학, 철학, 수학, 신학에 더해서 대학에서는 제공하지 않지만 귀족으로서 반드시 갖추어야 할 자질인 승마, 프랑스어, 무용 등을 가르쳤다. 또한 젊은 귀족들에게 다른 지역 혹은 다른 국가의 또래들과 어울릴 기회를 제공함으로써 일종의 범유럽적 네트워크를 형성할 수 있다는 장점도 있었다. 대학보다 더 나은 교육 환경 또한 귀족들의 마음을 움직였다. 그들에게 대학은 '폭력과 음탕함'이 난무하고, 교육도 느슨하게 이루어지며, 제공되는 커리큘럼 또한 허술했다. 그러나 종교 교단이 세운 기숙학교들은 안전하고, 종교적으로 규율이 있으며, 교육 역시 철저하게 이루어졌다.

　대학은 귀족과 부유한 상인계층 자녀들을 기숙학교에 빼앗기게 되면서 어느 정도 타격을 받을 수밖에 없었다. 이들의 존재는 대학의 권위를 높여주고, 이들이 펑펑 쓰는 돈은 지역 경제를 살렸다. 교수들은 이들과의 친분으로 혜택을 입었는데, 귀족들이 궁정 고위직에 오르게 되면 교수들에게 자문을 구하거나 관직을 주기도 했기 때문이다. 그럼에도 이들 기숙학교는 대학의 잠재적 고객 일부를 잠식한 것일 뿐 대학의 목적과 존재를 위협할 만큼 결정적인 타격을 주었던 것은 아니다. 그런데 아카데미와 전문학교는 달랐다.

과학 아카데미의 등장

서양이 19세기에 전 세계의 지배자로 부상하게 된 결정적인 이유는 과학과 기술의 힘 때문이었다. 과학혁명을 통해 우주, 자연, 인간에 대한 지식이 비약적으로 확장되자 '과학적 방법'이야말로 모든 탐구에 적용되는 유일하고도 타당한 방법이라는 확신이 생겼다. 과학적 방법을 통해 개발되고 혁신된 신기술들이 생활 환경을 개선하고, 산업혁명을 통해 이전에 맛보지 못한 물질적 풍요가 가능해지며, 계몽사상이 새로운 정치적 비전을 제시하자 인간 사회는 무한히 진보할 것이라는 낙관주의가 팽배했다. 17~18세기 유럽 사회는 과학 기술이 모든 발전의 원천임을 눈앞에서 목격하고 있었다.

　실용적 학문이 필요하다는 목소리는 18세기 중반 계몽사상으로 인해 더욱 거세어졌다. 계몽사상은 실험 과학, 물리학, 의학의 범주를 확장시켰으며, 수학과 합리주의를 발전시켰다. 외과 의학, 약학,

수의학, 행정학, 산파학, 농학, 군사학 등의 실용 과목들이 주목받았다. 항해술의 발전은 부의 원천인 식민지 건설을 가능하게 했다. 총과 대포를 비롯한 군사 기술의 발전은 국가의 안위와 영토 확장에 절대적 요인이었다. 공업 분야의 발전은 편리하고 풍요로운 삶을 가능케 했다. 과학과 기술은 이제 국가 발전에 필수적인 도구로 주목받고 있었다.

이러한 흐름 속에서 자연과학이나 기계공학을 연구하는 인력이 늘고 공간은 확대되었다. 하지만 이와 같은 시대적 요구는 대학에서 무시되었다. 이제 대학은 낡고 불필요한 곳이라는 인식이 깊어졌고, 시대가 요청하는 유용한 학문을 가르치는 전문 기관들이 만들어져야 한다는 생각이 힘을 얻었다. 결국, 과학자들은 대학이 아닌 아카데미에서 만났다. 아카데미는 유능한 과학자들이 한곳에 모여 서로의 의견을 교환하고 자극을 받을 수 있는 곳이었다. 대학과 비교하자면 학생을 가르칠 의무도 없고, 종파의 신앙을 따를 필요도 없는 곳이 아카데미였다.

아카데미의 출현과 발전은 이탈리아에서 먼저 시작되었다. 국제 무역과 은행업에 힘입어 부유하게 된 이탈리아의 도시국가들에서는 문자를 읽을 수 있고, 문화적으로 민감하며, 고등교육의 가치를 아는 부유한 시민계층이 다른 곳보다 많았다. 이러한 시민계층의 존재로 인해 이탈리아에는 다른 유럽 지역보다 더 많은 대학이 있었으며, 고등교육을 받은 사람의 수 역시 많았다. 1462년 피렌체에서 최초의 아카데미인 플라톤 아카데미Platonic Academy가 설립된 것도 이러한 지적 분위기 때문이었다. 성직자, 대학 교수, 시민, 관료 등은 아카데미에서 정기적으로 만나 서로가 읽은 책이나 고전 작가들에 대해 함께 토론하고 과학을 비롯한 학문적 주제에 대해 강의와 대화를 나누었다. 이러한 현상은 곧바로 로마, 나폴리, 베네치아, 크라쿠프, 하이델베르크, 잉골슈타트Ingolstadt, 아우크스부르크, 비엔나 등으로 퍼져나갔다. 이것이 자극이 되어 16세기 중반 이후에는 학회learned society 혹은 아카데미라는 이름을 내건 기관들이 전 유럽에서 설립되었다.

그러나 가톨릭교회의 입김이 강했던 이탈리아에서는 아카데미들이 반복해서 철퇴를 맞게 된다. 1714년 로마의 한 아카데미는 갈릴레이의 성과들을 되살리는 등 과학을 장려하는 활동으로 큰 성공을 거두었지만, 종교재판소는 뉴턴과 로크John Locke를 널리 알렸다는 이유로 이 아카데미를 비난했고, 결국 문을 닫아야 했다. 이제 이탈리아의 자리는 영국과 프랑스가 이어받았다. 1660년과 프랑스혁명 사이 유럽과 아메리카에는 사설 혹은 공립 과학학회 및 아카데미가 눈에 띄게 증가했다. 이 기간 동안 약 100여 개 이상의 기관들이 활동했다. 1662년 런던에서 설립된 왕립학회Royal Society와 1666년 파리에서 설립된 왕립과학아카데미Académie Royale des Sciences가 대표적인 사례다. 왕립학회와 왕립과학아카데미는 이후 유럽에서 등장하게 될 여러 아카데미의 모델이 되었다.

잉글랜드에서는 1645년 무렵 일단의 과학자와 수학자들이 런던의 그레셤 칼리지Gresham College에서 모임을 가졌다. 옥스퍼드에서도 이와 비슷한 모임들이 여럿 있었다. 이러한 모임은 후에 1662년 국왕으로부터 승인을 얻어 '자연 지식의 발전을 위한 런던왕립학회The Royal Society of London for Improving Natural Knowledge' 설립으로 이어졌다.

국왕이 설립했지만 잉글랜드의 왕립학회는 자율적인 조직으로서 독립성을 유지했다. 국가로부터 재정 지원은 없었으며, 회원들이 매년 납부하는 회비로 운영비를 조달했다. 왕립학회는 종교적 갈등으로부터 거리를 두었을 뿐 아니라 국가 기관으로 만들려는 시도에 대해서도 반대했다. 정부를 위해 일할 필요도 없었다. 왕립학회의 회원은 종교적 지향에 상관없이 활동할 수 있었으며, 국교회에 대한 신앙 고백을 하지 않아도 되었다. 자연과학과 기계 기술 분야의 혁신, 발견, 발명 등에 초점을 맞추어 활동한 왕립학회는 신학, 형이상학, 도덕, 정치학, 문법, 수사학, 논리학 등으로 인해 학회의 학문적 논의가 방해받지 않도록 주의했다. 그 결과 자신들의 과학적 관심에 따라 자유롭게 연구를 수행할 수 있었다. 왕립학회는 철저히 연구만을 위한 모임으로 교육은 어디에도 규정되지 않았다. 왕립학회는 계몽된 과학의 모델로서 그 권위를 인정받았으며, 왕립학회가 발간하는 회보는 유럽 전역에서 읽혔다.

잉글랜드의 왕립학회가 자율적인 민간조직에 가까웠다면 프랑스의 아카데미는 달랐다. 프랑스에서도 대학 외부에서 지식인들이 새로운 과학을 유포하고 지식을 교환하기 시작하자 국왕들은 아카데미를 창설함으로써 이들 지성인들의 권위를 빛내주는 한편 이들을 통제할 수단을 얻고자 했다. 리슐리외Richelieu 추기경은 1635년 학술원Académie Française를 설립했으며, 마자랭Mazarin은 회화 및 조각 아카데미 창설했다. 1666년 재상 콜베르Colbert는 루이 14세의 지시로 과학 아카데미Académie des Sciences, 건축 및 항해 아카데미를 육성했다. 과학 아카데미는 1699년 규정을 통해 왕립이 됨으로써 국왕의 기술 자

문기구가 되었고, 아카데미에서 발견, 발명한 것들에 대해서는 승인
장을 발급했다. 왕립과학아카데미는 훌륭한 도서관과 실험실을 갖
추어 다양한 연구 활동을 지원했다. 1671년에는 그리니치Greenwich
천문대보다 5년 먼저 관측 망원경을 확보해 근대 천문학 발전을 견
인했다. 프랑스에서도 아카데미의 주 기능은 연구이며, 교육은 대학
의 몫이었다. 프랑스의 아카데미는 관료화된 국가 기관으로서 회원
들에게 정부가 필요로 하는 과제를 의뢰하고, 그 대가로 시설과 급여
를 지급했다. 왕립과학아카데미는 프랑스의 과학 연구를 조정하고
통제하며 발전을 이끌었던 일종의 국립아카데미였다.

　미국을 제외한 대부분의 나라는 프랑스의 왕립과학아카데미를
모델로 삼았다. 1700년 프로이센의 프리드리히 빌헬름 1세Friedrich
Wilhelm I는 과학자 라이프니츠의 계획을 수용해 독일과학아카데미
Akademie der Wissenschaften를 국가 기관으로 개설했다. 러시아에서는 상
트페테르부르크Sankt Peterburg에서 러시아과학아카데미Russian Academy
of Sciences가 1724년에 창설되었다. 이러한 움직임은 스칸디나비아에
도 확산되어 1741년 스톡홀름, 1742년 코펜하겐에서 국왕의 보호
아래 학회가 창설되었다.

　유럽 전역에서 아카데미와 학회 등의 학술 기관이 확산된 것은 지
식인들에게 부여된 당시 사회의 다양한 요구가 대학 내부에서 충족
될 수 없었기 때문이다. 국가의 입장에서도 지식인 집단에게 공적 과
업을 위임하기에는 독립적 조합의 전통을 지닌 대학보다 아카데미
가 훨씬 쉬웠을 것이다. 학자들의 입장에서도 아카데미는 매력적이
었다. 17~18세기의 프랑스 아카데미에서 발전한 측지학測地學의 사

례에서 알 수 있듯이 기간이 길고 비용이 많이 드는 과학 및 탐험 분야는 대학이 아카데미의 상대가 될 수 없었다. 학자들의 네트워크를 촉진시킨다는 점도 아카데미의 매력이었다. 아카데미가 설립되기 전에는 과학자들이 대개 고립된 환경에서 개별적 연구만 진행했다. 그런데 과학 아카데미가 설립됨으로써 과학자들은 서로의 연구를 교환하고 토론하는 과정을 통해 학문적 객관성과 정확성을 더할 수 있게 되었다. 아카데미에서 발간하는 저널들 역시 새로운 지식을 소개하고 확산하는 데 중요한 도구였다. 외국 학자들과의 만남이나 서신 교환은 연구의 영향력을 넓히는 기회였다. 무엇보다 종교의 영향에서 벗어나 자유롭게 학문을 할 수 있는 환경이 조성됨으로써 과학 분야의 개선과 발전을 이룰 수 있었다는 점이 아카데미의 커다란 장점이었다.

새로운 지식에 대한 욕구가 늘고, 과학 기술의 혁신이 중요하게 부각되면서 17~18세기에는 새로운 지식을 창출하는 연구 기능에 대한 관심이 높아졌다. 그러나 대학은 여전히 전통적 기능인 교육에 매달렸고, 연구는 학자 개인 차원에서 이루어졌다. 대학에서 충족되지 못한 연구 활동은 아카데미나 학회 등에서 집중적으로 이루어졌다. 이러한 현상을 접하며 사람들은 대학을 교육하는 기관, 아카데미는 연구하는 기관으로 구분하기 시작했다.

그러나 학문의 전반적 기능을 고려하면 대학과 아카데미의 이러한 역할 구분은 바람직하지 않다. 교육과 연구가 분리되면 새로운 과학적 사실이나 이론의 발견이 교육 과정에 즉각 도입되는 것을 방해하기 때문이다. 한마디로 연구와 교육 사이의 시간적 괴리를 증가시

키는 것이다. 또한 전문 연구자들과 젊은 학생들을 분리하는 부작용
도 있다. 학자들은 아카데미나 학회를 통해서만 자신의 새로운 학문
적 발견을 교환함으로써 대학의 학생들은 새로운 지식과 새로운 연
구 방법에 자극받을 기회를 놓치게 되는 것이다. 이러한 상황이 치유
되려면 19세기의 대학이 그 해법을 찾았을 때까지 기다려야 했다.

무엇이 대학인가

중세 유럽에서 대학이 등장한 이후 근대 초반까지 무엇이 대학인지
에 대한 답은 분명했다. 대학은 신학부, 법학부, 의학부, 인문학부 등
네 개 학부로 구성되어 교육을 제공하며, 교육을 이수한 학생들에게
는 그 수준에 합당한 학위를 제공하는 기관이었다. 적어도 16세기까
지는 어떠한 형태의 기관을 대학이라고 불러야 하는지에 대한 논의
는 필요 없었다.

　그러나 17세기 이후 상황이 바뀌었다. 우선 학문적 패러다임이 달
라졌다. 수학과 과학의 중요성이 날로 커지면서, 상위학부 진학을 위
한 일종의 교양 수준에 머물렀던 이들 과목이 독립된 학문 분야로 존
재감을 나타내기 시작했다. 실용 학문의 위상이 날로 높아지면서 이
전에는 단순 기술자의 손에 맡겨졌던 분야들이 서서히 학문적 체계
를 갖추어 나갔다. 대학에서 가르치는 학문의 범위가 확장되어야 한
다는 목소리가 날로 높아졌다. 특히 과학, 기술, 행정 등 국가와 사회
의 발전을 직접 견인하는 지식 분야들을 대학에서 가르쳐야 한다는
주장이 팽배했다.

　17~18세기 유럽 각지에서 생겨나기 시작한 아카데미와 전문학교

들은 이러한 문제를 대학 밖에서 풀기 위한 대안이었다. 대학 밖에서 대학과 비슷한 역할을 담당하게 된 아카데미와 전문학교는 대학과 관련한 두 가지 문제를 성찰하도록 만들었다. 하나는 대학의 기능과 관련된 것이었다. 중세 이래 대학은 교육만을 고유한 기능으로 한정시켰다. 대학에서 연구가 이루어지지 않았던 것은 아니지만 그것은 대개 학자 개인의 차원이었다. 중세 대학의 기능이 교육에만 집중되었던 것은 학문의 절대적 권위가 이른바 권위자들에게만 있다고 믿었기 때문이다. 그런데 근대로 들어서면서 학문의 비판 기능이 활성화되고, 새로운 발견과 발명을 주요 목적으로 하는 과학이 주목을 받자, 대학은 새로운 지식의 창출을 위한 연구 기능을 수행하도록 요구받았다. 그러나 과학자들의 연구 활동을 두렵게 바라본 대학은 이를 수용할 의지가 없었다. 결국, 대학에서 지적 목마름을 해갈할 수 없었던 과학자들은 아카데미 같은 자유로운 지적 공간을 찾게 되었다.

다른 하나는 사회가 요청하는 새로운 학문 특히 기술 분야의 수용 문제였다. 전통적으로 대학은 이론 교육 중심이었다. 인문학부에서 산술, 기하, 천문, 음악 등 4과 교육이 이루어졌으며, 의학부가 존재했지만 모두 이론 중심이었다. 생활 환경을 개선하고 산업을 발전시키는 실용적인 학문은 대학으로부터 외면을 받았다. 그러나 기술의 발달이 사회의 발전에 큰 영향을 미치지 못했던 농업중심 사회로부터 과학 기술의 발달이 사회 발전에 절대적 영향을 미치는 산업사회로 전환되기 시작하자 상황이 달라졌다.

결국, 대학이라는 명칭을 사용하지만 전통적 대학과 결을 달리하는 새로운 대학들이 등장했다. 슈투트가르트Stuttgart 대학은 전통적인 대학의 특권들을 주장했지만, 커리큘럼은 완전히 새로웠다. 군대 아카데미에서 출발했던 슈투트가르트 대학은 인문학과 철학, 의학, 법학, 신학으로 구성된 4학부 체제를 거부하고 법학, 군사학, 공공 행정학, 수의학, 의학, 경제학의 여섯 개 부문을 교육했다. 국가와 대중의 이익에 부합하는 교육을 제공하겠다는 정신이었다. 한편, 대학이라는 이름을 사용하지 않는 고등교육 기관들도 대거 생겼다. 외과, 포병, 행정, 임업, 광업, 동양 언어, 상업 등 사회가 요구하는 실용적 기술을 가르치는 전문학교들이 유럽 전역에서 인기를 얻었다.

학식 있는 사람을 양성하고, 덕을 함양하며, 사회의 요구를 충족하는 것이 교육의 진정한 목적이라고 2,300여 년 전에 아리스토텔레스는 말했다. 다시 말하자면 학문과 지식을 발전시키는 것, 사회적·종교적·도덕적으로 올바르게 행동하기 위한 품성을 배양하는 것, 사회가 필요로 하는 분야의 전문가를 훈련하는 것 등의 세 가지가 교육의 본질이라는 것이다. 곰곰이 생각해 보면 아리스토텔레스가 언급한 배움, 덕, 유용성은 어느 시기, 어느 곳에서나 공통된 교육의 목적이었다. 다만 시대마다 강조하는 바가 조금씩 달랐다. 19세기 이전의 대학은 유용성이라는 가치를 소홀히 여긴 바람에 사회가 대학에 부여한 역할을 스스로 축소해 버렸다. 사회는 변화하고 있는데 이전의 관성에 매몰된 나머지 사회와 대중의 요구에 귀를 기울이지 못했다. 대학이 그 요구에 응해야 할 때가 점점 다가오고 있었다.

6장

대학 개혁의 시대

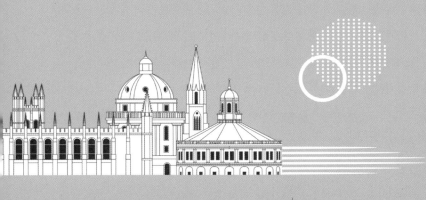

18~19세기는 중세를 벗어나 근대의 길로 접어들었다는 확신과 자신감이 온 유럽을 휘감던 시대였다. 신앙을 제외한 모든 영역에서 교회의 위세는 눈에 띄게 약화되었고, 강력한 군주들이 국민국가라는 이름 아래 국가의 틀을 잡아가고 있었다. 과학의 괄목할 성장은 우주와 자연에 대한 이해를 확장시켜 인간이 이 우주의 참 주인이라는 사실을 확산시켰다. 우주의 작동 원리가 수학적 공식으로 밝혀진 것과 마찬가지로 사회가 작동하는 방식 역시 인간의 이성으로 밝혀낼 수 있다고 자신했던 계몽주의자들은 인간 사회가 무한히 진보할 것이라고 믿었다. 이성의 힘을 신봉한 계몽주의자들은 근대로의 발전을 가로막고 있는 중세적인 것 모두에게 전쟁을 선언했다.

그럼에도 대학은 이전의 구조와 체제에서 크게 벗어나지 못했다. 중세로부터 물려받은 전통을 도그마로 여기면서 사회의 변화를 적극적으로 수용하지 못했다. 몇몇 국가들에서 계몽주의의 영향으로 세속화가 일부 진행되기는 했으나, 대부분의 대학은 교회로부터 직접 관리와 감독을 받거나 혹은 교회와 강력하게 연결되어 있었다. 이 시기 대학들은 교수의 임명이나 학생 입학, 교육·연구 등 대학이 수행하는 활동을 일종의 종교적 과업으로 인식했다. 르네상스 인문주의를 수용함으로써 학자들의 인식이 근대를 향해 열리고 있었으나 사회가 변화하는 속도와 비교하면 너무 느렸다. 변화의 요소들을 사회에 공급함으로써 중세의 변화를 이끌었던 대학, 새로움과 활력의 원천으로 인식되던 대학의 이미지가 완전히 바뀌었다. 이제 대학은 혁신의 장애물이자 기득권 수호 집단의 요새로 여겨졌다.

대학 개혁의 방향은 분명했다. 근대화를 위한 필수요건들을 수용하면 되는 것이었다. 우선, 대학의 세속화가 성취되어야 했다. 대학이 보수화되고 기득권 세력의 거점이 된 결정적 이유는 신앙의 영향력이 여전히 막강했기 때문이었다. 사회가 요청하는 과학과 기술의 발전을 이루기 위해서는 학문이 종교적 판단으로부터 자유로워야 했다. 우수한 교수진과 재능 있는 학생들을 확보하기 위해서도 종교적 관용은 필요했다. 둘째, 실용적이고 전문적인 학문이 대학에 대거 도입되어야 했다. 합리주의에 기초한 계몽주의 정신이 확산되면서 과학과 기술은 비약적 발전을 이루었지만 정작 대학은 그 성과로부터 벗어나 있었다. 여전히 전통적인 과목, 전통적인 방식에 매달려 있었기에, 대학 교육의 스펙트럼은 확장되지 못했다. 셋째, 학문의 발전을 담보할 새로운 기능을 도입하는 것이 필요했다. 중세 이래로 대학은 학문적 권위를 인정받은 과목들을 전수하는 곳이었다. 새로운 지식을 창출하는 기관이 아니었다. 한마디로 교육 기능이 연구 기능을 압도하는 곳이었다. 새로운 것들이 끊임없이 발견되고 지식이 확장되던 이 시기에, 이전의 지식으로 세상을 이해하기에는 한계가 뚜렷했다.

그러나 대학이 자체적으로 개혁에 앞장서기를 기다리는 것은 사실상 개혁을 포기하는 것이나 다름없었다. 대학은 스스로 개혁의 길을 찾기보다 지금의 지위를 유지하는 데 더 관심이 많았다. 결국, 국가가 대학 개혁의 주체로 나섰다. 프랑스, 독일, 영국 등의 사례에서 알 수 있듯이 이 시기 대학 개혁을 주도한 세력은 국가였다. 다른 국가들 역시 프랑스와 독일의 선례를 따라 자국의 대학 개혁을 추진했다. 그 방향은 크게 두 가지였다. 하나는, 프랑스의 사례처럼, 대학에 대한 기대를 버리고 대학을 대신할 새로운 기관을

설립하는 것이었다. 다른 하나는, 독일의 경우처럼, 대학의 기능과 역할을
완전히 혁신해 국가발전의 원동력으로 삼는 해법이었다.

프랑스: 대학 없는 대학 개혁

일반적으로 프로테스탄트 국가들에서는 대학 개혁이 비교적 수월하게 진행된 반면 가톨릭 국가들에서는 개혁에 대한 반발이 적지 않았다. 1789년 프랑스혁명 이전 프랑스에서도 교원을 세속화하고, 교육을 국가의 통제 아래에 두며, 과학 및 기술 교육을 강화해야 한다는 내용의 개혁안이 여러 번 제시되었지만 교회와 파리 대학의 반대로 실행되지 못했다.

결국 대학을 대신하는 새로운 고등교육 기관들이 등장하게 되었다. 앞서 살펴본 바처럼 '콜레주 루아얄'은 대학으로 편입되지 못했지만, 오히려 그 때문에 자유롭고 이해관계에 얽매이지 않은 매우 수준 높은 교육 공간이 되었고, 이 역할은 오랜 세월을 거치면서 계속되었다. 콜레주 루아얄은 프랑스혁명 이후 '콜레주 드 프랑스Collège de France'로 개칭되었으며, 프랑스에서 가장 발전된 학문의 중심지가 되었다. 아카데미 또한 빠질 수 없다. 아카데미는 조직적인 교육 기능을 담당하지는 않았다. 하지만 그곳에 수집된 장서를 찾아보려는 학자들이 도서관을 방문하면서 학술 교류가 이루어지고, 무엇보다 과학 관련 학술 단체들의 중요성이 확대되면서 아카데미의 역할은 점점 커졌다. 나중에는 중세 대학이 담당했던 역할, 즉 군주에게 자문하고 지식의 정통성을 판단하는 역할까지 아카데미가 담당했다. 진정한 의미의 전문학교가 등장한 것도 이 시기의 특징이다. 과학의 발달, 기술의 진보, 행정의 전문화 등을 이루기 위해서는 대학의 학위로는 부족하다는 생각을 갖게 만들었다. 특히 과학과 기술의 발달로 창출된 새로운 영역들은 이전 대학 교육의 틀에서는 수용할 수 없는 것들이었다. 토목학교, 공병학교, 수의사학교, 광업학교 같은 전문기술학교들이 설립된 것은 바로 그러한 이유 때문이었다. 대학이 개혁의 요구를 무시하고 옛 전통을 고수하려고 하자 새로운 교육 기관을 설립하여 사회적 필요를 충족했다.

프랑스 대학이 사회의 요구로부터 날로 멀어지던 상황은 18세기 말에 극적인 전환을 맞게 되었다. 1789년 프랑스혁명은 대학을 비롯해 교육 전반에 일대 변혁을 가져왔다. 계몽사상으로 무장하고 기독교와 교회에 대한 거부감이 강했던 혁명 세력들은 사회 모든 부문에서 세속화를 관철했다. 구체제의 봉건적 유산을 일소하고자 했던 혁명 지도부는 1791년 '르샤플리에Le Chapelier 법'을 통과시켜 모든 조합을 폐지했다. 이들이 청산하고자 했던 대상에 대학이 들어 있었다. 대학은 구체제의 유산이었으며 교수들의 조합이었고 교회의 일부였기 때문이다. 결국 1793년 프랑스 영토 내에 있는 모든 대학이 폐쇄되었다. 혁명 전 존재했던 스물두 개의 대학이 한번에 사라진 것이다. 이제 대학이 담당하던 역할은 콜레주 드 프랑스, 왕립식물원, 에콜 폴리테크니크École Polytechnique, 고등사범학교École Normale Supérieure 등의 전문학교들이 이어받았다.

한편, 특권 계급의 철폐를 주장했던 혁명 정부는 교육의 평등성과 보편성에 기초한 국민교육을 강조했다. 1791년에 콩도르세Condorcet 를 의장으로 하는 공교육위원회가 설치되어 민주주의를 구현하기 위한 교육 개혁을 구상했다. 종교 교육은 폐지되었고, 실용성을 목적으로 하는 과학 교육이 중시되었다. 시민들이 자신의 권리를 알아야 진정한 자유와 정치적 평등이 실현된다고 믿었던 이들은 무상 공교육을 도입했다.

나폴레옹과 제국대학

혁명 정부가 시작한 교육 개혁은 나폴레옹 정부에서도 계속되었다. 나폴레옹은 교육을 통해 국가의 인적자원을 효율적으로 관리하고 통제하길 원했다. 1802년에는 교육 시스템을 재조직해 초등학교에서 대학에 이르기까지 교육을 전면적으로 개편하고자 했다. 프랑스혁명 때 철폐되었던 대학이 다시 살아난 것은 바로 이때였다. 1802년 법학부와 의학부를 일부 설립하는 것으로 대학 개혁을 시작한 나폴레옹은 1806년과 1808년 '제국대학령'을 제정했다. 제국대학 제도는 중앙에 제국 전체의 교육을 관장하는 행정 기관으로서 제국대학을 설치하는 것으로, 사실상 중앙집권적인 교육 통제를 목적으로 한 것이었다.

그러나 제국대학은 이름만 대학일 뿐 대학의 형태는 이전 시기와 확연히 달랐다.

첫째, 혁명 전 대학의 모습은 완전히 사라졌다. 전국을 서른다섯 개 지역으로 나눈 후 각 지역의 고등교육은 학부faculty가 담당하게 했다. 이전 시기 인문학부와 상위학부로 구성되었던 대학의 형태는 사라졌으며, 대학을 구성하는 학문 단위였던 학부가 하나의 독립된 고등교육 기관이 된 것이다.

둘째, 인문학부의 기능이 '리세lycée' 같은 중등교육 기관들로 이전되었다.[21] 혁명 전까지는 인문학부를 마치면 석사Master of Arts 학위를 받았고, 공부를 계속하려면 신학, 법학, 의학 등의 상위학부로 진학해 박사 학위를 받았다. 그러므로 석사 학위를 수여하는 인문학부는 상위학부 진학을 위한 예비단계로 일반적인 교양교육을 실시했다. 나폴레옹은 이러한 두 단계 학위 구조를 바꾸었다. 상위학부를 준비하는 단계였던 인문학부를 대학에서 없애는 대신 이를 중등교육 체계, 즉 리세로 편입시켰다. 리세에서 중등교육 과정을 마치면 바칼로레아baccalauréat 학위를 수여해 대학에 진학하도록 시스템을 변경한 것이다. 1808년, 바칼로레아가 이전의 석사 학위를 대체했다. 인문학부는 그 명맥을 유지했지만, 그 형태는 고등교육 기관으로서가 아니라 바칼로레아를 수여하는 중등교육 과정으로 바뀐 것이다.

셋째, 학부를 다섯 개 분과 체제로 개편했다. 인문학부를 문학부와 과학부로 분리해 각각을 독립된 학문 분과로 만든 것이다. 사실 이

---

21 1802년 나폴레옹에 의해 설립된 '리세'는 중등교육을 담당하던 기관으로 대학 입학에 필요한 학위 바칼로레아를 수여했다.

것은 당시 유럽의 일반적 경향이었다. 다른 나라의 대학들에서는 인문학부가 문학부와 과학부로 분리되어 독립된 학문 분과로 발전하고 있었으며, 독일에서도 인문학부가 철학부로 이름을 바꾸었고 위상 역시 높아졌다. 문학과 과학이 국가 발전을 견인하는 주요 분과로 떠오르는 상황에서 새로운 프랑스 대학 시스템 역시 학부를 신학, 법학, 의학에만 한정하기는 어려웠다. 예비단계로서 인문학부가 아닌 독립된 학문으로서 인문학 교육이 필요했던 것이다. 이제 대학에서 예비학부로서 인문학부는 사라졌지만, 문학과 과학이라는 이름의 독립된 학문 분야가 개설됨으로써 인문학부와 상위학부의 위계는 사라졌고, 이론적으로는 문학부나 과학부도 박사 학위를 수여할 자격을 얻게 되었다.

그러나 이러한 혁신에도 현실은 혁명 이전과 다를 바 없었다. 문학부와 과학부는 대학에서 독립된 학문 분과로 설치되었지만 이전과 같은 예비학부로서 기능을 계속 담당했다. 문학부와 과학부에서 중등교육 과정을 마친 학생들에게 바칼로레아 학위를 수여하고 이들이 법학 혹은 의학부에 진학하는 행태가 여전히 계속된 것이다. 한편, 문학부와 과학부에서 발급한 학위는 매우 제한적인 기회만 제공할 뿐이었다. 이곳을 졸업한 학생들은 대개 중등학교 교사로 취업했으며, 아주 소수만이 대학의 교수로 임용될 뿐이었다. 물론 파리 대학은 예외였다. 파리 대학에는 교수직을 얻기 위해 인문학부와 과학부를 진학하는 학생이 제법 있었다.

인문학부의 역할과 기능이 제자리를 못 잡자 상위학부 수준 역시 낮아졌다. 문학부와 과학부는 대학의 독립된 학문 분과로 자리매김

하지 못하면서 활력을 잃었다. 이러한 체제에서는 새로운 지식의 생산을 기대하기 어려웠다. 특히 국가 발전의 핵심으로 떠오르던 과학과 기술 분야 교육은 19세기 프랑스 대학 교육 체제에서는 기대하기 어려웠다. 결국 정부는 과학과 기술 교육을 위해 설립했던 전문학교들의 기능을 강화하고, 그들 중 일부는 새로운 형태의 고등교육 기관인 '그랑제콜Grandes Écoles'로 전환하거나 신설함으로써 당면한 문제를 해결할 수밖에 없었다. 대표적인 기관들로는 교량도로학교 École des Ponts et Chaussées, 광업학교École des Mines, 중앙공공사업학교École Centrale des Travaux Publics, 공예직업학교Conservatoire des Arts et des Métiers, 교사 양성을 위한 고등사범학교 등이 있다. 그랑제콜은 교육의 기능이나 역할에서 일반 대학과 큰 차이를 발견하기 어렵다. 다만 국가 최고의 엘리트 양성을 위해 설립되었기에 치열한 선발 과정을 거쳐야하며, 그렇게 선발된 학생들은 봉급을 받는 등 다양한 특권을 누렸다. 가장 큰 차이는 대학은 자율적인 조직인데 비해 그랑제콜은 모든 면에서 국가의 지원을 받는 한편 지배와 통제 역시 받는다는 점이다.

나폴레옹 개혁의 가장 두드러진 특징은 교육에 대한 국가의 강력한 통제와 감시였다. 이제 대학은 국가 기관이 되었다. 정부의 직접적인 통제를 받아야 하며, 교수들은 공직 사회의 위계질서에 편입되었다. 1806년 나폴레옹이 제국 전체의 공교육을 책임지는 기구로 설립한 제국대학은 결국 1828년에 국가의 모든 교육을 관장하는 교육부가 되었다. 학교를 세우고 운영하는 일은 국가가 전적으로 담당했다. 교수의 선발권, 학위 수여권 모두 정부에게 있었다. 통일성과 규격화가 교육의 모든 부분에서 관철되었다. 교수들은 군대식 견장을 착용하고 제복을 입어야 했다. 전국의 모든 대학에서 같은 교과서를 사용해야 했으며, 동일한 과목을 배워야 하는 등 교육 내용까지 국가가 철저히 통제했다. 학부를 개설하고 폐쇄하는 문제는 학문적 기준에서가 아니라 정치적 판단에 의해서 이루어졌다.

그 결과 학문의 자유는 철저하게 억압되었다. 학생과 교수들이 정권에 저항하는 시위가 몇 번 발생하자 정부는 학부 폐쇄로 맞섰다. 1831년에서 1857년 대학의 독점권을 폐지하기 위한 투쟁이 벌어지자 주교들은 철학 교수들이 교리에 어긋한 가르침을 한다고 맹렬하게 비난했다. 문헌학자 르낭Joseph Ernest Renan은 《예수의 생애Vie de Jésus》라는 책의 내용으로 비난을 받았고, 결국 콜레주 드 프랑스 교수직을 사임했다. 학문의 위계화도 심화되었다. 국가 발전에 직접적으로 도움이 되는 실용적 학문은 지원을 받았지만, 인문학이나 순수 자연과학 분야 교수들은 수입을 보충하기 위해 과외의 일을 해야 했다.

19세기 프랑스 대학 개혁은 완전한 '백지상태tabla rasa'에서 이루어졌다고 할 수 있다. 고등교육은 전통적인 대학과 새로 설립된 그랑제콜의 이원적 체제로 운영되었다. 그러나 프랑스혁명 이후의 대학은 이전 대학과 전혀 달랐다. 이름만 대학일 뿐 구체제 대학들과는 아무런 공통점이 없었다. 대학은 교회의 영향력에서 벗어나 국가의 일부가 되었다. 중세 이래 지켜온 자치권은 국가의 강력한 통제로 사라졌다. 학문을 탐구하는 기관이라기보다는 국가 관료의 양성소 역할을 했다. 학부들이 서로 조화를 이루며 공존했던 중세 대학과 달리 각각의 학문 분과들이 파편화되었다. 사회의 지도층이 될 엘리트 양성은 그랑제콜 같은 고등교육 기관의 몫이었다. 19세기 프랑스의 대학 개혁은, 대학이라는 이름만 살렸을 뿐, 대학을 없앤 개혁이었다.

독일: 근대 대학의 모델

지식이 현실의 삶을 개선하는 데 활용되어야 한다고 주장하는 계몽 사상의 영향으로 18세기 대학에서는 공리주의적이며 실용적인 교육이 강조되었다. 정부와 산업을 이끌어갈 전문 인력 양성에 관심이 많았던 국가 역시 대학을 이러한 방향으로 개혁하고자 했다. 강력한 국가를 오랫동안 꿈꿔온 독일은 그러한 열망이 누구보다도 강했다.

이러한 열망을 등에 업고 등장한 것이 할레 대학과 괴팅겐 대학이다. 1694년 프로이센의 프리드리히 빌헬름 1세가 설립한 할레 대학은 철학, 법학, 의학 등에서 새로운 교육을 제공했다. 프리드리히 빌헬름 1세의 아낌없는 후원으로 할레 대학은 교육의 수준이나 학생 규모에서 비텐베르크나 라이프치히 대학과 비교해도 뒤처지지 않았다. 1733년 하노버Hanover에 설립된 괴팅겐 대학의 개혁은 할레 대학을 앞서는 것이었다. 최초로 대학 도서관을 설립해 대학을 진지한 학문탐구의 장소로 만들었다. 교수와 그가 지도하는 학생들이 함께 실험하고 연구하며, 새로운 연구방법론을 개발하는 '세미나 방법'을 최초로 대학에 도입했다. 세미나는 곧바로 할레 대학에 채택되었고, 다른 곳으로도 확산되어 대학에서 연구와 교육이 통합되는 길을 열었다. 근대 대학의 모델이 되는 베를린 대학의 개혁도 사실은 괴팅겐으로부터 많은 영감을 받았다. 이러한 혁신에 힘입어 독일 대학들은 과학, 언어학, 역사, 법학, 의학 분야의 선두주자로 발돋움하는 토대를 놓을 수 있었다.

국가가 대학 교육에 직접 개입하지 않았던 이전 시기와 달리 이러한 개혁들은 철저히 국가의 주도, 정부의 통제 아래 이루어졌다. 할레 대학에서는 국왕이 총장을 임명했으며, 국가의 재원으로 현대식 건물을 지었다. 학문적 수준을 관리하는 엄격한 요건과 검증 역시 도입되었다. 국왕과 그의 대리인들이 총장과 대학조합을 통제했으며, 대학은 국왕의 호의에 의존할 수밖에 없었다. 괴팅겐 대학도 다르지 않았다. 하노버 왕가가 대학의 규정을 제정하고 재정도 지원하는 등 괴팅겐 대학 역시 전반적으로 국왕의 통제 아래 있었다.

그렇다고 해서 대학의 자율성이 완전히 무시되었던 것은 아니다. 프리드리히 빌헬름 1세는 프로이센의 통합을 위해 종파주의를 청산하는 등 종교적 관용을 베풀었으며, 교수들에게는 학문의 자유를 허용했다. 괴팅겐 대학은 루터파였지만 가톨릭 신도들에게도 대학 입학을 허용하는 등 종교 문제에 비교적 자유로웠다. 상당한 수준의 학문의 자유가 허락되어 교수들은 자유롭게 책과 논문을 발표했다.

그러나 대학이 중세 이래로 지금까지 누려온 자율성이 언제든 제한될 수 있는 위험이 구조적으로 내재해 있었다. 1735년 프로이센

정부의 대학 개혁 정책이 그 대표적 사례다. 중세 대학에서 예비학부의 위상밖에 가지지 못했던 철학부[22]를 하나의 독립된 학문 단위로 재편해 새로운 지식을 창출하도록 하는 한편 중등교사 양성기능을 담당하게 하는 것이 이 개혁 조치의 목적이었다. 학문적 중요성을 인정받고 국가 기간요원 양성의 역할도 맡게 된 철학부는 이제 국가가 부여한 책무를 담당하는 기관으로서 그 위상이 높아지게 되었다. 그러나 다른 한편으로는 대학의 학문과 교육을 국가의 정책 아래 둠으로써 대학의 자율성을 위축시킬 가능성 역시 있었다. 국가가 대학의 설립을 주도하고 재정 지원과 검열 등을 통해 대학 내부의 문제에 개입할 수 있게 된 상황에서, 군주와 정부가 의지만 있다면, 대학은 언제든 국가의 직접적 통제 아래 놓일 수도 있게 된 것이다. 대학인들은 이러한 상황을 항상 두려워하고 있었다.

철학, 독일 대학 개혁의 중심

칸트Immanuel Kant가 《학부들의 논쟁Der Streit der Fakultäten》(1798)을 발표한 것은 바로 이러한 상황에서였다. 쾨니히스베르크Königsberg 대학 철학 교수로 재직 중이던 칸트는 정부의 검열로 자신이 쓴 책을 출판하는 데 어려움을 겪은 적이 있었다. 이 일을 계기로 칸트는 학문은 무엇이며, 대학 학문의 본질은 무엇인지에 대해 고민하게 되었고, 이

---

22 인문학부를 말하는 것으로 독일에서는 철학부라는 명칭을 주로 사용했다. 물론 여기서 말하는 철학부는 현대적 의미의 철학뿐 아니라 문학, 역사, 정치, 수학, 물리학, 지리학 등의 기초 학문 혹은 순수 학문을 포괄하는 것이다. 한때 우리나라 대학들에서 사용하던 문리(文理)대학과 일치하는 개념이다.

를《학부들의 논쟁》이라고 제목 붙인 책에서 다루었다.

칸트는《학부들의 논쟁》에서 대학은 학자들의 자율적 공동체라고 규정한다. 중세 대학이 그러했던 것처럼, 대학은 외부의 간섭을 받지 않는 조직체로서 대학 구성원들에 의해 자율적으로 운영되어야 한다는 것이다. 대학은 학문을 탐구하는 기관이므로 학문에 대한 판단은 학자만이 할 수 있다는 논리였다. 그러므로 학생의 입학을 관리하고 교수를 충원하는 문제 역시 대학이 자체적으로 결정할 수 있어야 한다.

다음으로 대학 내 학부의 위계에 대한 논의를 이어간다. 칸트에 의하면 대학이 상위학부와 하위학부(혹은 예비학부)로 구분되는 것은 이성의 원칙에 의한 것이자 역사적 경험에도 부합하는 것이다. 신학부는 영적 구원을, 법학부는 시민 복지를, 의학부는 육체의 건강을 다루기 때문에 상위학부는 대중의 삶과 직결된 문제들을 다루는 매우 중요한 학부다. 그렇기에 국민들의 행복을 책임져야 하는 정부는 상위학부에게 그 책임을 위탁한 것이고, 상위학부의 학문 내용은 규범화된 지침서를 통해 철저하게 관리해야 한다. 성경, 법전, 의료 행위 규정집이 바로 그러한 지침서다. 성직자, 법률가, 의사는 각자의 지식과 판단에 의해서가 아니라 국가가 공인한 지침서에 의거해서 직무를 수행해야 한다. 반면 철학부는 하위학부로서 학문 추구 자체가 목적인 순수 학문이므로 정부로부터 독립되어 있어야 한다. 학문이 외적 동기에 의해 이루어진다면 진리 추구라는 본연의 사명이 훼손되기 때문이다. 진리란 외부 권력이나 권위로부터 자유로운 합리적 이성에 의해서만 추구되는 것이다.

그렇다면 상위학부의 가르침은 누가 검증해야 하는가? 만일 상위학부의 가르침이 검증되지 않는다면 학문적 오류를 바로잡을 수 없고, 이것은 대중의 피해로 직결될 것이고, 따라서 국가는 혼란에 빠지게 된다. 칸트에 의하면 정부는 학문 연구 기관인 대학의 문제에 개입하지 말아야 한다. 그럼에도 상위학부의 가르침은 대중의 삶과 직결되므로 그 가르침을 누군가는 검증해야만 한다. 과연 누가 할 것인가? 칸트에 의하면 정부의 위임을 받은 성직자, 법률가, 의사들이 지침서의 오류를 지적하고, 이를 대중에게 알리는 것은 불가능하다. 이러한 행위는 정부에 대한 반역이자 대중 선동이 될 수 있기 때문이다. 이 대목에서 칸트는 그 검증의 역할을 철학부에 맡긴다. 이성을 도구로 삼아 진리를 추구하는 철학부만이 옳고 그름을 판단할 권위를 갖는다는 이유에서다.

여기서 칸트는 사실상 철학의 지위를 그 어느 학문보다 우위에 두고 있다. 형식적으로는 상위학부와 하위학부라는 구분을 사용함으로써 중세 이래로 내려오는 학문적 위계를 인정하는 듯 보인다. 하지만 "철학부는 상위학부를 섬기는 하녀지만 상위학부의 드레스가 질질 끌리지 않게 옷자락을 들고 뒤따라가는 하녀인지 아니면 앞에서 횃불을 들고 길을 안내하는 하녀인지 생각해 볼 문제다"라고 한 칸트의 말에서 유추할 수 있듯이 사실은 모든 학문의 기본이 철학임을 천명한 것이다.

칸트가《학부들의 논쟁》을 통해 주장하려고 했던 것은 크게 두 가지로, 하나는 대학의 운영이 국가에 종속되어서는 안 되며, 다른 하나는 대학의 학문이 철학에서 출발되어야 한다는 것이다. 직접적인 실용성이 없어 보이는 철학이 사실은 국가의 구성원인 국민의 이성을 함양함으로써 결국 국가에 이바지한다는 것이 그의 생각이다. 교육의 최종 목표는 자유로운 합리적 이성을 지닌 인간의 양성에 있으며, 이러한 인간들이 국가의 구성원이 될 때 국가는 발전하게 된다고 보았던 것이다.

훔볼트의 대학 개혁

독일 군주들은 계몽주의적 이상을 실현하고 국가 발전의 기초를 놓기 위해 다양한 분야에서 근대적 개혁을 추진했다. 교육 개혁 역시 이러한 국가 발전 전략의 일환이었다. 1763년 프로이센의 프리드리히 빌헬름 2세가 아동에 대한 의무교육을 실시한 것도 이러한 이유에서였다. 그런데 훔볼트Karl Wilhelm von Humboldt의 대학 개혁이 추진된 직접적 동기는 프랑스와의 전쟁 때문이었다.

1806년 프로이센은 나폴레옹의 프랑스군을 상대로 전쟁을 선포했다. 예나Jena에서 나폴레옹이 이끄는 프랑스 군대에 맞섰지만 프로이센 군대는 힘 한번 제대로 쓰지 못하고 패하고 말았다. 백마를 타고 베를린 브란덴부르크 문으로 입성하는 나폴레옹을 독일인들은 말없이 지켜봐야 했다. 영토의 3분의 1을 빼앗기고 막대한 배상금을 물어야 하는 틸지트Tilsit 조약(1807)에 굴욕적으로 서명할 수밖에 없었다. 나폴레옹에게 처절한 패배를 맛본 프로이센은 강력한 국가 건설을 위해서는 모든 분야에서 다시 시작해야 함을 절실하게 깨달았다. 조세를 개혁하고, 농노를 해방했으며, 징병제를 포함하는 군대 개혁 등 근대 국민국가 건설을 위한 개혁이 추진되었지만, 보다 근본적이고 보다 깊이 있는 개혁이 필요했다. 이러한 과정에서 국가 구성의 기본 단위인 국민 개개인의 정신을 개혁해야 한다는 주장이 점점 힘을 얻었고, 이와 함께 대학 개혁이 논의되었다. 일차적으로는 틸지트 조약으로 잃어버린 할레 대학을 대신할 새로운 대학을 설립해야 했다.[23] 프랑스에 의해 무너진 국민들의 사기를 되살리기 위한 기획, 물리적인 힘에서의 패배를 정신적 측면에서 보충할 해법도 필요했다.

베를린 대학은 이러한 정치적·사회적 흐름 속에서 1810년에 설립되었다. 베를린 대학 설립의 중추적 역할은 당시 내무부의 종교 및 교육 담당국장으로 있던 훔볼트에게 맡겨졌다. 훔볼트는 단순한 관료가 아니었다. 언어학자이며 인문주의자이기도 했던 그는 당시 독일 지성계를 주름잡던 철학자 피히테Johann Gottlieb Fichte, 슐라이어마허Friedrich Ernst Schleiermacher, 셸링Friedrich Wilhelm von Schelling의 주장은 물론 칸트의 사상도 잘 이해하고 있었다. 당대의 지적 흐름을 민감하게 포착하고 있던 학자이자 교육적 이상을 정책에 담아 현실에 적용할 실행력을 갖춘 행정가 훔볼트에게 프로이센의 교육 개혁을 맡긴 것은 참 다행한 일이었다.

훔볼트는 우선 대학의 교육 목표를 제시했다. 훔볼트는 대학을 비롯한 모든 교육 기관의 목표가 개인의 지적·정신적 '성숙Bildung'에 있다고 보았다. 학문의 목표가 사회의 필요를 충족하는 실용성에 있는 것이 아니며, 개인의 사회적 지위 향상에 있어서도 안 된다고 생각

---

23 틸지트 조약으로 프로이센은 엘베(Elbe)강 서쪽 지역을 프랑스에게 넘겨주었는데, 이때 할레 대학을 잃게 된 것이다.

했다. 그리고 이러한 국민이 국가를 구성하는 것이기에 각 개인의 지적·정신적 성숙은 결국 바람직한 국가 형성의 기초가 된다고 믿었다.

다음으로 새로운 개념의 학문적 이상을 제시했다. 대학을 진정한 지식 생산 기관으로 탈바꿈시키기 위해 '교육과 연구의 결합'이라는 완전히 새로운 개념을 내놓았다. 중세 이래 대학은 교육 기관이었다. 교수는 강의를 통해 학생에게 지식을 전달하고, 학생은 그것을 그대로 베끼고 암기했다. 학생에게 필요한 것은 전통적 지식을 잘 받아들이는 것뿐 어떠한 창의성이나 비판정신도 요구되지 않았다. 그러나 슐라이어마허와 훔볼트는 교과서에 적혀 있는 지식과 정보를 가르치는 것만이 교수의 사명은 아니라고 보았다. 학생으로 하여금 대상을 과학적으로 이해하고, 그럼으로써 합리적으로 규명된 새로운 지식을 창출해 내는 것이 참교육이라 믿었다. 공부는 전문화된 지식의 습득도 물론 필요하지만 거기서 더 나아가 주어진 문제를 해결할 능력을 목적으로 해야 한다는 것이다.

대학이 지식 창출이라는 목적을 실현하기 위해서는 '학문의 자유'가 보장되어야 했다. 훔볼트는 대학은 학문 그 자체를 추구하는 기관이어야 한다고 믿었다. 또한 학생은 자신이 원하는 분야를 마음껏 배울 수 있어야 하며, 가르침을 받고 싶은 교수를 자유롭게 선택할 수 있어야 한다고 생각했다. 교수 또한 자신의 연구 주제를 어떠한 제한도 없이 선택할 수 있어야 하며, 연구 결과를 자유롭게 공표할 수 있어야 한다는 게 그의 생각이었다. 즉 학자들이 아무런 제약 없이 원하는 학문을 추구할 수 있을 때 바람직한 지적·정신적 성숙을 이룰 수 있으며, 이것이 결국 학문 발전으로 연결된다고 보았다. 이를 위해 대학은 학자들이 학문 이외의 것에 정신을 빼앗기지 않도록 분위기를 조성해야 한다.

흥미로운 점은 철저하게 국가의 발전을 목표로 국가가 주도한 개혁이었음에도 대학의 문제에서 국가는 경제적 지원 이상의 역할을 맡지 말아야 한다는, 어떤 면에서는 모순되는, 주장을 훔볼트가 했다는 사실이다. 훔볼트는 대학의 발전에서 국가가 담당하는 역할이 무척 크다는 점을 강조했다. 대학을 설립하고 안정적인 운영을 위해 재정을 지원하는 것은 근본적으로 국가의 몫이라고 생각했다. 그러나 이러한 지원을 빌미로 대학 운영에 국가가 개입하는 것을 훔볼트는 철저하게 경계했다. 국가가 대학에 개입하는 것은 결국 대학의 학문을 지시하고 통제하는 것을 의미하기 때문이다.[24]

이러한 독일의 교육 개혁은 앞서 살펴본 프랑스의 그것과 철저하게 대척점에 있었다. 나폴레옹에 의해 추진된 프랑스 대학 개혁의 궁극적인 목표 역시 독일과 마찬가지로 강력한 국가 건설에 이바지할 수 있는 대학의 양성이었다. 그러나 그 해법은 서로 달랐다. 프랑스에서는 전문 지식을 갖춘 엘리트 양성을 고등교육의 목표로 설정했고, 당시의 대학은 이러한 기능을 담당할 수 없다고 보았다. 결국, 다양한 분야의 전문학교를 설립해 국가가 필요로 하는 인력 양성 기능을 담당하게 했으며, 운영에도 적극적으로 개입했다. 군대식의 규율

---

24 대학의 자율성 확보를 위해 국가의 개입을 철저하게 경계했지만, 훔볼트는 교수의 선발권은 국가에게 있어야 한다고 주장했다. 훔볼트가 볼 때 대학 내부의 파벌과 알력 등에 의해 교수들이 선발된다면 그로 인해 학문의 자유가 훼손될 위험이 있고, 이것은 국가가 교수를 선발하는 데서 오는 위험보다 더 크다고 보았다.

을 교육에 적용하였으며, 커리큘럼을 세밀하게 지시하고, 콧수염을 기르지 못하게 하는 등 개인의 취향까지도 감독했다.

이에 반해 독일인들은 전인적 교양인 양성을 교육 목표로 설정했다. 신분 중심의 봉건적 교육과 직업적 유용성을 앞세우는 계몽적 교육 이념을 모두 거부하고 철학을 대표로 하는 기초 학문이 대학의 중추가 되어야 하며, 보편적 인간 교육이 추진되어야 한다고 보았다. 이러한 교육적 이상 아래에서는 프랑스식 전문학교 해법을 수용할 수 없었다. 대학의 역할은 학자의 정신을 일깨우고, 학문의 자유를 보장하는 것인데 프랑스식 해법은 어울리지 않는다고 보았던 것이다.

독일 대학 개혁의 성과

베를린 대학의 학문적 성과는 참으로 놀라운 것이었다. 헤겔Hegel, 하이네Heinrich Heine, 포이어바흐Ludwig Feuerbach, 엥겔스Friedrich Engels, 마르크스Karl Marx, 비스마르크Bismarck, 쇼펜하우어Arthur Schopenhauer, 딜타이Wilhelm Dilthey, 마르쿠제Herbert Marcuse, 소쉬르Ferdinand de Saussure, 아인슈타인Albert Einstein, 그림Grimm 형제, 랑케Leopold von Ranke, 몸젠Theodor Mommsen 등 19~20세기 지성사를 지배한 수많은 인물이 베를린 대학 출신이거나 교수였다. 학생 수도 비약적으로 늘었다. 1860년 12,188명에서 1930년에는 97,692명으로 늘었는데, 이 기간 대거 유입된 해외 유학생은 학생 수 증가에 큰 몫을 했다.

사실 19세기 초반만 해도 독일의 학문 수준은 주변 국가들에 비해 그리 높다고 할 수 없었다. 특히 과학 분야는 황무지나 다름없었다. 할레 대학을 잃어버린 후 국왕이 교육을 통한 국가 재건을 계획했을 때, 전문가들은 독일과학아카데미의 학문적 수준에 대해 혹평을 늘어놓았다. 이 시기 과학의 중심지는 단연 파리였다. 1789년 프랑스 혁명 이후 파리의 지적 생동감과 활력은 예전만 못했지만, 수학 및 자연과학을 대표하는 학자들은 여전히 파리를 무대로 활동하고 있었다. 빌헬름 훔볼트가 자신의 동생인 자연과학자 알렉산더 훔볼트 Alexander von Humboldt에게 파리를 추천한 것도 바로 이러한 이유 때문이었다. 파리에서 자극받은 알렉산더는 연구를 위해 중남부 아메리카를 여행했으며, 여행 후 자신이 관찰하고 연구한 내용을 분석하고 토론을 주고받은 곳 역시 파리였다.

1830년 이후 상황이 바뀌었다. 1810년 베를린 대학 설립 시에는 학생 256명, 교수 및 강사 52명이었으며, 법학, 신학, 의학, 철학 등 전통적인 4학부 체제로 출발했다. 그러나 이후에는 칸트가 말했던 대로 철학부가 대학 학문의 중심으로 자리 잡았으며, 언어학과 역사학은 유럽 최고의 학문 수준을 자랑하게 되었다. 19세기 중반 이후에는 알렉산더 훔볼트의 지도 아래 자연과학 분야를 본격적으로 도입하고 이를 지원할 현대적 연구 설비를 갖추면서 인문학뿐 아니라 자연과학 분야에서도 유럽의 학문을 선도했다. 또한 이전에 존재하지 않았던 새로운 학문 분야들을 파격적으로 신설했을 뿐 아니라 새로운 연구방법론을 연이어 창안하며 학문의 근대화를 선도했다. 이제는 의학, 과학 연구에서도 독일이 파리보다 더 중요한 곳으로 인식되었다.

이러한 성과는 독일 연구자들의 개인적 능력만으로는 설명되지 않는다. 자연과학이나 의학에서의 중요한 발견들은 다른 나라에서도 있었다. 그러나 독일 대학들이 다른 나라와 달랐던 점은 과학 연구를 체계적으로 지원하며, 전문적으로 관리했다는 사실이다. 영국이나 프랑스에서는 대개 아마추어나 개인 학자 혹은 대학 외부 연구소 등이 과학 연구를 담당했다. 그 유명한 루이 파스퇴르Louis Pasteur 조차 발효에 관한 연구 대부분을 두 개의 낡은 방에서 실행했으며, 국왕에게 실험실이 필요하다는 편지를 여러 번 보낸 끝에 보불전쟁(1871) 이후에야 제대로 된 실험실을 가질 수 있었다. 그러나 독일에서는 19세기 중반 이후 사실상 자연과학과 의학 분야의 모든 연구자들이 대학의 연구소나 실험실 소장을 맡거나 아니면 공동연구자로 활동할 수 있는 여건이 조성되어 있었다. 게다가 출신에 상관없이 철저하게 학문적 성과와 능력으로 평가를 받았다.

유럽의 국가들뿐 아니라 미국, 일본 등에서도 독일 대학의 학문적 성과에 놀랐으며 이를 배우려 했다. 특히 19세기 중반 이후 독일의 산업화가 영국과 프랑스를 추월하고, 1871년 통합된 독일제국이 막강한 군사력을 뽐내자 부국강병이라는 동일한 목표를 가진 국가들은 독일 교육에 주목했다. 스칸디나비아 국가들로부터 그리스와 터키에 이르기까지 수많은 유럽 국가들이 독일 방식을 모방했다.

그러나 베를린 대학의 개혁을 완전무결한 성공으로 포장해서는 안 된다. 베를린 대학 모델의 핵심인 교육과 연구의 결합에 대해 많은 사람이 찬사를 보내지만, 베를린 대학에서조차 처음에는 연구 활동이 부수적 역할에 머물렀을 뿐이었다. 학생을 주체적인 연구자로 양성하기 위해 고안된 세미나, 실험실 등의 도입 역시 생각만큼 신속하고 효과적으로 실행되지는 않았다. 무엇보다 국가 경쟁력 강화를 목표로 설립된 베를린 대학은 근본적으로 국가의 지배에서 자유로울 수 없었는데, 이는 '학문의 자유'가 제한됨을 의미했다. 훔볼트는 대학의 자율과 자유로운 표현권을 보장받기 위해 국가의 지원과는 별도로 독립적인 수입원을 확보하려 했지만, 이러한 시도는 결국 실패로 돌아갔다. 1819년에는 '카를스바트 결의Karlsbad Decrees'로 각 대학에 정부 대리인이 파견되면서 국가의 직접적인 통제는 더욱 강화되었다. 19세기 유럽을 풍미하던 내셔널리즘의 흐름 속에서 베를린 대학은 국가 근대화의 핵심적 도구로서 역할을 할 수밖에 없었다. 인문주의에 기초해 교양인을 양성하겠다는 훔볼트의 이상은 과학과 기술을 포함해 전문화되고 세분화된 과목들이 대학 교육의 핵심으로 자리 잡으면서 유명무실하게 되었다. 사강사私講師, privatdozenten[25] 제도는 학자들의 쇄신을 촉진한다는 이유로 다른 나라 관찰자들로부터 찬사를 받았지만, 의학이나 과학부를 제외한다면, 이 제도의 혁신적 잠재력은 제한적이었다. 교수의 임명이 정부에 의해 결정되었기 때문이다. 그 결과 '학문의 자유'는 완전히 실현되지 못했고, 단지 구호에 불과한 수준에 머물고 말았다. 대학이 국가의 강력한 지배 아래 놓이게 된 상황에서 훔볼트가 기획했던 대학의 모습은 밑그림으로만 남게 되었다.

---

25 박사 학위를 취득했거나 교수자격시험에 합격한 학자들로서 급료를 받지 않고 대학에서 강의하는 임시교원을 가리킨다. 이들은 정교수 자리를 놓고 동료 학자들과 치열하게 경쟁해야 했다.

3

영국: 전통을 유지한 혁신

영국[26]을 하나의 체제로 설명하는 것은 불가능하다. 영국은 잉글랜드, 웨일스, 스코틀랜드, 북아일랜드라는 네 개의 왕국으로 구성된 '연합왕국United Kingdom'으로 각각의 왕국은 고유한 전통을 유지하고 있다. 대학도 이와 비슷해서 19세기 영국의 대학은 옥스퍼드와 케임브리지(옥스브리지)를 중심으로 하는 잉글랜드 모델과 스코틀랜드 모델로 구분할 수 있다. 잉글랜드 모델은 칼리지에서 교수와 학생의 일대일 수업을 하는 칼리지어트 시스템이라는 독특한 방식을 중세 이래로 지속하고 있다. 대학 구성원은 주로 귀족이나 젠트리 등 사회 엘리트가 다수였으며, 각각의 칼리지는 재정적으로 독립되었고,

---

26 영국은 잉글랜드를 한자어로 옮긴 것이지만 대개 United Kingdom을 이르는 말로 사용된다. 따라서 잉글랜드, 웨일스, 스코틀랜드, 북아일랜드의 네 개 왕국 전체를 의미할 때는 영국으로 쓰고, 네 개의 왕국을 분리해 하나를 특정할 필요가 있을 때는 각각의 고유한 이름을 사용한다.

교육 내용, 교수 선발 등도 자체적으로 실시했다. 칼리지들을 행정적으로 총괄하는 조직인 '유니버시티'는 단지 학위를 수여하는 역할만 했다.

19세기 초반 스코틀랜드 대학들은 잉글랜드의 두 대학과 확연하게 구분되었다. 스코틀랜드 대학들은 체제와 성격 등이 대륙의 대학과 더 유사했다. 정부로부터 재정 지원을 많이 받았고, 전체 학생수의 3분의 1을 노동자계급 출신이 차지할 정도로 낮은 계급에서도 비교적 많은 학생들이 입학했다. 학생들은 기숙사 생활을 요구받지 않았으며, 교수들은 칼리지를 통한 일대일 수업 대신 강의실에서 학생들을 교육했다. 종파와 빈부에 따른 차별 없이 교육받을 수 있었으며, 대학의 분위기 역시 세속적이고 자유로웠다. 유연한 학업 프로그램과 입학 절차로 직업이 있는 사람들도 대학 교육을 접할 수 있었다. 1858년과 1889년에는 의회에서 법률을 통과시켜 새로운 학문 분야를 도입하는 등 잉글랜드보다 이른 시기에 개혁이 시도되었다. 1820년 무렵에는 4,250명의 대학생이 있어 1,000여 명에 불과한 잉글랜드보다 학생 수가 많았다.

이러한 개방성과 유연성으로 스코틀랜드 대학들은 19세기 이후 산업 발전과 근대과학 발달에 유연하게 대처할 수 있었다. 일대일 수업보다 강의를 적극적으로 활용함으로써 애덤 스미스의 경제학을 비롯한 최신 이론과 사상들이 빠르게 전파될 수 있었다. 잉글랜드의 옥스퍼드와 케임브리지 대학은 인문학 교육을 강조해 직업 교육은 대체로 대학이 아닌 외부에서 이뤄졌는데 반해 스코틀랜드 대학들은 대륙의 대학들처럼 두 가지 모두 제공했다.

임상의학은 스코틀랜드의 대학들이 최초로 제공했는데, 이 때문에 북부 유럽과 잉글랜드에서 많은 학생들이 스코틀랜드로 왔다. 글래스고 대학에는 조선造船 과목이 새롭게 도입되기도 했다. 제임스 와트가 증기기관을 발명한 곳도 글래스고 대학이었다. 19세기 말에는 스코틀랜드의 네 개 대학(세인트앤드루스, 글래스고, 애버딘, 에든버러) 모두에 과학학부가 설립되었고, 그중 에든버러에서는 음악학부도 설립되는 등 다양한 학문이 교육되었다. 과학학부 설립은 의회가 제안한 것이었지만, 그 이외의 모든 혁신은 지역 사회의 요구에서 시작된 것이었으며, 외국의 대학 개혁을 모방하거나 참고한 바도 없었다.

스코틀랜드 대학과는 대조적으로 옥스퍼드와 케임브리지 대학에서는 종교개혁 이후 국교회의 폐쇄적인 통제가 계속되었다. 지배계급을 위한 교육 기관으로 역할이 한정되었고, 비국교도의 입학을 엄격히 제한했다. 교수 대 학생 비율은 대륙의 대학과 비교할 때 무척 낮았다. 옥스퍼드의 경우 1814년 교수 한 명 당 학생 수는 19명이었으며, 1900년에는 16명이었다. 당연히 학비는 비쌌으며, 그런 이유로 두 대학에 갈 수 있는 학생들은 비싼 학비를 감당할 수 있는 귀족과 젠트리 혹은 성직자의 아들이었다. 유럽 대학 대부분이 전문직 또는 관료직을 위한 직업 교육으로 방향을 전환할 때도 두 대학은 여전히 성직자, 법률가, 의사를 양성하는 교육을 고수했다.

사회 변혁에 제대로 적응하지 못한 채 과학 기술을 비롯한 실용 학문을 경시하고 고전 지식 위주의 교육을 유지하는 흐름은 19세기에도 계속되었다. 옥스퍼드와 케임브리지, 두 대학을 개혁해야 한다는 목소리는 점차 커졌지만 국가는 강력한 개입을 시도하지 않았다.

게다가 두 대학은 많은 토지와 재산을 소유하고 있었으며, 또한 국교회와 긴밀한 관계를 맺고 있어 외부의 개혁 요구에 충분히 저항할 수 있었다.

하지만 잉글랜드의 정치, 경제, 사회 변화는 전통을 고수했던 옥스퍼드와 케임브리지, 두 대학으로 하여금 새로운 교육에 대한 요구를 받아들이지 않을 수 없게 만들었다. 산업혁명의 여파로 농촌 인구가 공업지대로 몰려들었고, '차티스트운동'과 선거법 개정(1832) 등으로 대중의 정치참여가 확대되었다. 무엇보다 베를린 대학의 놀라운 성과는 잉글랜드 정부가 대학 교육 개혁에 적극 개입하도록 만들었다. 대학의 교육이 실용화·전문화되어야 한다는 사회적 요구가 점점 높아졌으며, 1826년에는 잉글랜드 최초의 세속적 고등교육 기관인 유니버시티 칼리지 런던University College London이 설립되었다. 산업화가 진전됨에 따라 새로운 지식, 새로운 직업에 대한 교육 수요를 대학에서 흡수할 필요가 생겼다. 실용적·전문적 교육에 대한 요구는 필연적으로 교양인 양성보다는 기능인 훈련에 초점을 맞추게 되고, 인문학 교육의 비중을 감소시킬 수밖에 없었다.

잉글랜드 정부는 1850년 왕립위원회Royal Commissions를 구성해 옥스퍼드와 케임브리지 대학에 조사단을 파견했다. 두 대학의 보수적인 교수들이 위원회의 활동을 거부하고 방해해 충분한 조사가 이루어지지는 못했지만, 위원회는 1853년에 조사보고서를 정부에 제출했다. 이 보고서는 대학 교육을 종파와 빈부의 차에 상관없이 능력 있는 자들에게 개방해야 하며, 사회적 수요에 맞추어 전문 직업 교육을 실시해야 한다고 강조했다. 이로써 특정 퍼블릭 스쿨[27] 출신자에게만 허용되었던 대학 입학 관행이 폐지되었다. 비국교도의 입학도 가능해졌으며, 학위 취득 시 시행하던 종교심사도 폐지되었다. 이러한 흐름 속에서 19세기 말에 이르면 여학생의 입학도 허용되었으며, 학생을 신분계층에 따라 구분할 수 없게 되었고, 칼리지 장학금은 능력에 따라 배분되었다. 또한 자연과학이나 공학 같은 근대적 과목들이 신설 혹은 증설되었다.

그러나 이와 같은 조치에도 기숙사 제도와 튜토리얼 시스템을 기본으로 하는 두 대학의 교육방식은 사라지지 않았다. 국교도와 상층 지배계급과의 긴밀한 관계 역시 쉽게 단절되지 않았다. 19세기 영국을 움직이는 지배계층은 옥스퍼드와 케임브리지 대학 출신이었으며, 이들은 여전히 옥스브리지의 전통적 교육과 학풍에 지지를 보냈다.

결국, 잉글랜드에서는 옥스퍼드와 케임브리지 대학을 개혁하는 데 힘을 쏟기보다는 지역 사회가 주도해 새로운 대학을 설립하는 방향으로 개혁이 진행되었다. 이렇게 해서 설립된 것이 더럼Durham 대학(1832), 뉴캐슬Newcastle 대학(1834), 런던London 대학(1836), 맨체스터Manchester 대학(1851), 브리스틀Bristol 대학(1876), 셰필드Sheffield 대학(1879), 버밍엄Birmingham 대학(1880), 리버풀Liverpool 대학(1881), 리즈Leeds 대학(1884) 등이다. 이들은 도시와 시민들의 주도로 설립되어 '민립대학Civic Universities'으로 불리며, 대부분 벽돌로 지어진 까닭에

---

27 잉글랜드의 사립 중등교육 기관으로 옥스퍼드와 케임브리지 대학의 진학을 준비하는 대표적인 엘리트 양성 기관이다. 주로 남학생들을 대상으로 기숙사에서 교육하며, 값비싼 수업료를 부담해야 했다. 이튼(Eton), 해로우(Harrow), 윈체스터(Winchester), 웨스트민스터(Westminster), 럭비(Rugby), 슈루즈베리(Shrewsbury), 차터하우스(Charterhouse) 등이 대표적이다.

'붉은 벽돌 대학Redbrick Universities'이라는 별칭도 갖고 있다. 민립대학들은 지역 사회의 요구를 반영해 지역의 산업과 연계된 과학 기술 교육을 적극적으로 실시했다. 정부의 재정 지원 없이 지역 독지가의 기부금이나 지역의 재정원조를 통해 설립되었기에 커리큘럼이나 학생 선발 등에서 상당한 자율권을 누렸다. 대학은 종파와 계급을 따지지 않고 학생을 선발했으며, 학생들은 기숙사에 들어가지 않아도 됐고, 교육은 강의 위주로 진행되었다.

물론 이러한 잉글랜드 대학의 변화를 못마땅하게 바라보던 이들도 있었다. 지적 능력 배양을 통해 인간 됨됨이를 향상시키는 것이 교육의 목적이라고 믿는 사람들은 직업중심의 실용적 교육 개혁에 거부감을 가졌다. 개혁의 방향이 교육의 본질을 훼손하는 쪽으로 가고 있다고 비판한 이들은 실용화·전문화 교육은 다른 기관이 담당할 몫이며, 대학은 전통처럼 인문학을 중심으로 하는 교양인 양성 기관으로 남아야 한다고 주장했다. 옥스퍼드 대학 출신인 뉴먼John H. Newman은 《대학의 이념Idea of a University》(1852)에서 중세 이래 이어진 옥스퍼드 대학의 교양중심 교육 이념을 옹호하며, 대학의 목적은 실용적·전문적 지식을 가르치는 데 있는 것이 아니라 지성을 갈고 닦으며 덕성을 풍부하게 함으로써 참다운 인간을 육성하는 데 있다고 했다. 뉴먼에 의하면 참다운 인간의 모습은 바로 '신사gentleman'다. 즉, 대학이 길러내야 할 인간상으로서 '신사'는 교양 있는 지성, 고상한 취향, 솔직하고 정당하고 공평한 마음, 고결하고 예의가 바른 태도 등을 갖춘 사람을 의미한다. 결국, 신사는 '교양인'을 가리키는 것으로, 보편적 교육으로 그러한 사람을 길러내는 것이야말로 대학이 마땅히 해야 할 일이며, 튜토리얼 시스템으로 인간 교육을 실천해 온 전통적인 기숙사제 대학이 참다운 대학의 모습이라고 뉴먼은 보았다.

19세기 대학 개혁의 특징

19세기 후반이 되면 전 유럽에서 근대적 대학들을 목격할 수 있게 된다. 비록 나라마다 차이는 있지만, 이 새로운 대학들의 공통된 특징은 다음과 같다. 첫째, 전통 지식의 전수보다 새로운 지식의 생산을 주된 목적으로 한다. 둘째, 대학의 과목은 전문화·세분화되었으며, 사회가 요구하는 전문인 양성을 위한 명확한 체계를 갖추었다. 이제 교수는 모든 과목을 가르칠 수 있는 마스터가 아닌 전문화된 단일 과목을 가르치는 프로페셔널로 여겨졌다. 셋째, 대학은 국가 기관이 됨으로써 재정적 제약을 극복할 길이 열렸지만, 국민국가의 이익을 따라야 했다.

　19세기 대학의 근대화 양상은 무엇보다 독일, 프랑스, 영국에서 추진된 대학 개혁에서 비롯했다. 독일의 연구중심 대학 모델은 미국, 일본, 러시아의 대학들에 큰 자극을 주었으며, 유럽 여러 나라도 독일 대학들을 관찰하고 모방했다. 교육과 연구의 통합, 새로운 연구

방법론 등의 학문적 실천이 큰 관심을 끌었다. 무엇보다 학문의 자유를 통해 형성된 진지하고 엄숙한 학구적 태도가 대학을 진정한 학술 기관으로 변모시켰다는 평가를 받았다. 프랑스의 실용주의적 대학 모델은 나폴레옹을 통해 남부 유럽, 중남부 아메리카 등으로 전파되었다. 특히 엘리트 양성과 산업 발전에 박차를 가하던 국가들은 에콜 폴리테크닉을 비롯한 다양한 전문학교에 큰 관심을 보였다. 교육이 국민 통합과 강력한 국가 건설의 중요한 도구임을 인식한 여러 국가의 정부는 중앙의 강력한 통제에 기초하고 있는 프랑스 모델에 큰 매력을 느꼈다. 영국의 대학 모델은 이원적이었다. 한편으로는 중세 대학의 전통적 가치와 이념을 여전히 고수하는 옥스퍼드와 케임브리지 대학이 존재하며, 다른 한편에는 산업 사회의 요구를 반영한 민립대학 모델이 있었다. 19세기 영제국의 식민지 확장과 함께 영국의 대학 모델, 특히 민립 대학 모델은 인도를 비롯한 식민지에서 새롭게 탄생했다.

이러한 대학 모델들은 그것을 도입한 국가의 정치적·경제적 상황 혹은 문화의 차이로 인해 다양한 형태로 변형되었지만 그럼에도 이들 사이에는 뚜렷한 공통점이 있다. 바로 정부가 대학 개혁에서 주도적 역할을 담당했다는 사실이다. 19세기에 접어들면서 대학과 정부의 관계는 이전 시기보다 더욱 밀착했다. 근대 초부터 시작된 정부의 감시와 통제가 19세기 이후에는 더욱 직접적이고 폭넓게 이루어졌다. 19세기 유럽의 각국 정부에서 창설된 교육 담당 부서는 대학과 국가의 관계에 큰 영향을 주었다. 프랑스에서는 1808년 제국대학의 총장이 지휘하는 중앙 행정 부서가 신설되었는데, 이 부서는 1828년에 교육부가 되었다. 1817년에는 프로이센에서 교육부가 창설되었다. 덴마크, 이탈리아, 에스파냐, 러시아 등에서도 비슷한 조직이 설립되었다. 교육을 국가의 과업으로 인식한 각국 정부는 고등교육을 제도화하고 표준화했다. 국가의 정치적 혹은 철학적 목표를 교육에 부과해 국민의식을 형성하고자 했다. 수업 내용을 설정하고 시험을 실시하는 데도 교육부는 개입했다. 그 과정에서 교수는 국가의 공무원이 되었다. 프랑스에서 설립된 에콜 노르말, 즉 고등사범학교는 국가의 목적에 부합하는 교사 혹은 교수를 훈련하는 대표적인 고등교육 기관이었다.

국가가 대학을 강력하게 통제할 수 있었던 원동력은 돈이었다. 이전 시기 대학들은 교황, 군주, 시의회 등으로부터 토지, 건물, 농경지, 성직록 등을 받아 설립되었으며, 귀족이나 도시민들의 유산을 기증받아 대학의 재산을 늘려왔다. 이렇게 축적된 자체 자산으로 대학 운영에 필요한 각종 비용을 충당했다. 옥스퍼드와 케임브리지 대학이 대표적이다. 옥스퍼드와 케임브리지 대학은 막대한 자산을 보유했고, 외부 세력에게 손을 벌리지 않고도 대학을 성공적으로 운영할 수 있었다. 1477년에 설립된 스웨덴의 웁살라 대학도 국왕 구스타브 2세Gustav II로부터 농지와 교회 성직록을 비롯한 다양한 재산을 기증받으면서 완전한 독립을 누릴 수 있었다.

하지만 19세기가 되자 달라졌다. 대부분의 유럽 국가에서 대학의 재정을 정부가 전적으로 감당하게 되었다. 프랑스에서는 1834년부터 대학의 재정이 교육부 관할이 되어 국가 전체 예산에 편입되면서 매년 의회에서 그 규모와 사용범위가 논의되었다. 그랑제콜처럼 설립 당시부터 정부의 통제 아래 있던 고등교육 기관은 처음부터 재정 일체를 정부가 담당했다. 독일 대학들은 대개 지역 영주나 교회의 주도로 설립된 까닭에 국가로부터 재정 독립을 누릴 정도의 기금은 확보된 상태였지만, 19세기에 상황이 바뀌었다. 신성로마제국의 주 정부들이 1815년에 독일 연방에 편입되면서 정부가 대학의 재정에 개입하기 시작했다. 1894~95년에는 대학 재정 중 국가 기금이 차지하는 부분이 베를린 대학은 84퍼센트, 하이델베르크 대학은 86퍼센트에 달하게 되었다. 러시아 역시 중앙 정부에서 대학의 독립성을 어느 정도 보장하고 있었지만, 1917년 혁명으로 공산주의 체제가 구축되면서 고등교육 구조가 급진적으로 개편되었고 이후 국가가 대학 재정을 완전히 책임지게 되었다. 심지어는 막대한 자산을 보유하고 있던 옥스퍼드와 케임브리지 대학조차 1889년 이후로는 국가로부터 보조금을 지급받을 정도였다.

7장

미국 대학의 부상

제2차 세계대전 이후부터 전 세계 대학의 흐름을 주도하고 있는 나라는 단연 미국이다. 지금 미국 대학들은 각종 세계대학평가에서 상위권을 휩쓸고 있으며, 미국 대학에서 발전시킨 연구중심 대학 모델은 이제 전 세계 대학의 목표가 되었다. 전 세계 수많은 학생과 학자가 학문 선진국 미국으로 몰려든다. 세계에서 유명하고 권위 있는 저널과 출판물이 미국에서 발행되고 있다. 전 세계 대학은 미국의 교육·연구 시스템을 따라가기 바쁘다.

미국 '따라하기'는 대학을 탄생시킨 유럽이라고 해서 별반 다르지 않다. 오랜 대학의 역사, 자랑스러운 학문 전통을 간직한 곳이 바로 유럽이다. 미국 최초의 대학들은 옥스퍼드와 케임브리지 대학을 모델로 삼아 설립되었다. 신대륙으로 건너간 스코틀랜드 출신의 교사, 성직자, 의사 등은 미국 고등교육의 수준을 끌어올리는 데 중요한 역할을 했다. 미국 대학에 연구 기능이 도입되어 학문적 발전을 이루게 된 계기는 19세기 중반 이후 독일 대학을 열심히 따라 한 결과였다. 그러나 그런 유럽에서조차 현재는 미국 대학 '따라하기'가 한창이다. 대학이 설정한 학문 프로그램 속에서 교수와 학생들이 각자의 목표를 추구하면서 능력을 개발하며, 이 과정에서 축적된 역량은 연구를 통해 새로운 지식 창출에 기여하는 곳이 유럽인들이 그리는 미국 대학의 모습이다. 특히 최고 수준의 교수와 학생을 지원하는 데 필요한 모든 종류의 자원이 집중된 연구중심 대학이 이들이 추구하는 모델이다.

그러나 불과 100년 전까지만 해도 미국 대학의 수준은 유럽 대학과는 비교할 수 없을 정도로 낮았다. 계몽주의, 산업화, 내셔널리즘 등의 사회 변화 한가운데 있던 19세기 유럽 대학들은 국가 주도로 대학 개혁을 추진하면서 외형뿐 아니라 학문적으로도 비약적인 발전을 이루었다. 당시 유럽 대학들이 생산한 학문적 성과가 곧 세계적 성과였다. 특히 훔볼트의 대학 개혁은 단지 독일을 변화시키는 데 그치지 않고 전 세계 대학 교육의 방향을 바꾸어 놓았다.

오랜 역사를 간직한 유럽의 대학들이 19세기의 개혁으로 새로운 전통을 만들어갈 때 미국의 대학들은 별다른 발전을 이루지 못한 채 여전히 낙후되어 있었다. 식민지 시대 설립된 아홉 개 대학은 19세기에도 여전히 존재했지만, 시대가 요구하는 대학의 모습과는 거리가 있었다. 1776년 잉글랜드에서 독립하면서 식민지 정부를 대신해 주 정부들이 대학 설립의 인가 권한을 갖게 되었고, 수많은 대학과 칼리지가 새로 세워졌다. 조지아Georgia 대학, 노스캐롤라이나North Carolina 대학, 앨라배마Alabama 대학, 테네시Tennessee 대학, 버지니아Virginia 대학처럼 주의 이름을 내건 대학들이 대거 설립되는 등 수백 개의 대학과 칼리지가 전국에서 우후죽순처럼 설립되었다. 그러나 대학 수의 증가가 질적 수준의 향상으로 연결되지는 못했다.

20세기 이전 미국 대학들은 종교 기관과 긴밀하게 연결되어 있었다. 기숙사 제도는 여전히 유지되었으며, 유럽 대학의 전통 교과목인 라틴어, 그리스어, 수학 등이 여전히 커리큘럼의 중심이었다. 교육 과정은 엄격하게 규정되었고, 강의에 의무적으로 출석해야 했으며, 학생의 행동과 태도 또한 규제받았다. 대학의 기능은 교육에 초점이 맞춰져 있었고, 순수한 학문의 탐구는 아직 주목받지 못했다. 연구와 교육을 평생의 소명으로 받아들이는 학자들은 찾기 어려웠다. 교수의 수는 너무 적어서 교육과 행정이 분리되지 못했다. 신실하며 책임감 있는 시민 양성에 필요한 기초적인 교육을 제공하는 것이 이 시기 미국 대학의 핵심 목표였다.

그렇다면 19세기 후반까지도 유럽 대학들에 뒤처졌던 미국 대학들이 제2차 세계대전 이후 급부상하게 된 원인은 어디에 있는 것일까?

위기와 혼돈의 유럽 대학

19세기 후반 유럽은, 일말의 불안감이 없었던 것은 아니지만, 희망과 낙관의 시대였다. 산업혁명을 통한 경제력의 비약적 상승은 풍요로운 삶에 대해 낙관적 전망을 갖게 했다. 과학 분야의 놀라운 성과는 인간을 둘러싼 모든 의문에 답을 줄 수 있다는 확신을 갖도록 만들었다. 인간 사회 역시 이성의 법칙에 따라 잘 조율될 것으로 보였다. 대학은 이 모든 발전에서 중심 역할을 수행했다.

이 시기 유럽의 대학은 이전과 확연히 달랐다. 과학정신으로 무장한 대학들은 새로운 지식을 창출하는 진정한 연구 기관으로 거듭났다. 과학 연구자들은 대학의 실험실에서 새로운 발견을 연이어 세상에 내놓았다. 박사 논문의 수준이 놀랍게 향상되었고, 전문 학술저널과 학회가 설립되어 연구자들이 활발하게 교류했다. 대학에서 배출된 지식인들이 만들어 갈 세상은 이전보다 합리적인 곳이 될 것 같았다.

그러나 성장과 발전에 대한 기대는 현실이라는 벽에 곧잘 부딪히

기 마련이다. 예기치 못한 부작용이 나타나기도 하고, 예상치 못한 외부 요인으로 계획된 경로에서 이탈하기도 한다. 19세기 후반, 유럽의 대학들 역시 애초 설정하고 기획했던 성장과 발전의 경로에서 벗어나고 있었다.

프랑스

19세기 프랑스에서는 프랑스혁명 이후 고등교육에 대한 전면적인 개혁 프로그램이 추진되었지만, 결과적으로 방향도 내용도 제대로 된 것이 아니었다. 이른바 나폴레옹 대학 모델은 제국대학을 통한 철저한 통제와 충성스러운 시민 양성에 초점이 맞추어져 있었다. 대학 교육은 정부 통제 아래 있어, 대학의 자치, 학문의 자유는 기대하기 어려웠다. 국가주의 혹은 권위주의 체제 밑에서 교수들은 정치탄압의 희생양이 되기 일쑤였다.

더 큰 문제는 연구와 지적 혁신의 대다수가, 파리 대학의 일부 강의를 제외하면, 대형 연구소, 콜레주 드 프랑스, 프랑스 학사원Institute de France, 학회 등 대학 밖의 기관을 중심으로 이루어졌다는 사실이다. 대학은 전통적인 교육을 담당하고, 엘리트 양성 교육과 연구 기능을 대학 밖의 고등교육 기관이 담당하는 프랑스의 이원적 체제는 대학을 연구중심 기관으로 변모시키며 학문 발전을 선도하던 독일 대학의 상황과 대조를 이루었다.

또한 대학 교육의 불평등이 사회계층별로 심화되었다. 문학사 학위를 얻기 위해서는 1년의 교육 과정 동안 150프랑이 들었지만, 법학사 학위를 위해서는 3년의 교육 과정과 570프랑이 필요했다. 과학 박사 학위에는 140프랑이 소요된 반면 의학 박사 학위에는 1,300프랑이 필요했다. 문학부나 과학부를 졸업하면 지방에 있는 교사자리 정도 얻을 수 있었지만, 의사나 법률가는 상당한 수입을 보장받았다. 결국, 명망가의 재력 있는 학생들만이 돈이 많이 드는 자유전문직 교육을 받을 수 있었으며, 중간계급이나 소시민층의 자녀들은 문학부와 과학부에 진학할 수밖에 없었다. 이러한 사회적 불평등과 불안정한 정치 현실 등으로 대학생들이 비판적 인식을 갖게 된 것은 어쩌면 자연스러운 현상이었다.[28]

1830년대 이후 끊이지 않던 나폴레옹 교육 정책에 대한 비판은 1871년 보불전쟁의 패배로 절정에 달했다. 예나전투의 승리로 독일로 하여금 대학 교육의 개혁에 나서게 했던 프랑스가 이제는 전쟁의 패배로 대학 구조 전반에 대한 개혁을 고민하게 된 것이다. 독일의 사례를 따라 연구 기능을 강화해야 한다는 주장, 지나치게 중앙으로 집중된 구조를 개선해야 한다는 목소리가 개혁의 핵심 요구였다.

그 결과 연구 기능 활성화를 위한 다양한 개혁 방안이 실행되었다. 열악한 교육 환경을 개선하기 위해 교직원이 증원되었고 국가 재정이 투입되었다. 1865년과 1919년 사이에 강사들은 세 배로 늘었으며, 1875년과 1913년 사이에는 시설과 교육 분야에 대한 재정 지원도 크게 늘었다. 개혁은 교과목의 다양화로 이어졌으며, 그로 인한 교수직 신설은 교육에 새로운 활력이 되었다.

---

28 집값이 싼 라탱지역Quartier Latin(파리 센강의 왼쪽 지역)에 밀집하게 된 가난한 학생들은 다양한 정치적 이념을 사회 현실에 비추어 고민하면서 나름의 정치의식을 형성해 갔다.

중앙으로의 집중을 해소하려는 시도가 여러 방면에서 추진되었으나, 파리에 모든 권한이 집중된 구조는 쉽게 해결되지 않았다. 1876년 모든 프랑스 학생 가운데 55퍼센트가 파리에서 대학을 다녔다. 지방의 교육을 살리려는 정부의 노력에도 지방대학 교수들은 자신이 공부했던 파리로 되돌아가기 위해 애썼다. 1903년에 고등사범학교를 파리 대학에 통합시키기로 한 결정으로 중앙 집중은 더욱 강화되었다. 각종 기부금이 파리로 집중된 것 역시 문제였다. 풍부한 기부금 덕에 새로운 교수직이나 연구 기관의 창설이 가능했던 파리로 우수한 학생과 교수가 몰리면서 지방대학의 학문적 토양은 날로 척박해졌다.

1896년에는 나폴레옹 대학 모델을 폐기하고 예전의 대학 체제로 되돌리는 법률이 통과되었다. 각 도시의 개별 학부faculty들은 다시 대학university 아래 조직되었다. 그러나 대학의 자치권은 회복되지 않았다. 대학에 대한 국가의 강력한 통제는 여전했다. 예산 대부분은 교육부에서 지급되었으며, 국가의 승인이 있어야 학위를 수여할 수 있었다. 학부들에 대한 검열과 조사는 여전했고, 교육부 장관에게 모두 보고되었다. 새로운 교수직을 만들고 교수를 임용하는 권한 역시 교육부 장관에게 있었다. 교수는 공무원으로서 국가로부터 급여를 받았다.

독일

19세기 초, 베를린 대학에서 시작한 독일 대학의 약진에 전 세계는 환호했다. 다른 나라에 비해 '학문의 자유'의 폭은 훨씬 넓었으며, 이로 인한 지적·사회적 발전이 눈에 띄게 빨랐다. 사강사 제도와 같은 교수 충원 시스템은 학자들의 쇄신을 촉진한다는 이유로 칭찬받았다. 프랑스와 달리 지방으로 분권화된 교육 시스템은 우수한 교수를 확보하고 대학의 위신을 높이려는 지방 간의 경쟁을 자극하며 학문 발달을 견인했다.

19세기 초반 독일의 대학생 수는 급격하게 증가했다. 학생 수의 증가가 어떠한 원인에서 비롯된 것인지는 의견이 분분하지만, 분명한 것은 이로 인해 교수의 수입이 대폭 늘었다는 사실이다. 교수들은 경제 여건이 개선되자 예전처럼 다른 직업을 가질 필요가 없었고, 연구에 보다 많은 시간을 쏟을 수 있게 되었다. 학부 사이의 상대적 중요성 역시 변화했는데, 이는 대학의 사회적 역할이 바뀌고 있음을 의미했다. 1880년대에 이르면 법학부와 신학부는 학생이 줄고 의학부와 철학부는 학생이 증가했다. 철학부의 경우, 전통적인 예비학부에서 중등교사를 양성하는 실용적 학부로 변모했다. 대학 교육의 방식도 바뀌었다. 실험보다는 강의를 중심으로 이루어지던 과목들, 이를테면 신학, 고전학, 현대 철학, 역사, 경제학 등에서 세미나 방식이 도입되었다. 세미나, 연구소, 실험실, 임상의학 등이 미래의 학자, 교수, 연구자를 위한 교육 방법으로 주목받았다. 19세기 초반 개혁가들이 품었던 이상이 대학 현장에서 실현되고 있었다.

물론 낡은 방식이 말끔히 사라진 것은 아니었다. 바이에른Bayern 같은 가톨릭 주州에서는 신앙 고백이 존속했다. 독일 군주들은 대학에 대한 정치적 감시를 거두지 않았다. 빈 체제를 주도하던 오스트리아 외무부 장관 메테르니히Klemens von Metternich의 요청으로 1819년 카를

스바트에서 회의를 가진 후 모든 대학에 주 감독관이 파견되었다.[29] 이론적으로는 자유경쟁이 가능했지만, 대학에서는 교수직이 정실인 사들로 채워지는 관행이 계속되었다. 때로는 학문 외적 이유가 교수들 간의 공정한 경쟁을 방해했다. 프로테스탄트 주에서는 가톨릭교도들이 차별받았으며, 유대인들은 교수직에서 배제되기도 했다.

낡은 방식들이 일부 지속되었지만 독일 대학이 전 세계 대학의 모델로 자리하는 데 별다른 영향을 미치지 않았다. 독일 대학의 이상과 위대한 성취는 이러한 그늘을 덮기에 충분했다. 그런데 19세기 후반 전 세계 학문의 흐름을 좌우하던 독일에도 위기가 찾아왔다. 문제는 이러한 위기가 독일 대학의 성장을 방해했을 뿐 아니라 대학의 이념마저 위협했다는 사실이다. 이 시기 독일 대학이 직면한 위기는 크게세 가지로 정리할 수 있다.

첫째, 훔볼트의 교육 이념이 흔들리게 되었다. 훔볼트의 교육 이념은 귀족이나 중산층의 학문적 수준을 높이는 엘리트교육에 초점이 맞춰져 있었다. 그러나 산업화로 인해 부유해진 중간계급들이 대학에 들어오면서 상황이 바뀌었다. 1860년대 12,000~13,000여 명에 불과하던 학생 수가 1914년에는 무려 다섯 배가 늘어 61,000여 명이 되었다. 새로 유입된 학생계층은 전공 분야의 선택도 이전 시기와 달랐다. 독일에 대학이 생긴 이래 처음으로 법학보다 철학 전공자가 많아졌으며, 1830에서 1914년 사이 신학부 학생은 절반으로 줄었다.

---

29 카를스바트 회의 결과 대학에 대한 감시와 출판 검열 등이 시행되었고, 이제 막 꽃피던 독일의 자유주의, 민족주의 세력들은 타격을 입게 되었다.

공학전문학교의 발전 역시 두드러졌다. 공학전문학교들은 1871~72년 학생수가 5,000여 명에 불과했으나 1903년에는 17,000여 명으로 늘었다. 이는 일반 대학의 학생이 같은 시기 두 배로 늘어난 것과 비교된다. 학생 수의 증가는 대학에 대한 기대, 대학 교육에 대한 바람이 바뀌고 있음을 의미했다. 보편적 교양교육에서 직업중심 교육으로, 인문에서 실용으로 변화한 것이다. 새로운 학생들은 이전에 대학의 다수를 차지하던 부유한 학생들과는 다른 관점을 갖고 있었다. 학업을 생계유지의 수단으로 인식하던 이들은 직업을 얻기 위한 실용적 교육을 원했다. 대학에 새로 유입된 학생계층은 훔볼트가 주장했던 인문학적 교육 이념에 공감하지 않았다.

둘째, 대학의 자율성이 위협받았다. 정부가 교수직 임명에 개입했으며, 대학은 정부의 정책에 순종했다. 대학에 대한 국가의 재정 지원 규모가 점차 확대된 결과였다. 베를린에서는 교수 급료가 1860년 대학 예산의 상당 부분을 차지했다. 1870년대부터는 세미나와 연구소에 대한 지출이 빠르게 늘어나 1910년대 중반이면 대학 재정의 상당량이 세미나 혹은 연구소의 운영 경비로 사용되었다. 물론 건물 혹은 시설에 투입되는 비용도 점점 늘었다. 정부가 대학에 재정을 전적으로 지원하되 대학 내부의 문제에는 개입하지 못하도록 했던 훔볼트의 의도는 실현되지 못했다.

셋째, 교수들이 기득권계층이 되었고 보수화되었다. 19세기 후반 대학의 구조적, 사회적, 이념적 변화는 교수들에게도 영향을 미쳤다. 독일 대학의 발전이 국가와 민족의 발전으로 연결되자 독일에서는 교수의 사회적 지위와 대우가 그 어느 곳보다 높았다. 문제는 대학 교수들이 현재의 지위를 유지하기 위해 정치적으로 보수화되고, 교수직을 놓고 치열하게 경쟁하는 학문 후속세대의 길을 막는 기득권 세력이 되었다는 점이다. 대학 교수들은 국가와 민족 그리고 정치권력에게 충성했으며, 민주주의에 대해서는 유보적이거나 혹은 경멸하는 태도를 보였다. 대학이라는 상아탑에서 학문 연구에만 몰두할수록 교수들은 사회와 더 멀어졌다. 이것은 곧 비판 정신의 결여를 의미하는 것이었다.

미국식 대학의 틀 갖추기

영국의 식민지 지배에서 벗어난 미국은 19세기 들어 눈에 띄는 성장과 발전을 과시한다. 19세기 중반 남북전쟁을 치르면서 어려움을 겪기도 했지만, 전반적인 성장 속도는 매우 빨랐다. 광대한 땅에서는 다양한 농산물이 대량으로 재배되었다. 철광, 석탄, 석유 등 지하자원이 풍부한 까닭에 산업화가 뒤늦게 추진되었음에도 선진국들을 발 빠르게 따라잡았다. 이러한 산업화는 금융업의 J.P. 모건Morgan, 철강업의 카네기Andrew Carnegie, 석유의 록펠러John D. Rockefeller 등 부유한 자본가를 탄생시킨 배경이었다. 샌프란시스코에 엄청난 인구가 유입된 1849년의 골드러시를 신호탄으로 광활한 미개척지 서부에 사람과 자본이 몰려들면서 국가의 영역은 비약적으로 확대되었다. 탄생한 지 100여 년에 불과했지만, 미국은 전 세계인이 선망하는 기회의 땅, 풍요의 땅이 되었다.

19세기 미국 사회의 발전에 힘입어 대학 역시 급속도로 늘어났다.

19세기 초반 대학의 수가 비약적으로 증가한 가장 중요한 요인은, 이전 시기에도 그랬듯, 종교적 열정이었다. 이른바 '제2차 대각성The Second Awakening'(1800~40)이라 부르는 기독교 신앙부흥운동이 들불처럼 일어나자, 종교적 열정에 사로잡힌 각 교단들은 기독교 신앙을 전파할 목적으로 대학 설립에 너도나도 앞장섰다. 1800년에 22개이던 대학이 1830년에는 56개, 1840년에는 약 100개로 증가했다. 늘어난 대학의 수만큼 중요한 사실은 국토의 확장과 함께 대학이 전국적으로 분포하게 되었다는 점이다. 미시간Michigan 대학(1817), 인디애나 Indiana 대학(1828), 위스콘신Wisconsin 대학(1848), 미네소타Minnesota 대학(1851), 버클리Berkeley 대학(1866) 등 중부와 개척지 서부에도 대학이 다수 설립되었다.

그러나 이 시기 미국 대학의 상태는 여전히 유럽에 비해 상당히 뒤처졌다. 독립전쟁으로 식민지 시대를 끝냈지만, 대학 설립의 주체가 잉글랜드 정부로부터 미국의 각 주 정부로 바뀌었을 뿐이었다. 산업화를 통해 경제는 비약적 성장을 거듭하고 있었지만, 교육의 내용은 인문학과 종교 교육에 머물러 있었다. 자유롭고 민주적인 사회의 모델을 제시했지만, 부유한 백인 남성 중심의 엘리트교육이 지속되었다. 대학의 기능은 여전히 교육에 집중되어 있었고, 학문의 발전은 요원해 보였다.

미국식 연구중심 대학의 등장

농업 중심의 사회가 산업화되고, 도시화가 촉진되자 지식의 중요성이 높아졌다. 새로운 직업의 등장은 교육에 대한 욕구를 확장시켰다.

특히 유럽의 선진 학문이 소개되면서 학문 그 자체를 깊이 있게 연구하고 싶은 사람들이 하나둘 늘어났다.

그러나 미국 대학의 현실은 그들의 욕구를 충족시킬 수 없었다. 새롭고 깊이 있는 학문을 연구하고 싶었던 미국의 학생들은 유럽으로 유학을 떠나야 했다. 흥미로운 것은 19세기 미국 학생들이 가장 유학을 많이 갔던 나라는 잉글랜드가 아니었다는 사실이다. 언어가 같고, 문화가 비슷하며, 대학 시스템이 닮았기에 여러모로 편리할 것 같은 잉글랜드는 그들의 선택지가 아니었다. 종교적인 이유가 컸다. 개신교도가 많았던 미국인들은 국교회 신자에게만 입학을 허용하던 잉글랜드의 대학들에 진학할 수 없었던 것이다. 이전 시기 학문의 중심지였으나 혁명을 거치며 정치적 혼란에 빠진 프랑스 역시 인기가 없었다. 보수적인 분위기와 박사 학위까지 9년이 소요되는 긴 학업 기간도 문제였다. 당시 미국인들이 유학지로 선택한 곳은 자유롭고 새로운 학문적 분위기로 인기가 높았던 독일 대학들이었다.

19세기 말경 약 9,000~10,000명의 미국 학생이 독일 대학에서 공부했다. 특히 괴팅겐 대학과 베를린 대학의 인기가 높았다. 유학생들은 독일 대학의 선진적인 학문 분위기에 감명받았다. 연구와 교육이 결합된 시스템, 특히 세미나를 통해 교수와 학생이 협업하며 학문에 매진하는 방식은 미국인들이 갖고 있던 대학의 이미지를 바꾸어 놓았다. 실험실, 도서관, 학술 잡지, 박사 학위 논문 등 독일 대학의 다양한 학문적 실천들 또한 깊은 감명을 주었다. 무엇보다 학문의 자유가 이들을 사로잡았다. 자유롭게 연구 주제를 정해 순수한 학문적 탐구에 몰두하는 교수들의 모습에 고무되었다. 자신이 원하는 교과목을 맘껏 선택할 자유를 누리는 한편 학자적 소명을 갖고 진지하게 연구에 임하는 학생들의 모습 역시 신선했다. 미국인들은 엄밀한 과학적 방법과 진지한 학자의 자세로 진리탐구에 열중하는 참대학의 모습을 독일 대학에서 발견했다.

학업을 마치고 미국으로 돌아온 유학생들은 각자의 대학에서 독일식 모델을 이식하려고 노력했다. 무엇보다 대학에서 연구 기능이 활성화되기를 원했다. 대학원 시스템은 그러한 고민의 결과였다. 학부 중심이었던 대학의 체제를 대학원 중심으로 개편하고, 대학원에서는 전문적인 연구 활동이 이루어지도록 했다. 우수한 교수진과 훈련받은 대학원생들이 협업을 통해 각자의 분야에서 창조적인 연구를 수행하도록 했다.

존스홉킨스Johns Hopkins 대학은 베를린 대학 모델을 도입해 대학원 시스템을 성공적으로 정착한 대표적인 사례다. 초대 총장으로 취임한 길만D. G. Gilman은 존스홉킨스 대학을 연구중심 대학으로 전환시킴으로써 미국 최고의 대학으로 만들었다. 독일 대학의 강의 방식과 세미나를 도입했으며, 실험을 통한 연구 활동을 촉진하기 위해 실험실을 개선하는 등 다양한 혁신을 이끌었다. 의학 칼리지에 들어가기 위해서는 문학 또는 이학학사 학위를 보유해야 했으며, 과학·수학·인문학 등 필수과목을 이수해야 하는 등 학문의 엄정성을 강조했다. 그런데 길만 총장이 다른 무엇보다 중점을 두었던 것은 최고 수준의 교수진을 확보하는 것이었다. 당시 다른 대학들이 대학 건물에 돈을 쏟아부을 때 존스홉킨스 대학은 전문 교수진 충원에 투자했다. 존스홉킨스 대학에서 최고 수준의 대우와 학문의 자유를 보장받은 연구자들은 자신의 연구 분야에서 최고의 결과물을 생산했다. 유망한 학자들이 몰리면서 박사 학위자도 대거 배출했다. 존스홉킨스 대학의 연구중심 대학 모델은 미국 대학들에게 새로운 길을 제시했다.

독일 유학파인 클라크Clark 대학의 초대 총장 할Granville S. Hall, 시카고Chicago 대학의 초대 총장 하퍼William R. Harper 등도 우수한 교수진을 확보하고 학문의 수준을 높이려는 혁신에 동참했다. 하버드 대학의 엘리엇Charles E. Eliot 총장은 존스홉킨스를 본 따 대학원 중심으로 개편을 추진하는 한편 '선택과목 제도elective system'를 도입해 독일 대학의 학생들이 누리는 배움의 자유를 실현하려고 했다. 전통을 고수하려는 학내의 거센 반발 속에 추진된 선택과목 제도는 정해진 수업만을 들어야 했던 학생들에게 수업 선택의 자유를 주기 위한 것으로, 미국 대학 학부 개혁에 큰 기여를 했다.[30]

대학원 시스템 외에도 이 시기 미국 대학들이 이룬 개혁적 성과는 다양했다. 우선, 대학을 학과별로 조직하는 학제개편이 시행되었다. 정교수 중에서 가장 권위 있는 한 명이 학과의 장이 되고, 그 아래로 부교수, 조교수 등이 등급에 따라 조직되었다. 교수가 되기 위해서는 박사 학위를 취득해야만 했다. 이것은 한 대학의 교수가 되려면 새로운 지식을 탐구하고 생산할 능력을 갖추어야 한다는 것을 의미했다. 그 결과 학과는 고도로 전문화되었다. 이제는 단순히 '과학'이 아니라

---

30 아이러니하게도 미국의 대학원 교육에서는 독일과 같은 배움의 자유가 주어지지 않았다. 미국 대학원생들은 정해진 수업에 반드시 참석해야 했으며, 필기시험을 통해 학업 성취를 평가받아야 하는 등 각각의 과정에서 제시하는 요건을 반드시 따라야 했다.

화학, 생물학, 물리학, 지질학, 수학 등으로 세분되었다. 인문학 역시 역사, 문학, 철학 등으로 학과가 분리되었다. 심리학, 사회학, 경제학, 정치학 등 사회과학 분야도 대학의 교과목으로 자리를 잡았다.

연구중심 대학의 등장은 미국적 의미의 '대학university'을 정의하는 계기이기도 했다. 사실 19세기 초반까지도 미국에서는 유니버시티와 칼리지에 대한 명확한 구분이 존재하지 않았다. 대학 인가 권한을 가지고 있던 주 정부에서는 기관의 규모와 성격에 따라 명칭을 구분하지 않았다. 인가를 요청한 기관 스스로가 유니버시티라 부르든 칼리지라 부르든 별로 관심이 없었다. 다만, 유니버시티는 여러 칼리지들을 통합한 실체로 막연히 인식되곤 했다. 그런데 독일에서 유학한 미국 학자들이 유니버시티와 칼리지를 학문적 지향에 따라 구분하기 시작했다. 유니버시티는 새로운 지식을 창출하는 기관으로 규정하는 데 비해 칼리지는 기존의 지식을 반복해서 읊어대는 기관으로 대비한 것이다. 이후로부터 유니버시티는 체계적이고 과학적인 연구가 수행되는 진지하고 심오한 학술 기관을 의미하기 시작했다.

유럽 대학 수준의 학문적 엄정함을 갖추기 위해 대학 개혁에 앞장섰던 미국 대학 총장들의 노력은 미국대학협회Association of American Universities 설립으로 이어졌다. 1900년에 설립된 미국대학협회는 회원 대학들의 학문적 역량을 국제적으로 인정받을 수 있는 수준까지 높이고자 했다. 한마디로 독일 대학의 학문적 기준에 준해 박사 학위를 수여하는 것이 목표였다. 캘리포니아California 대학, 시카고 대학, 클라크 대학, 컬럼비아 대학, 코넬Cornell 대학, 하버드 대학, 존스홉킨스 대학, 미시간 대학, 펜실베이니아 대학, 프린스턴 대학, 스탠퍼드

Stanford 대학, 위스콘신 대학, 예일 대학 등으로 구성된 미국대학협회는 미국 대학의 학문 표준을 설정하고 연구수준을 높이는 데 크게 기여했다.[31]

실용으로의 전환

미국 대학의 독특한 면모 중 하나는 국립대학이 없다는 점이다. 조지 워싱턴George Washington, 존 퀸시 애덤스John Quincy Adams 대통령 등은 국민 통합을 위해서는 국립대학이 필요하다는 의견을 강력하게 피력했다. 하지만 국립대학 설립 노력은 번번이 좌초되었다. 국립대학 반대론자들은 연방 정부의 재정 문제를 들어 반대하거나, 미국 헌법에는 연방 정부가 대학을 설립할 근거가 없다는 이유로 거부했다. 실제로 연방 정부는 대학에 관한 어떠한 문제에도 개입하지 않는 것이 미국의 전통이다. 사립인 다트머스Dartmouth 대학을 주립으로 전환하려는 뉴햄프셔New Hampshire 주 정부의 조치에 대학이 반발하자 1819년 대법원은 대학의 손을 들어주었고, 이후 미국 대학들은 폭넓은 자유를 누리고 있었다.

그러나 미국 대학이 성장하고 발전하는 중요한 단계마다 연방 정부는 결정적 역할을 담당했다. 주립대학의 폭발적 성장을 이끈 '모릴법The Morill Act'이 그 대표적 사례다. 미국에서 공립대학이 대폭 늘

---

31 1900년에 입학검증위원회(the College Entrance Examination Board)가 설립되었고, 1926년에는 학력인증시험(Scholastic Aptitude Test), 1935년에는 졸업시험(Graduate Record Examination)이 도입되었다. 현재는 미국 대학 64개교, 캐나다 대학 2개교가 회원으로 활동 중이다.

어난 것은 1862년 제1차 모릴법에 의해 토지무상분배 대학Land Grant University들이 대거 설립되었기 때문이다. 버몬트Vermont 주의 하원의원 모릴J.S. Morill은 각 주의 상원의원 1인당 국유지 30,000에이커를 무상으로 분배하고, 이것을 재원으로 삼아 대학을 설립하게 했다. 이 법으로 대학 교육에 투입된 토지는 스위스 국토면적에 버금가는 규모였다. 1862년 대통령 링컨Abraham Lincoln이 모릴법을 재가하면서 설립된 주립대학이 69개였다.

교육 분야에 대한 연방 정부의 개입을 최대한 억제하는 전통에도 모릴법을 통해 주립대학을 설립한 이유는 무엇보다 대학이 국가 발전의 도구로서 명확하게 인식되었기 때문이다. 이 시기 미국의 주요 과제는 광활한 영토를 활용하고, 산업을 발전시켜 선진국들과 어깨를 나란히 하는 것이었는데, 이를 위해서는 응용 과학과 산업 기술을 연구하며 교육할 기관이 필요했다. 모릴법의 목표는 국가의 경제 발전 전략, 국방 전략과 일치하는 것이었다. 주립대학들은 대개 지역 사회의 경제적·사회적 발전을 이끌 전문 직업 교육에 초점을 맞추었다. 지역의 산업을 반영해 농과대학과 공과대학이 만들어졌고, 가정 대학과 경영대학도 생겼다. 대학의 문호는 중상류계층의 자녀뿐 아니라 농민과 노동자 자녀들에게도 개방되었다. 군사 기술 분야 과목도 교육하도록 규정했다. 어떤 주에서는, 새로운 대학을 설립하기보다, 기존 대학에 이 자금을 투입하여 확대 개편하기도 했다. 캘리포니아 대학, 코넬 대학, 미주리Missouri 대학, 켄터키Kentucky 대학 등이 대표적인 사례다.

모릴법은 미국 대학 환경에 몇 가지 중요한 변화를 초래했다. 첫째, 미국 대학에서 공립 대 사립의 개념이 처음 생겨났다. 사립대학들이 고등교육을 독점하던 상황에서 모릴법으로 주립대학들이 설립되면서 이른바 공립 대 사립의 구분이 가능하게 된 것이다.[32] 둘째, 사립대학이 독점하고 있던 교육 시장이 다양화됨으로써 고등교육 대중화의 길이 열린 한편 교육의 지역적 차별 역시 해소하는 계기가 되었다. 셋째, 대학과 지역 사회의 연계가 강화되었다. 주립대학은 지역의 산업적 특성을 대학 교육에 반영했으며, 지역 사회가 필요로 하는 다양한 분야에 인력을 공급하는 거점 역할을 담당했다. 넷째, 국가와 대학 사이의 관계에서 미국만의 독특한 모델을 제시했다. 미국의 경우는 유럽과 달리 정부로부터 재정 지원을 받는 것이 대학에 대한 통제나 간섭을 의미하는 것은 아니었다. 이른바 지원은 하되 연구와 교육은 철저히 대학의 자율에 맡기는 미국식 정부와 대학의 관계로 미국 대학들은 각자의 고유한 교육 철학, 교과 과정, 제도, 문화 등을 개발할 수 있었다.

기업가들의 후원

19세기 후반 미국 대학들은 장엄하고 거대한 신新고딕 양식의 건물들을 짓고, 캠퍼스를 아름답게 조성하며, 미식축구와 야구 등의 스포츠팀에 투자를 아끼지 않았다. 이제 대학은 도시 혹은 주의 상징이

---

32 사립대학들은 주 정부가 대학 이사회에 대한 임명권을 갖지 못한다. 반면 공립 혹은 주립대학들은 주지사의 감독에 종속된다. 주에서는 대학 예산 지원과 이사 임명권을 통해 대학의 문제에 개입할 수 있었다.

자 자랑이 되었다. 막대한 돈이 들어가는 이러한 사업에 대학이 투자할 수 있었던 것은 1890년대부터 활성화된 기업가들의 기부 때문이었다. 석유의 록펠러, 철강의 카네기, 상업과 부동산의 라이스William Marsh Rice, 철도의 존스 홉킨스, 운송의 밴더빌트Cornelius Vanderbilt 등이 기부에 앞장섰다.

다윈과 스펜서의 진화론에 감명을 받아 과학 발전에 관심이 많았던 카네기는 독립적 과학 연구를 수행할 수 있는 전문 기관을 워싱턴에 설립했다. 1902년에는 카네기재단을 설립해 미국 고등교육 발전에 열정을 쏟았다. 하버드 대학은 기업인 로렌스A. Lawrence로부터 기부를 받아 1847년 과학과 공학을 촉진하기 위한 로렌스 과학학부를 만들었으며, 예일 대학은 셰필드J. Sheffield로부터 10만 달러를 기부받아 1847년 셰필드 과학학부를 창설했다.

시카고 대학은 기부를 통해 설립된 대표적인 사례다. 1892년 록펠러가 엄청난 자금을 투입해 세운 시카고 대학의 건물과 캠퍼스는 같은 해 개최된 컬럼비아 박람회에 소개되어 전 세계로부터 찬사를 받았다. 시카고 대학은 대학의 새로운 길을 제시했다는 점에서도 주목받았다. 시카고 대학의 초대 총장이었던 하퍼는 현대 대학은 복잡한 관료제 사회의 일부가 되었다고 보았다. 그는 공공 관련, 기금 조성, 지역 사회 발전, 학생 모집, 대학 스포츠팀 운영 등의 업무를 전문적으로 담당하는 행정 시스템을 도입했다. 대학 총장의 역할도 바뀌어야 했다. 예전에는 모든 학생의 이름을 외우고, 신입생을 따뜻하게 맞아주며, 학생 개개인의 학업과 일상에 애정을 보여주던 나이 많은 신사가 대학 총장의 전형적 이미지였다. 그러나 이제는 재무, 행정,

관리에 능통하며 부유한 기업가, 정치인들과 긴밀한 관계를 맺는 대중적 인물이 새로운 총장의 모델이었다.

하지만 기부의 혜택이 모든 대학에 골고루 돌아간 것은 아니다. 기부금은 동북부 소수의 사립대학에 집중되었다. 1909년 록펠러재단은 단독으로 미국 내 모든 칼리지와 대학 기부금의 20퍼센트를 담당했다. 1923년부터 1929년까지 미국 내 대형 재단들은, 전체 1,000여 개 고등교육 기관 중 불과 36개 기관에 재단 기부금의 86퍼센트를 지원했다. 이와 같은 편중된 기부는 결국 대학의 서열화를 낳았다. 연구중심 대학으로의 전환이 대학 발전에 큰 도움이 된다는 사실은 알지만, 그것은 막대한 재원이 소요되는 사업이어서, 대부분의 대학과 칼리지는 아예 꿈도 꾸기 어려웠다. 결국, 미국의 대학들은 재정 형편에 따라 연구중심 대학, 일반 대학, 지역 칼리지 등으로 위계가 구분되었다.

기부가 대학의 중요 재원이 되면서 기부자들의 영향력 역시 대학 내에서 확대되었다. 기부자들은 기부의 조건으로 특정한 목적을 제시하고, 대학의 이사회에도 참여하게 되었다. 원래 대학의 교수들 중심으로 구성되었던 이사회가 차츰 정치인과 기업가 중심으로 바뀌게 되었다. 이러한 변화는 순수 학문에만 집중하던 대학의 관심을 바꿔놓았다. 1930년대 스탠퍼드 대학의 총장 터먼Frederick Terman은 기업으로부터 위탁을 받아 기계공학과 물리학의 협업 연구 프로젝트를 시작했으며, 점차 협업의 범위를 넓혀갔다. 스탠퍼드는 대학과 기업이 연계된 R&D의 선구자였으며, 이러한 기획은 스탠퍼드 이사회로부터 적극적인 지지를 받았다.

제2차 세계대전이 바꾼
세계 대학의 중심

19세기 이후 각국 정부는 대학을 국가 발전의 도구로 여겼다. 대학에서 연구하는 문학과 역사는 국민의식 형성의 중요 수단이었으며, 사회과학 과목은 효율적인 국가 운영의 도구로 활용되었다. 무엇보다 군사력을 강화하고, 산업화를 이루는 데 관심이 많았던 국가는 대학의 과학과 기술 역량을 활용하고자 했다. 전혀 접점이 없어 보이는 대학과 전쟁이 만나는 지점이 바로 이것 때문이었다.

두 번의 세계대전을 치르면서 각국 정부는 무기 생산을 비롯한 전쟁 수행 능력을 향상시키기 위해 대학을 이용했다. 대학의 학자들이 각종 분야에서 자문을 제공했으며, 대학은 정부로부터 기금을 받아 연구 프로젝트를 진행했다. 정부의 프로젝트를 많이 수주하는 대학의 발전 속도는 빨랐다. 전쟁에서의 승패 역시 대학의 발전에 큰 영향을 미쳤다. 20세기 최대의 전쟁은 20세기 대학의 판도를 뒤흔들었다.

나치와 독일 대학

대학을 연구하는 학자들이 독일 대학과 관련해 매우 궁금하게 생각하는 것이 하나 있다. 바로 독일 대학이 나치 체제를 별다른 저항 없이, 때로는 적극적으로, 환영했던 이유다. 당대의 지성 하이데거Martin Heidegger는 프라이부르크Freiburg 대학의 총장으로 취임하는 연설에서 나치의 국가사회주의를 독일 '각성'의 계기로 삼아야 한다며 적극 환영했다. 나치에 열성적으로 가담한 교수들도 많았다. 제2차 세계대전이 끝난 후 하이델베르크 대학에서는 철학자 칼 야스퍼스의 지휘 아래 위원회가 구성되어 나치에 가입한 교수들을 가려냈는데, 이들의 분야별 비율은 의학 64퍼센트, 정치학 63퍼센트, 자연과학 60퍼센트, 법학 35퍼센트, 신학 29퍼센트였다. 이처럼 많은 대학 교수와 학생들이 나치에 동조한 이유는 당시 독일의 사회적 불안과 대학의 구조적 문제가 결합해 나타난 결과였다.

19세기를 지나면서 유럽의 국가들은 민족과 국가를 최고의 가치로 여겼다. 이러한 내셔널리즘은 낭만주의와 결합해 민족의 언어, 신화, 문학 발굴에 힘을 쏟았고, 이를 국민 통합의 촉매로 사용했다. 특히 독일에서는 분열된 영방국가領邦國家들을 통일시킬 힘을 민족문화에서 찾는 경향이 더 강했다. 이러한 흐름은 범게르만주의로 확장되었고, 제1차 세계대전을 치르며 더욱 강화된다.

제1차 세계대전은 냉철한 지성의 장소인 대학마저 열성적 애국주의의 장으로 만들었다. 1928년 평화주의pacifism에 기초해 전쟁을 비난한 덴 박사Dr. Gunther Dehn의 발언은 독일 대중들로부터 엄청난 비난을 받았다.[33] 덴 박사는 1930년에 할레 대학의 교수로 임용되었지만, 학생들의 즉각적인 항의에 직면해야 했으며, 결국 교수직을 내려놓아야 했다. 덴 교수는 전쟁이 끝난 1946년이 되어서야 본Bonn 대학에서 교수직을 얻을 수 있었다.[34]

그러나 제1차 세계대전에서 독일은 패망했고, 독일인들은 깊은 절망에 사로잡혔다. 대학의 교수들 역시 크게 낙담했다. 독일의 패망은 독일인 그 누구도 예상치 못한 것이었다. 전쟁의 패배로 영토 확장의 기대는 무너졌으며, 불공정하고 치욕적인 베르사유 조약은 독일인들의 자존심에 깊은 상처를 남겼다. 사회는 불안정했고, 경제는 추락했다. 1929년에 시작된 경제 불황은 대량 실직사태를 낳았고, 산업을 마비시켰다. 취업 길이 막힌 학생들은 졸업을 미룬 채 대학에 머무를 수밖에 없었다.

1933년 1월 30일, 히틀러가 총통Reich Chancellor에 선출되었다. 국가적·민족적 가치의 부활을 다시금 갈망하고 있을 때, 이것을 실현할 강력한 리더십을 원할 때, 독일인들은 히틀러와 국가사회주의에서 그 해답을 찾았다. 그러나 나치는 대학 개혁에 대한 명확한 비전을 갖고 있지 않았다. 다만 쇄신하겠다는 모호한 말만 반복했는데, 이것

---

33 덴 박사는 전사자를 추모하기 위해 교회에 기념물을 세우는 것은 과연 온당한 일인지, 이들의 죽음을 '영웅적 죽음' 혹은 '성스러운 죽음'으로 여길 수 있는 것인지에 대해 의문을 표했다.

34 평화보다 민족과 국가의 번영을 앞세우는 이 시대의 흐름은 다른 나라라고 해서 크게 다르지 않았다. 영국의 버트란트 러셀 역시 제1차 세계대전이 한창인 때에 공공연히 평화주의를 말한다는 이유로 1916년 케임브리지의 트리니티(Trinity) 칼리지에서 해고되었다. 미국의 하버드, 프린스턴, 컬럼비아 대학 등에서는 유대인의 입학을 제한하는 할당제를 실시했다.

은 인종적, 이념적으로 받아들일 수 없는 사람들을 청소하겠다는 뜻이었다. '공무원 숙청 및 재생에 관한 법'이 1933년 히틀러의 총통 취임과 함께 즉각 통과되었다. 이 법은 바이마르 공화국에서 임명된 공무원을 잘라내고 나치 국가를 위해 진심으로 봉사할 생각이 없는 공무원을 몰아내는 것이 목표였는데, 사실 유대인을 쫓아내는 것이 진짜 의도였다. 1933년 나치 학생들은 유대인, 공산주의자 혹은 사회주의자, 민족적 지도자들을 비난한 교수들, 자유주의 혹은 평화주의 이념을 공표하는 교수 등에게 비난을 쏟아냈다. 1933년 5월 10일 밤, 학생들은 나치에 적대적인 책들을 모아 베를린을 비롯한 대학가에서 불에 태워 없애는 베를린판 분서갱유를 저질렀다.

1933~38년 사이에 3,120명의 독일인 교수들이 독일을 떠났다. 이들 중 756명이 정교수ordinarius였다. 프랑크푸르트 같은 대도시가 타격을 크게 받았다. 학문 분과 중에서는 사회과학(정교수의 41퍼센트), 수학과 지리학(39퍼센트), 법학(36퍼센트) 등의 피해가 컸다. 독일을 떠난 학자들 중에는 노벨상 수상자 24명이 포함되었다. 반면, 반유대적이고 매우 보수적이었던 튀빙겐Tübingen 대학에서는 불과 2퍼센트의 교수들만이 떠났다.

나치의 야만적이고 불합리한 행태를 대학 교수들이 적극적으로 혹은 침묵으로 승인한 이유는 무엇인가? 첫째, 독일을 분열에서 해방시켜 예전의 영광을 회복시킬 새 질서, 새 지도자에 대한 기대와 열망을 대학 교수들도, 일반 대중과 다를 바 없이, 갖고 있었기 때문이다. 둘째, 나치의 강제적이고 위압적인 태도, 지식인에 대한 혐오로 인해 교수들은 감히 저항에 나서기 어려웠다. 셋째, 유대인과 사회주의자를 경멸하는 감정이 오래전부터 교수들 사이에서도 존재하고 있었다. 그러나 보다 본질적이고 구조적인 문제가 있었다.

바로 정부의 직접 통제를 받는 대학 구조였다. 독일의 대학들은 국가의 고유한 일부로서 모든 운영자금을 지원받았다. 대학 내부에는 정부에서 파견된 감독관이 있어서 교육 관련 법규를 해석하고 집행하는 역할을 담당했다. 교수 임용은 해당 학과 교수들이 후보자 명단을 제출하면 교육부 장관이 임명했다. 총장rector은 선출직으로 임기가 1년이나 기껏해야 2년 정도밖에 안 되며, 의례적 보직일 뿐 공식적인 권한은 매우 적었다. 학부 혹은 연구소를 운영할 재원은 개별 교수들이 교육부 관리 혹은 대학 감독관kurator과 직접 접촉하여 해결하는 구조였다. 교수들은 정부로부터 급료를 받는 공무원 신분이었다. 정교수와 조교수extraordinarius는 종신 공무원으로 상당한 급료를 받았다. 그렇기에 대학 교수들이 대학에서 쫓겨나는 것은 단순한 문제가 아니었다. 평생의 직장과 급료를 잃게 되는 것은 가장으로서 견디기 어려운 일이었다. 독일 대학들은 자신들이 지닌 자치권을 자랑스럽게 여겼으나 실제로는 교육과 연구에서의 자유만 누렸을 뿐 대학 운영의 자치권은 영국이나 미국에 비해 상당히 적었다.

사강사 제도도 문제였다. 사강사는 대학의 교육을 거의 전담하다시피 했지만, 일종의 임시직으로서 급료도 받지 못했다. 사강사들은 박사 학위를 마쳤거나 교수자격시험habilitation도 통과한 자들로 언젠가 교수가 되리라는 희망으로 살아가는 존재였다. 당연히 이들은 교수 임용의 열쇠를 가진 교수와 정부에 철저하게 복종할 수밖에 없었다. 이러한 상황에서 나치의 유대인 교수 퇴출은 사강사들에게 새로운 기회를 의미하는 사건이었다. 임용이 최우선 과제였던 사강사들은 이러한 사태에 반대할 이유가 없었다.

학자들을 숙청하고, 교수 임용에 정치적 잣대를 도입하며, 학생들을 이념적으로 세뇌함으로써 나치는 독일 대학을 망가뜨렸다. 그런데도 독일의 학자들은 제3제국의 추악한 범죄를 묵인하고, 심지어는 적극적으로 동조했다. 공무원의 규율에 얽매어 있던 대학 교수들이 정권의 요구에 맞서기는 쉽지 않았기 때문이다. 무엇보다 기득권 세력이 된 독일 대학 교수들에게는 강력하고 무자비하며, 국민들에게 인기 있는 나치에게 저항할 비판정신이 없었다. 상아탑에 고립된 대학 교수들은 학문 연구에 몰두한다는 이유로 나치의 야만적 행위에 눈을 감았다.

최고의 자리에 우뚝 선 미국 대학

19세기 말에서 20세기 초반, 미국 대학들은 학문 발전을 위해서는 개인이나 비영리 자선재단의 기부금에 의존해야 했다. 기부자들과 재단은 각자가 선호하는 방향과 목표를 설정한 후 그에 적합한 대학을 선정해 지원했다. 새로운 분야에 대한 학문적 호기심을 촉진하거나, 건물을 짓고, 우수 교원을 확보하며, 연구 시설을 갖추는 데 엄청난 자금이 투입되었다. 그렇지만 미국 대학의 연구 수준은 아직 유럽에 미치지 못했다. 1890년대까지도 박사 학위 과정에 지원하는 연구자들은 아주 드물었다.

플렉스너Abraham Flexner는 카네기재단으로부터 연구 기금을 받아

1930년대 유럽 대학과 미국 대학을 비교 평가한 책《대학: 미국, 영국 그리고 독일*Universities: American, English, and German*》을 발간했다. 플렉스너는 잉글랜드의 유서 깊은 대학 옥스퍼드와 케임브리지가 일관성 있고 성숙한 학부 교육을 제공하고 있지만, 인문학에 중점을 두는 교육 방식은 20세기에는 한계가 있다고 보았다. 독일에 대해서는 전문적 학자 양성, 과학적 방법, 국가 재정과 거버넌스의 협력 등으로 거의 모든 분야에서 새로운 연구 성과를 선도하고 있다며 극찬을 아끼지 않았다. 반대로 미국 대학들에 대해서는 비난을 쏟아냈다. 무분별한 성장과 지나치게 많은 분야의 학위 프로그램을 가지고 있다고 비판했다. 총장과 이사회가 대학의 부차적인 임무에 불과한 대학 간 스포츠 교류전 등에만 지나치게 관심을 쏟는다고 힐난했다. 플렉스너가 볼 때 미국 대학들은 매년 껑충 키가 자라고 있지만, 성숙과 조화를 이루지 못한 청소년과 비슷했다. 대학의 핵심 사명이 무엇인지 모른다는 점이 가장 큰 문제였다.

플렉스너의 냉철한 진단이 나온 지 불과 20년도 채 되지 않아 미국 대학들은 유럽 대학들보다 높은 평가를 받기 시작했다. 미국 대학들에 국제적인 명성을 가진 학자들이 대거 포진하기 시작했다. 전 세계로부터 학자들과 유학생들이 몰려들었다. 특히 제2차 세계대전 전후로 엄청나고도 예상치 못한 변화가 있었다.

우선, 우수한 연구자들이 늘었다. 독일에서 날로 극성을 더해가는 반유대주의의 광풍을 피해 미국으로 건너온 교수들 영향이 컸다.[35] 1933년에서 1941년 사이 100여 명 이상의 독일 물리학자들이 미국으로 망명했다. 이들 중 일부는 맨해튼 프로젝트에 참여해 원자폭탄

제조에 기여했다. 델브뤼크M. Delbrück의 초파리 연구는 유전학 분야의 초석을 놓았다. 망명 학자들은 사회과학, 인문학, 예술 분야 등에서도 미국 대학의 학문적 위상을 크게 높였다.

하지만 20세기 미국 대학의 발전을 이끈 진정한 원동력은 연방 정부의 지원이었다. 연방 정부는 양차 세계대전 동안 대학들에게 전쟁 수행을 위한 다양한 연구 프로젝트를 맡겼다. 제1차 세계대전 당시 연방 정부는 국가연구자문위원회National Research Council를 설립해 전쟁 지원을 위한 연구 프로그램을 대학에 의뢰했다. 국가연구자문위원회는 산업과 정부 그리고 대학의 학문을 연결해주는 최초의 네트워크였으며, 대학의 연구 역량이 비약적으로 성장하는 데 큰 역할을 했다.

제2차 세계대전 동안에도 미국은 대학의 과학자와 기술공학자의 도움으로 전쟁 역량을 향상시킬 방안을 찾게 되었다. 1940년 루즈벨트 대통령은 과학연구개발기구Office of Scientific Research and Development를 설치하고 매사추세츠 공과대학 교수 부시Vannebar Bush를 위원장으로 임명했다. 부시는 미국 내 최고 수준의 연구중심 대학을 적극 활용했고, 이들은 다양한 전쟁 수행 도구들을 개발했다. 대학의 물리학자와 화학자들이 실험실에서 팀을 이루어 수소폭탄 같은 신무기들을 발명했다. 레이더, 근접신관, 페니실린, 디디티DDT, 컴퓨터, 제트

---

35 대표적인 인물로는 알베르트 아인슈타인(A. Einstein), 한스 베테(H. Bethe), 수소폭탄의 아버지 에드워드 텔러(E. Teller), 생물학의 아버지 막스 델브뤼크, 한나 아렌트(H. Arendt), 레오 스트라우스(L. Strauss), 카를 비트포겔(K. Wittvogel), 허버트 마르쿠제(H. Marcuse), 테오도어 아도르노(Th. Adorno) 등이 있다.

추진 장치 등도 개발했다. 과학자들만 동원된 것은 아니었다. 전 세계에서 다양한 임무를 수행해야 하는 미군을 훈련하기 위해 대학 교수들 중 지도, 외국어, 물리 교육, 기계공학 분야의 전문가들이 동원되었다.

대학과 연방 정부와의 협력은 전쟁 후에 더 긴밀해졌다. 1945년 부시 교수는 〈과학: 영원한 프론티어〉라는 제목의 보고서를 발간했다. 부시는 미국의 공립 및 사립대학 모두가 국가 연구개발의 기반 시설이 되어야 한다고 의회를 설득했다. 대학의 과학자와 학자들의 기여가 전쟁 후 평화기에도 영구히 지속되어야 한다고 주장한 것이다. 연방 정부는 대학에서 수행되는 연구에 자금을 지원하고, 이러한 연구 지원금이 대학과 학생들의 연구 수업료로 직접 지원되는 방안이었다. 이 주장은 매우 설득력이 있어 국립과학재단National Science Foundation과 국립보건원National Institute of Health 같은 연방 기구의 창설과 막대한 기금 지원을 이끌어냈다.

연방의 지원금은 1960년대에도 계속되어 새로운 강의실, 실험실, 도서관을 짓는 데 사용되었다. 1947년 고등교육에 대한 연방 정부의 투자는 2억 4,000만 달러였는데, 1950년대 후반에 급격하게 상승했으며, 이후 40년간 계속해서 증가했다. 특히 냉전이 최고조에 달했던 1950~60년대에는 고등교육에 대한 연방 기금 지원이 크게 늘었다. 대학의 힘을 키우면 국가의 방위력이 강화되고, 국가의 필수적인 정책 목표들이 실현된다는 이유에서였다. 물론 이러한 지원금들을 주로 수주하는 분야는 물리학, 생명과학, 공학 등이었다. 반면에 사회학은 약 3퍼센트 정도, 인문학은 통계조차 잡히지 않을 정도로 미미했다.

정부의 지원을 받아 막대한 연구비를 사용하고, 전 세계의 우수 두뇌들이 미국 대학으로 몰려들면서 미국 대학들은, 특히 연구중심 대학들은 국제적 명성을 얻기 시작한다. 그런데 미국의 연구중심 대학은 독일식 모델을 이식한 대표적인 사례임을 앞서 언급한 바 있다. 독일식 모델이 미국으로 건너와 큰 성공을 거둔 이유는 무엇일까? 다른 무엇보다 대학에게 주어진 선택과 결정의 자유 때문이었다. 독일과 프랑스에서는 정부가 요구하는 모델을 모든 대학들이 동일하게 수용할 뿐이었다. 반면 미국에서 독일식 모델이 채택된 것은 정부의 정책과 강제 때문이 아니었다. 대학들이 다양한 해외의 모델을 스스로 채택했고, 이것을 발전시켜 다른 모델들과 경쟁했다.

해외 대학 모델을 이식하는 과정에서 독일식 모델을 그대로 모방하는 대신 낯설고 이질적인 시스템은 무시하기도 했다. 예를 들어, 개인 교수의 독재적 지위, 사강사 무급 제도, 최종시험을 치르기 전까지는 학업 능력에 대해 점검하지 않은 평가방식 등은 미국의 상황에 맞춰 변용하거나 폐기했다.

이러한 자율성을 토대로 대학의 형태도 다양화되었다. 현재 미국 대학들은 기능과 역할에 따라 연구중심 대학, 교육중심 대학, 인문중심 대학liberal arts college, 커뮤니티 칼리지community college 등으로 구분할 수 있다. 연구중심 대학은 연구 기능에 중점을 둔 최고의 엘리트 기관이다. 교육중심 대학은 학부생 교육에 초점을 맞춘다. 인문중심 대학은 전통적인 인문학 교육을 실시한다. 커뮤니티 칼리지는 주 정부의 재정으로 운영되는 2년제 과정으로 실용적인 직업훈련에 초점을 둔다. 이처럼 자율성과 다양성은 현재 미국 대학들이 전 세계적으로 경쟁력을 갖게 된 이유이기도 하다.

8장

확장되는 지평,
확대되는 기회

19세기 후반 이후 미국은 전 세계인에게 기회의 나라로 떠올랐다. 자유와 평등이 보장된 곳, 풍요와 번영의 땅에서 새로운 기회를 찾아보려는 사람들이 전 세계에서 몰려왔다. 광활한 국토가 철도로 연결되자 국가의 발전에 속도가 붙었다. 생활수준은 높아졌고, 산업의 발전은 기대 이상이었다. 그러나 세계적 초강대국으로 발돋움하기에는 아직 부족했다.

20세기에 들어서자 세계질서를 뒤흔드는 변화가 있었다. 하나는 유럽에서 벌어진 두 번의 거대한 전쟁이었다. 양차 대전의 전쟁터였던 유럽은 파괴와 처참함의 수준이 예상치 못하게 컸다. 영국과 프랑스는 두 번 모두 승전국에 이름을 올렸으나 폐허로 변한 국토와 산업을 복구하는 데 온 힘을 쏟아야 했다. 두 번 모두 전쟁을 일으키고, 두 번 모두 패전의 멍에를 쓴 독일은 재기의 기회를 얻기조차 어려워 보였다. 다른 하나는 냉전이었다. 1917년 러시아에서 사회주의혁명이 일어났고, 그 결과 소비에트 연방, 즉 소련이 탄생했다. 소비에트의 영향으로 세계 곳곳에서 사회주의 국가들이 건설되었고, 이후 전 세계는 냉전이라 불리는 자본주의와 공산주의 진영의 대립을 경험해야 했다. 20세기에 밀려든 두 차례의 거대한 변화 속에서 유럽은 그동안의 군사적, 경제적, 지적 우위를 내려놓아야 했다. 반면 미국은 그 변화의 최대 수혜자였다. 20세기 미국 대학의 급부상은 이러한 변화에 힘입은 바 컸다.

20세기 중반에 들어서자 대학은 전 세계 어디에서나 빠른 속도로 확장되었다. 역사와 전통을 자랑하는 대학은 규모를 키웠고, 새로운 대학이 여기 저기서 빠르게 늘어났다. 1939년 유럽에는 201개의 대학이 있었는데, 이는 100년 전보다 두 배나 많은 숫자였다. 그런데 그로부터 50년 후에는 무려 600개가 넘을 정도로 급격하게 증가했다. 주목할 것은 이러한 흐름이 유럽과 아메리카 대륙을 넘어 전 지구적 차원에서 진행되었다는 사실이다. 특히 1960년대에는 전 세계 모든 나라에서 고등교육이 비약적으로 팽창했는데, 이러한 현상은 민주화, 인권, 과학화, 국가 발전계획 등 전 지구적으로 전개된 제도적 변화와 연관된 것으로 추정된다.

대학의 증가는 곧 학생 수의 증가를 의미한다. 어떤 통계에 의하면, 유럽에서는 20세에서 24세 사이의 대학 진학률이 1940년에는 2.1퍼센트였는데 비해서 1978년에는 21.5퍼센트로 증가했다. 세계은행의 자료에 의하면 특히 1960년에서 1985년 사이 모든 나라에서 극적인 성장이 있었다. 이미 대학생 비율이 높았던 부유한 경제협력개발기구OECD 국가들은 대학 진학률이 16퍼센트에서 39퍼센트로, 중간에 위치한 국가들은 4퍼센트에서 16퍼센트로 늘었다. 가난한 국가들에서도 진학률이 두 배 이상 뛰었다.

학생 수 증가에 힘입어 1960년대 이후 많은 국가에서 대학은 '엘리트교육'에서 '대중교육'으로 전환되었다.[36] 대학생 수의 증가는 이전에 대학에 접근하기 어려웠던 계층에게도 고등교육 기회가 확대되었음을 의미했다. 농민과 노동자의 자녀들이 고등교육을 접하게 되었고, 여성과 흑인 등 사회적 약자들에게도 기회가 확대되었다. 다양한 사회계층이 고등교육을 경험

---

36 트로우(Martin Trow)는 국가별 대학 진학률이 15퍼센트 이하면 엘리트교육, 15~50퍼센트 사이는 대중교육, 50퍼센트 이상은 보편교육 단계라고 정의했다.

하면서 대학의 역할과 기능에도 변화가 생겼다. 이전 시기의 엘리트 대학들은 인격과 덕성의 함양을 위한 교육에 중점을 두었다면, 이 시기의 대중 대학들은 당장 일자리를 구할 수 있는 기술 및 직업 교육을 강조했다. 엘리트 대학이 사회지도층 양성을 목적으로 한다면 대중 대학은 국가와 사회가 필요로 하는 산업인력 양성에 초점을 두었다.

미국 대학의 황금기

제2차 세계대전 동안 징병으로 학생 수가 급감하자 정부의 보조 없이 학생 수업료와 기부금 등으로 운영되던 미국 대학은 큰 타격을 입었다. 그 결과 잠시 운영을 중단하거나 아예 문을 닫는 대학들도 있었다. 그러나 제2차 세계대전 이후 미국의 대학들은 그 어떤 시기보다 빠르게 성장했다. 1945년 이후 시작된 고등교육의 호황은 무려 50년 이상 지속되었다. 우선 대학과 학생의 수 모두가 크게 늘었다. 1950년에서 1990년 사이 대학의 수는 1,851개에서 3,535개로 거의 두 배 증가했다. 대학생 숫자 역시 1949~50년 266만 명에서 1969~70년 800만 명, 1989~90년 1,354만 명으로 증가했다. 1960년대 가장 급격하게 증가한 후 1970년대에 다소 정체되기도 했지만, 전반적인 성장세는 그 이후에도 꺾이지 않았다. 이 시기 그간 대학교육에서 소외되었던 계층의 진학이 두드러졌다. 1949~50년 전체 학생 가운데 여학생의 비율은 약 30퍼센트에 불과했는데, 1989~90

년에는 54퍼센트로 상승했다. 1964년 10퍼센트를 밑돌던 흑인 학령인구의 대학 등록률이 1990년에 25퍼센트로 늘었다. 히스패닉계 학생들의 추세 역시 흑인 학생들과 비슷해서 1990년에는 16퍼센트가 대학에 등록했다. 고등교육 비용 역시 크게 늘어났다. 1949~50년 26억 6,000만 달러였던 것이 1969~70년 252억 7,000만 달러, 1979~80년 624억 6,000만 달러, 1989~90년 1,517억 6,000만 달러로 급격히 증가했다.

그러나 수치로 보이는 것처럼 그 과정 역시 순탄했던 것은 아니다. 대학에 공산주의자들이 잠입해 활동하고 있다는 이른바 매카시즘 광풍으로 수많은 교수가 자기검열의 공포와 두려움에 떨어야 했다. 또한 1957년 소련이 인류 첫 위성인 스푸트니크Sputnik 1호를 발사함으로써 패닉 상태에 빠진 미국인들은 자신들이 자랑하던 고등교육 시스템이 냉전에 대처할 정도의 경쟁력을 갖추었는지 되짚어 봐야 했다. 이와 함께 1960년대 후반에서 1970년대 초반 대학생들이 벌인 반전운동, 시위, 파업, 폭력사태로 정치인들과 대중들은 고등교육 때문에 국가의 발전이 지체되지 않을까 우려하게 되었다.

그렇지만 이러한 고통과 혼란은 일시적 현상일 뿐이었다. 매카시즘이 일부 캠퍼스에 충격을 주었지만, 대학 전체의 위신과 역할을 깎아내리지는 못했다. 스푸트니크호로 인해 많은 비판이 쏟아지고 절망도 있었지만, 그로 인해 1958년 국가방위교육법National Defence Education Act이 발효되어 상당한 예산이 과학, 외국어, 지역학 분야 등에 집중적으로 지원되면서 오히려 대학들은 성장에 날개를 달 수 있었다.

이 시기 미국인들은 대학은 미국을 위대하게 만드는 도구이며, 개인의 발전을 견인하는 수단이라는 믿음을 강하게 갖고 있었다. 국가 경제를 살리고, 국가 안보에 도움이 되며, 새로운 지식의 길을 열고, 교육을 통해 기회의 평등을 실현함으로써 대학은 공공의 이익을 창출한다고 믿었다. 또한 미국 정부는 고등교육 발전을 위해 투자와 지원을 아끼지 않았다. 이제 대학은 개인에게는 높은 수입과 사회적 지위 그리고 이익을 보장하는 확실한 수단으로 인식되었다. 가정에서는 자녀의 대학 진학을 위해 소비를 줄이고, 저축을 했으며, 빚을 지는 것도 서슴지 않았다. 대학만큼이나 수많은 사람의 삶에 영향을 미친 산업은 없을 것이라는 평가가 있을 정도다.

제2차 세계대전 이후 대학이 양적으로 성장하게 된 가장 큰 이유는 전쟁 후에 정부의 지원으로 대학에 입학하는 학생들이 늘어났기 때문이다. 1944년에 발효된 제대군인원호법The Service Readjustment Act(흔히 G.I. Bill이라 부름)은 수백만 명의 귀환 장병에게 대학 교육을 제공하기 위해 수십억 달러를 제공했다. 제대군인원호법에 힘입어 1943~46년 사이 입학생 수가 거의 두 배로 증가한 대학이 많았다. 칼리지와 대학은 학생으로 넘쳐났다. 1944년 약 3,000명의 학생이 다니던 인디애나 대학은 1946년에는 10,000명으로 증가했다. 제2차 세계대전 막바지에는 곤궁한 대학들을 위해 기부금이 제공되었으며, 한국전쟁 기간에는 연방 보조금으로 새로운 건물을 건축하도록 했다.

제대한 군인들이 제대군인원호법을 통해 대거 대학에 들어가자 대학 진학률이 비약적으로 높아졌다. 1939년에 학령인구의 15퍼센

트 정도이던 진학률이 1947년에는 50퍼센트로 높아졌다. 제대군인
원호법은 대학의 교육 내용에도 영향을 미쳤다. 제대 군인들은 인문
학이나 기초 학문보다는 실용적이고 직업 선택에 유리한 학과를 선
호했다. 연구중심 대학보다 지방의 커뮤니티 칼리지가 제대 군인들
에게 인기가 높았기에 이러한 대학들이 크게 늘었다. 제대 군인들 대
다수는 경제적 여건이 좋지 않은 가정 출신이 많았기 때문이다. 만약
제대군인원호법이 없었다면 대학 입학생 수의 약 20퍼센트가 줄었
을 것이라는 평가도 있다. 가난한 학생들의 대학 접근을 가능하게 한
제대군인원호법으로 미국 대학은 오랜 배타성과 엘리트주의를 타파
하고 대학 대중화의 길을 열 수 있었다.

냉전이 키운 미국의 연구중심 대학

미국이 제2차 세계대전 이후 경제적, 군사적 초강대국으로 부상하
자 과학 기술에 대한 숭배가 미국 사회에서 그 어느 때보다 팽배했
다. 과학 기술은 전쟁을 승리로 이끌 수 있었던 핵심 분야일 뿐 아니
라 전쟁 후에도 국가 안전과 경제 번영, 각 개인의 삶의 질을 향상시
킬 초석이라고 믿었다. 이 시기 미국인들은 유일한 경쟁자인 소비에
트보다 과학과 기술 그리고 군사력에서 절대적으로 앞서 있다고 생
각했다. 하지만 이러한 낙관적 믿음은 오래가지 못했다.

1957년 10월 4일, 소련은 인공위성 스푸트니크 발사에 성공했다.
농구공만한 크기의 인류 최초의 인공위성이었다. 전 세계는 깜짝 놀
라고 열광했지만 미국은 망연자실했다. 대통령과 의회, 대중은 소련
에서 발사된 미사일이 불과 16분 후면 미국을 타격할 수 있다는 사

실에 엄청난 충격을 받았다. 대량살상이 가능한 미사일을 소련이 보유했다는 사실만 미국인을 아프게 한 것은 아니었다. 과학 기술에서 뒤처진 것은 결국 미국식 교육 프로그램의 실패를 의미하는 것이라는 근본적 비판이 더 아팠다. 미국인들은 스푸트니크호 발사를 가능하게 만든 소련의 성공적인 교육 시스템을 부러워했다.

대책 마련을 위해 백악관에 대통령과학자문위원회President's Science Advisory가 구성되고, 의장에 버클리 대학 총장 시보그Glenn Seaborg가 임명되었다. 다양한 논의가 오간 끝에 근본적으로 과학 교육이 실패했기 때문이라는 결론에 도달했다. 미국의 교육은 체계적이지 못하며, 충분한 연구와 훈련이 이뤄지지 못해 전도유망한 학생들을 평범하게 만든다는 비판이 쏟아졌다. 반면, 소련 과학 기술의 발전은 교육과 연구를 중앙에서 계획하고 통제함으로써 가능했던 것으로 분석되었다.

많은 사람이 이러한 견해에 동의했다. 앞으로 미국의 운명은 과학과 교육에 달렸다고 믿었다. 스푸트니크호는 과학과 기술에 대한 투자가 사회적, 경제적, 정치적, 군사적 발전의 핵심수단이라는 사실을 미국인들에게 확인시켰다. 무엇보다 고등교육의 책임이 무거웠다. 과학 기술을 책임질 후속세대를 양성하며, 기술 혁신의 밑거름이 될 기초 분야 연구를 담당하는 핵심적 기관들을 발전시키는 것이 가장 중요했다.

그러나 소련과 같은 국가 주도의 교육 개혁은 권력이 분화된 미국에서는 불가능한 해법이었다. 미국 고등교육을 인가하고 조직하는 권력을 보유한 것은 중앙 정부가 아니라 주 정부였다. 무엇보다 소련의 중앙통제 방식을 도입하는 것은 자유주의의 힘을 믿는 대중과 정치인들에게 반감을 살 것이 분명했다.

결국 연방 차원에서 합의가 도출되었다. 해법은 국가의 재원을 과학 교육에 집중투자하는 것이었다. 1960년에 발간된 〈시보그 보고서〉는 즉각 초등교육으로부터 대학에 이르기까지 자금을 투입해 과학자와 기술자를 늘려 연구 역량을 근본적으로 향상시키라고 연방 정부에 촉구했다. 특히 기초과학 분야 연구와 대학원 발전 전략이 수정되었다. 단순히 계약을 통해 연구 프로그램을 지원하는 것보다 연구 기반시설을 구축하는 것이 보다 급선무임을 지적했다. 이를 계기로 대학에 건물이 세워지고, 실험실과 대형 실험장비가 구비되었으며, 대학원 교육 프로그램이 더욱 강화되었다. 전도유망한 학생들에게 주는 지원금이 증가했으며, 과학과 응용 분야의 교과 과정이 개편되었다.

변화된 연방 정부의 과학 기술 정책에서 미국의 연구중심 대학들은 냉전에서 승리의 열쇠를 쥐고 있는 핵심 기관으로 부각되었다. 국립과학재단의 연구 기금이 1952년에는 350만 달러였으나 1957년에는 1억 3,400만 달러로 급격하게 증가했다. 국립보건원도 마찬가지였다. 1940년에는 25만 달러의 예산을 항구도시나 해군기지의 전염병과 관련된 연구 프로젝트에 한정하여 사용했으나, 전쟁 후에는 사용 범위나 규모가 변화해 예산은 800만 달러로 늘었고, 1966년에는 10억 달러를 초과했다. 연방 정부의 지원은 막대하게 늘어났지만 지원금이 모든 대학들에 공평하게 지급되었던 것은 아니다. 여섯 개의 대학이 한 해 연방 연구 기금의 57퍼센트를 수령했다. 20개 대학으로 확장해 보면, 이들이 한 해 연방 연구 기금의 80퍼센트를 수령했다. 1960년대 중반 1,000여 개가 넘는 학위 수여 기관 중에서 불과 20여 개의 엘리트 연구중심 대학들에 국가 연구 기금의 대부분이 집중된 것이다. 대학들은 연구 기금을 받기 위해 온갖 노력을 기울였다. 스탠퍼드 대학은 1935년부터 산업 프로젝트와 연결된 외부 기금 유치를 강조했다. 물리학자와 공학자 간의 협업을 일찍부터 전략적으로 추진한 결과 제2차 세계대전 이후 과학과 공학 분야의 연방 연구 기금을 대거 수주하면서 성장을 거듭해 오늘에 이르게 되었다.

물론, 소련의 스푸트니크호로 인해 대학에 대한 연방 정부의 지원이 혁명적으로 변화되었다고 말하기는 어렵다. 제1차 세계대전을 기점으로 연방 정부의 본격적 지원이 시작되었으며, 시간이 흐름에 따라 그 규모는 계속 늘었다. 그러나 스푸트니크호 발사가 대학에 대한 연방 정부의 투자 증가와 새로운 형태의 과학 연구를 촉진하는 계기가 된 것은 분명한 사실이다. 두 번의 세계대전과 무려 40여 년간 지속된 냉전이 미국 연구중심 대학의 비약적 성장에 매우 중요한 계기가 되었다는 점에서 20세기 미국 대학의 성공은 전쟁에 큰 빚을 지고 있다고 말할 수 있다.

2

유럽 대학의 전후 복구

제2차 세계대전을 겪으며 전쟁의 한가운데였던 유럽은 큰 피해를 보았는데, 그중에서도 전쟁의 참상이 가장 큰 지역은 중동부 유럽이었다. 이 지역은 전쟁의 결과 국가의 경계가 바뀌고 민족 구성이 달라지는 등 정치, 경제, 사회가 총체적으로 변화했다. 특히 소련의 지배를 받게 되면서 모든 부문에서 사회주의 체제에 기초한 변화가 있었다. 고등교육 역시 그러한 변화에서 자유로울 수 없어 소비에트 모델에 기초한 대학 재조직 과정이 전면적으로 추진되었다.

서유럽의 고등교육 역시 전쟁으로 큰 타격을 입었다. 대학 건물이 무너졌고, 학생과 교수 그리고 연구자들이 줄어들었다. 그러나 정부와 대학의 노력으로 피해는 빠르게 복구되었고, 오히려 이전보다 더 빠른 속도로 성장했다. 1949년 서유럽 국가들에서는 전쟁 직전인 1938년보다 두 배 이상 많은 학생이 대학에 다녔다. 군에서 제대한 학생들이 돌아왔기 때문만은 아니었다. 전후 재건은 경제적·기술적 문제일 뿐 아니라 교육적·지적 과제라고 믿었던 각국 정부가 교육 개혁을 추진하고 대학을 지원했기 때문이었다. 이러한 지원과 개혁의 목표는 미국과 소련에 대항해 경쟁력을 증진하는 것이었다. 그 결과 학생과 교수의 수가 늘었으며, 새로운 대학들도 설립되었고, 재정 지원 역시 증가했다.

서유럽

제2차 세계대전을 일으킨 독일의 전후 대학 개혁은 다른 나라들과 차원이 달랐다. 히틀러의 제3제국이 자행한 야만적이고 폭력적인 행위에서 자유로울 수 없었던 독일의 대학들은 모든 것을 백지상태에서 다시 시작할 것을 요구받았다. 다시는 독일이 전쟁을 일으키지 못하도록 미국, 영국, 프랑스, 소련 4개국이 결정한 정신적, 물질적 요구들을 그대로 수용할 수밖에 없었다. 1945년 8월 2일 체결된 포츠담협정의 핵심은 독일의 탈산업화와 재교육이었다. 포츠담협정으로 독일 대학들은 탈산업화를 위해 과학자를 줄이고 연구 시설을 없애야 했다. 핵물리학, 화학, 항공, 조선 등 전쟁 수행에 필수적인 전략적 분야 연구가 금지되었다. 교육 역시 '4d 원칙', 즉 탈나치화denazification, 비무장화demilitarization, 민주화democratization, 카르텔 해체 decartelization 등에 기초해 실시하도록 요구받았다.

그러나 자유주의 진영 점령국들은 협정에서 규정한 이러한 조치를 강요하는 데 주저했다. 미국, 영국, 프랑스가 통치한 지역에서는 오히려 독일 대학들에게 자치권을 주어 커리큘럼, 학위 수여, 교수 임용 등을 자율적으로 결정하고 실행하도록 했다. 점령국들은 새로 구성된 주 정부와 함께 나치 치하에서 잃어버린 대학의 자율권을 다시 세우도록 지원했다. 문화적, 학문적 교류 프로그램을 통해 독일 학자들이 학문 세계에서 활동할 기회를 제공했다. 이러한 자유주의적이고 민주적인 해법은 독일이 1950년대 경제 기적을 이루고, 정치적 민주주의를 발전시키는 데 큰 도움이 되었다.

대학을 비롯한 고등교육 분야가 전쟁의 피해로부터 서서히 벗어나자 서유럽 국가들은 다양한 사회적 문제를 해결할 방안을 교육에서 찾기 시작했다. 고등교육의 개혁은 크게 두 가지 문제에 집중되었다. 하나는 과학 기술의 발전이었다. 1950년대 중반부터 서유럽에서는 세계를 양분하고 있는 두 축 미국과 소련에 맞서 경쟁할 수 있도록 국가가 개입해 과학자와 기술자들을 양성해야 한다는 여론이 강했다.

프랑스 정부는 1956년 재계, 정치계, 학계의 주요 인사들을 초빙해 고등교육 개혁을 의제로 회의를 개최했다. 이 자리에서 기계공학 발전을 위한 기술전문대학Institut Universitaire de Technologie 설립, 의학 교육의 전면적 개편, 자연과학과 사회과학 연구의 장려 등이 논의되었다. 1957년 서독에서도 과학과 산업을 발전시키기 위한 고등교육 개혁 방안이 논의되었다. 그 결과 연방 정부, 주 정부, 학술 기관의 대표들로 구성된 학술위원회Wissenschaftsrat가 창설되었다. 한편, 기술자와 연구자의 부족 문제를 해결하고, 과학 연구와 교육을 장려하기 위해 1961년 국립 폭스바겐재단Volkswagenstiftung이 설립되었다. 영국에서는 왕립위원회가 1961년에 구성되어 고등교육 시스템을 전면적으로 점검했다. 그 결과 1963년 〈로빈스 보고서Robbins Report〉가 발간되었으며, 보고서의 권고대로 과학 기술 교육을 활성화하기 위해 폴리테크닉polytechnic이 전국적으로 설립되었다.

개혁의 또 다른 방향은 고등교육 부문을 확대하는 것이었다. 각국 정부들은 이를 위해 학생 보조금을 늘리고, 대학 교육의 범위를 확장하며, 새로운 분야의 교수 채용을 늘렸다. 새로운 대학들이 설립되기도 했지만 때로는 전문학교를 대학의 지위로 승격시키기도 했다. 이러한 조치들로 다양한 계층이 대학 교육을 접할 수 있었다. 1967년에는 1956년보다 서너 배 많은 학령인구가 대학 교육의 혜택을 받게 되었다. 프랑스의 경우 제2차 세계대전이 끝날 무렵 학생 수는 76,000명, 교수는 5,000명 정도였다. 1960년 학생 수는 20만 명으로 늘었고, 1970년에는 60만 명이 되었다. 이 기간 교수 역시 비슷한 증가세를 보여 8,000명에서 30,000명으로 늘었다. 대학생의 비약적 증가로 1960년대 이후에는 도시 주변에도 캠퍼스들이 설립되어야 했다. 소르본 대학 역시 파리와 그 근교에 새 캠퍼스를 설립함으로써 부분적으로는 중앙집중화 문제를 해소할 수 있었다.

소비에트와 중동부 유럽

19세기 러시아는 긴 잠에서 깨어나고 있었다. 17세기 말부터 18세기 초까지 활약한 계몽군주 표트르 대제Pyotr I로부터 시작된 근대화 개혁이 그의 뒤를 이은 차르들에 의해서도 지속되었다. 러시아의 차르들은 근대화 과정에서 고등교육이 얼마나 중요한지 충분히 인식하고 있었다. 부유하고 군사력이 강한 서구 열강을 따라잡는 데 교육과 연구가 필수적이라는 사실을 깊이 깨닫고 있었다. 그러나 학생과 지식인들이 러시아 전제왕권을 위태롭게 만들 수 있다는 것도 잘 알고 있었다. 그렇기에 차르들은 대학을 대할 때 언제나 이중적인 태도를 보였다.

이러한 이중적 태도는 대학 모델을 도입할 때도 드러났다. 19세기 러시아에서는 독일 모델을 토대로 대학 설립이 추진되었다. 최초의 교수들은 독일인이거나 독일 대학 특히 괴팅겐 대학에서 유학한 러시아인이었다. 그러나 학문의 자유를 중심으로 하는 독일식 모델이 러시아에서 온전히 뿌리내리기는 어려웠다. 차르들은 국가의 규율과 통제에 기초한 프랑스식 모델 역시 받아들이고자 했기 때문이다. 결국, 차르 시기 내내 러시아 대학들은 자유와 통제 사이의 긴장이 반복되는 상황을 지켜봐야 했다.

니콜라이 1세Nikolai I 치하처럼 강압적 통제의 시대가 오면 대학은 견디기 어려웠다. 1835년 대학법이 통과되면서 학생들은 유니폼을 입어야만 했고, 대학 커리큘럼이 엄격하게 규정되었으며, 교수들은 권위주의적인 정부를 인정하는 한편 러시아 정교를 지지한다고 선서해야 했다. 정부가 임명한 '렉토르'들이 지배했으며, 반대자는 제거되었고, 강의 내용은 검열을 받아야 했다. 헌법이나 철학처럼 정치적으로 위험한 과목은 교육에서 아예 제외되었다.

혼란스럽던 러시아 대학의 상황을 바꾼 것은 1917년 볼셰비키혁명이었다. 혁명을 통해 건설된 소비에트는 강력한 국가 건설을 교육 목표로 설정했다. 제정 러시아의 교육 체계는 일소되었으며, 사회주의 이념을 바탕으로 한 새로운 교육 정책이 추진되었다. 노동과 지식, 이론과 실천, 과학과 기술이 결합한 교육을 지향했다. 프롤레타리아를 주축으로 삼아 건설된 소비에트 정권이었으므로 고등교육의 수혜 역시 이들에게 향했다. 소비에트의 평등 정책에 힘입어 사회 소외계층이었던 농민과 노동자 자녀들도 고등교육을 경험할 수 있게 되었다.

자본주의 국가들과 경쟁에서 이기기 위해 무엇보다 과학, 기술 분야 등 실용적 교육이 강조되었다. 대학을 비롯한 고등교육 기관들은 국가 경제발전을 위한 도구로 인식되었고, 정부의 엄격한 명령과 통제를 받았다. 국가 경제발전 목표에 맞추어 교과목이 정해지고 커리큘럼이 설정되었다. 교육이 경제적 필요와 밀접하게 연관되자 응용과학 및 기술 분야를 교육하기 위해 설립된 전문학교들이 중요해졌다. 이러한 변화는 대학의 역할과 지위를 변화시켰다. 전문 분야의 강조로 인해 대학은 '일반 교육general education'을 담당하는 곳으로 인식되었다. 전문학교들이 활성화되면서 대학은 여러 고등교육 기관들 중 하나에 불과한 존재로 전락했다. 1960년 소련에는 739개의 고등교육 기관들이 있었는데, 이 중 40개만 대학이었다. 전체 고등교육 기관에 등록된 학생 수는 2,396,000명인데 이 중 10퍼센트만이 대학생이었다. 대학을 산업과 경제 재건의 도구로 인식하는 이러한 태도에서는 대학의 연구 기능 역시 축소되었다. 연구 기능은 다양한 아카데미들에서 담당했다.

1945년 이후 중동부 유럽의 소련 점령 지역에서는 소련의 경험에 따라 고등교육이 재건되었다. 고등교육 기관들은 자율성을 상실하고 중앙 정부의 통제와 간섭 아래 놓이게 되었다. 총장과 학장을 비롯한 교수의 임명에서부터 학생 조직의 구성까지 통제받아야 했다.

커리큘럼과 교육 내용 역시 허가를 받아야 했는데, 특히 이념과 긴밀하게 관련된 철학, 역사, 법학, 경제학, 기타 사회학 등의 과목들이 심하게 통제받았다. 대학은 철학, 사회과학, 수학, 모든 자연과학 등의 순수 학문을 교육하는 것으로 그 역할이 제한되었다. 의학, 약학, 농학, 물리 교육 등의 실용적 과목들은 대학에서 분리되어 전문 기관들에 맡겨졌다.

공산주의 정권이 고등교육 체계에 대한 완전한 지배권을 갖게 되는 1950년대에는 통제가 더욱 강화되었다. 1950년대 초반 폴란드의 대학생들은 모든 강의, 실습, 세미나에 출석해야 했으며, 정기적인 강제 시험을 통과해야 했다. 남학생들은 군복무를 해야 했고, 군사 훈련이 교육 프로그램에 포함되었다. 개인이 학업을 중단하거나 연장하는 것은 사회적으로 무책임한 행동 혹은 비애국적 행동으로 인식되어 대학에서 퇴학당하는 것은 물론 감옥에 갈 수도 있었다.

1957년 스푸트니크호 발사를 시작으로 1960년대 우주 경쟁에서도 소련이 앞서가자 전 세계는 소련의 교육 시스템을 집중적으로 연구했다. 사회주의 교육제도의 평등성과 보편성이 칭송받았으며, 단기간에 교육의 질적, 양적 팽창을 가져온 중앙통제 방식의 효율성이 주목받았다.

전 지구적 현상으로서 대학

19세기 말에서 20세기 초, 유럽과 아메리카 이외의 지역에서도 대학이 설립되기 시작했다. 유럽 대학 모델이 아메리카에 이식된 지 400여 년이 지나서야 아시아와 아프리카에서 대학이 모습을 드러낸 것이다.

아메리카 대학들의 경우 유럽에서 온 이주민들이 자신들의 필요로, 자신들이 직접 설립한 것들이기에 유럽 대학을 그대로 모방한 것은 자연스러운 일이었다. 그런데 19~20세기 아시아와 아프리카 등에 설립된 대학들 역시 유럽의 모델을 그대로 따랐다. 이들 지역에 고등교육의 전통이 없어서 그랬던 것은 아니었다. 인도, 이슬람, 중국을 비롯한 동아시아 국가들은 오래전부터 고도의 문명을 이룩하고 체계적인 사회를 유지해 왔다. 따라서 이들 지역은 정치 엘리트 혹은 종교 지도자를 양성하기 위한 고등교육 기관의 역사가 깊은 곳이었다.

그런데도 이들이 유럽의 대학 모델을 좇은 것은 제국주의 열강의 식민지 지배와 관련이 깊다. 열강들은 식민지를 효율적으로 통치하기 위해 본국의 대학 시스템을 그대로 이식했다. 영국의 지배를 받았던 인도에는 영국 대학 모델이 이식되었다. 북아프리카와 프랑스령 서아프리카, 시리아, 인도차이나 등에서는 프랑스 모델이 이식되었다. 흥미로운 점은 제국주의 열강의 지배를 받지 않은 곳에서도 대학 시스템은 서양을 따랐다는 사실이다. 서양 열강의 강대함이 근대화에서 비롯된 것임을 깨닫게 된 국가들은 서양식 고등교육을 통해 국가의 부강을 이루려 했기 때문이다. 그러므로 서양 이외의 지역에서 설립된 모든 대학들은 구조와 조직, 행정체계, 교육 내용과 방식, 학위 수여 등에서 서양식 모델을 그대로 따랐다.

식민지 지배는 이들 지역의 고등교육 발전에 깊은 흔적을 남겼다. 중남부 아메리카는 유럽의 원료 공급 식민지로 기능하며 자체의 산업 발전을 이루지 못했고, 그 영향이 고등교육의 성장을 방해했다. 아시아 대학들은 우수한 학문과 교육 기관의 전통을 가졌지만 식민지 지배를 겪으며 모든 것을 서양의 것으로 대체해야 했다.

중남부 아메리카

지금의 중남부 아메리카 국가들은 에스파냐와 포르투갈의 지배를 받다가 18세기 말에서 19세기 초 독립전쟁을 통해 수립되었다. 400여 년의 식민지 지배를 마감하는 급격한 정치적, 사회적 변화는 당시의 대학들에도 큰 영향을 미쳤다. 중남부 아메리카 대학들은 본래 에스파냐와 포르투갈의 구체제와 깊이 연관되어 있었는데, 대학을 설립하고 운영했던 주체인 식민 정부와 교회가 혁명과 독립전쟁을 거치면서 축출되었기 때문이다.

식민지 지배 동안 중남부 아메리카에서는 33개의 대학이 설립되었다. 이들 중 사라진 것도 있고 살아남은 것도 있지만, 극히 일부만이 제대로 된 대학의 지위를 유지했을 뿐이다. 신생 공화국들은 국가 발전과 기간요원 양성을 위해 새로운 대학을 설립하기 시작했고, 이후 100년 동안 약 50개의 대학들이 추가로 설립되었다. 중남부 아메리카에서도, 다른 지역들과 마찬가지로, 1960년대 이후 고등교육의 대대적 확장이 있었다. 1950년에는 약 75개의 대학에 25만 명의 학생들이 있었던 반면 2000년대 들어서는 1,700만 명 정도의 학생이 등록되어 있다. 대학의 수 역시 변화가 있었는데, 1960년에는 164개로, 1995년에는 812개로 늘었다

독립과 정체성 찾기로 점철된 중남부 아메리카의 20세기 정치 문화 풍경에서 대학은 매우 의미 있는 주체였다. 그 출발은 1918년 '대학개혁운동University Reformation Movement'이었다. 20세기 전반, 중남부 아메리카의 대학은 사회적 문제로부터 격리되어 있었고, 근대적 의미의 연구 기능은 작동하지 않았다. 매우 소수의 학생들에게 전통적인 전문직 교육을 제공할 뿐이었다. 사회에 폐쇄적이고 근대화에 실패한 대학들은 차츰 비난을 받게 되었다. 결국, 1918년 아르헨티나 코르도바Cordoba에서 대학개혁운동이 일어났는데, 그것은 구체제에 대항해 일어난 '아래로부터의 혁명'이자 '내부로부터의 혁명'이었다.

대학개혁운동이 일어난 때는 근대화 물결이 중남부 아메리카로 밀려들어 기존의 문화적·지적 토양이 위협받을 때였다. 전통 엘리트

의 정치적·사회적 지위는 도전받았고, 농민과 노동자들의 목소리는 점점 커졌다. 대학을 바꾸고자 시작한 대학개혁운동은 이러한 상황에서 대학에만 머무를 수 없었다. 대학개혁운동이 요구한 대학 내부의 민주화는 이제 사회의 민주화와 개혁으로 확장되었다. 대학개혁운동은 대학을 넘어 사회 전반을 향하게 되었으며, '목소리 없는 자들의 목소리' 즉 농민과 노동자 같은 일반 대중의 목소리를 대변하기 시작했다. 경제적 특권을 몰아내고 공공의 삶을 구축하는 데도 힘을 더했으며, 국가 발전에 이바지할 과학 기술 연구를 촉진하라고 요구했다.

사립대학도 있었지만 공립대학들이 보다 주도적인 역할을 했던 대학개혁운동 이후 중남부 아메리카에서 공익public good 혹은 사회적 투자social investment 같은 개념이 소개되는 등 대학의 공공성 개념이 강하게 뿌리내릴 수 있었다. 대학개혁운동은 중남부 아메리카 전역으로 빠르게 확산해 브라질을 포함한 모든 나라에서 학생들이 스스로 조직체를 구성하고 개혁에 앞장섰다. 대학개혁운동에서 요구했던 개혁적 요소들은 후에 대학과 사회 그리고 국가의 관계를 규정하는 다양한 논의에서 중요한 근거가 되었다.

그러나 중남부 아메리카에서 대학의 성장과 학문적 발전은 더뎠다. 대학 진학률 또한 국가별로 편차가 있지만, 여전히 평균 30퍼센트에 못 미친다. 연구자 수 또한 유럽이나 북아메리카 지역보다 현저히 적다. 산업이 발전하지 못해 과학 기술의 혁신은 정체되었으며, 정체된 과학 기술은 대학의 연구 기능을 견인하지 못했다. 정치적 경제적 불안정은 결국 고등교육 발전에 장애가 되었다. 1980년대 이후에는 시장의 힘이 강력하게 작용하면서 사립대학이 늘고, 학비가 증가하며, 대학의 사회적 역할이 축소되었다.

아시아

아시아의 근대화 과정에서 서양의 지식체계가 미친 영향은 절대적이었다. 이제는 서양의 식민지 지배로부터 완전히 벗어나 독립을 쟁취하고, 경제적으로도 놀라운 성장을 이루었지만, 서양 학문의 영향력만큼은 여전하다. 학문 소통의 언어로서 영어의 지위가 굳건하며, 미국과 유럽으로 향하는 유학생의 흐름, 도서의 번역 등에서도 서양의 영향력은 막강하다. 서양의 지식체계를 전파하는 수단은 바로 대학이었다.

서양의 영향력이 유독 강한 이유는 무엇일까? 많은 아시아 국가는 서양 열강으로부터 식민지 지배를 받는 과정에서 자연스럽게 교육 시스템도 이식받았다. 특히 식민지가 가장 많았던 영국의 영향력이 가장 컸다. 인도, 파키스탄, 방글라데시, 말레이시아, 싱가포르, 홍콩 등이 영국 대학 시스템을 이식받은 곳이다. 인도네시아는 네덜란드, 베트남은 프랑스, 필리핀은 에스파냐와 미국의 지배를 받으며 대학 시스템 역시 이식받았다. 일본의 식민지였던 한국과 대만은 일본의 교육제도를 강요받았지만, 일본 역시 서양의 제도를 그대로 따랐기에, 사실상 서양의 시스템을 이식받은 것이라 할 수 있다.

식민지 고등교육은 각 나라가 처한 상황에 따라 다양한 모습으로 실행되었지만 몇 가지 일반적 경향을 발견할 수 있다. 첫째, 서양 열강은 교육 활동에서 자신의 언어를 사용했다. 영국과 미국의 지배를 받은 국가들은 영어를, 인도네시아는 네덜란드어를, 베트남은 프랑스어를, 한국과 대만은 일본어를 사용했다. 둘째, 대학의 조직 구성과 운영 방식, 교수직 체계, 교육 및 연구 시스템 등에서도 식민지 본국의 사례를 따랐다. 셋째, 교육 내용은 아시아 사회의 필요를 충족하기 위한 것이 아니었다. 근대화와 산업화가 당면 과제였지만 식민지 대학들은 서양의 선진적인 과학 및 기술은 교육하지 못했으며, 연구 기능도 발전시키지 못했다. 넷째, 교수들은 대개 식민지 본국에서 왔으며, 이들이 본국의 규범과 가치를 강요하고 대학을 지배했다.

이러한 사실들은 식민지 대학의 진정한 설립 목적이 어디에 있는지 알려준다. 즉, 식민지 대학은 학문 수준을 높이고 지식인을 양성할 의도에서 설립된 것이 아니라, 식민지를 효과적으로 통제하고 관리하려는 필요에서 설립된 것이었다. 실제로, 식민지 대학에서 학문의 자유는 제한되었으며, 엄격한 통제와 억압이 교수와 학생들에게 가해졌다.

하지만 식민지 본국의 억압에도 식민지 대학들은 문화적·정치적·지적 저항의 원천이었다. 어느 곳에서나 핵심적인 민족 지도자의 상당수는 대학에서 훈련받은 지성인이었다. 식민지 지성인들은 민족 정체성을 발전시켰고, 문화적 저항운동에 앞장섰으며, 식민지 근대화의 책임을 도맡았다. 그런 의미에서 식민지 대학은 식민주의 철폐의 기지이자 독립국가 건설의 토대였다고 할 수 있다.

식민지 지배를 받지 않은 일본, 중국, 태국에서도 서양의 영향력은 강력했다. 이들이 추구했던 근대화modernization란 곧 서양화westernization를 의미하는 것이었기에 서양 대학 외에 다른 대안은 전혀 고려되지 않았다. 일본은 1868년 메이지 유신 이후 근대화를 적극적으로 추진해 1905년 러시아와의 전쟁 이후 아시아의 패권국으로 발돋움했다. 이 과정에서 새로 설립된 대학들은 선진 지식과 기술을 도입하고 산업인력을 양성하는 핵심적 역할을 담당했다. 서양 여러 나라의 대학이 고려의 대상이었지만 일본이 원하는 발전과 방향이 같았던 독일 대학 모델이 선택되었다. 그러나 제2차 세계대전 이후에는 점령국인 미국의 영향으로 미국 대학 모델을 따랐다. 1905년 중국은 2,000년을 이어 온 과거제를 폐지하고 서양식 고등교육을 받아들였다. 그러나 통일된 정책은 부재했고, 정치 상황은 너무도 혼란스러웠다. 공산혁명 이후에는 모든 서양식 기관과 커리큘럼을 일소하고 소비에트의 것으로 대체했다. 영국의 지배가 확고했던 홍콩은 영국식 대학 모델을 좇았으며, 영어를 사용했다. 태국은 국왕의 주도로 근대적 대학 모델을 추진했다. 학문적 모델을 독립적으로 선택하는 한편 태국의 필요를 반영했지만, 프랑스, 영국, 독일, 미국 등 서구 전문가들의 영향이 매우 강했다.

아시아 국가들에서 대학은 앞으로 더 큰 폭으로 성장할 것으로 보인다. 아시아 국가들이 지금까지 이룬 놀라운 경제적 성장은 사실 초중등교육 때문이었다. 이제 세계는 지식기반 경제로 변모하고 있기에 아시아 국가들에서 대학 교육은 더욱 중요해질 것이기 때문이다. 문제는 아시아 대학들에서 서양의 영향력이 여전히 절대적이라는 점이다. 아시아 국가들은 대학의 이념이나 방향을 설정할 때, 대학의 조직이나 교육 과정을 개혁할 때 서양의 사례를 그대로 따른다. 최근에는 미국 대학들이 가장 유력한 모델로 부상했다.

4

고등교육의 대중화

고등교육의 대중화는 단지 학생의 수가 많아지는 현상적 변화만을 의미하는 것이 아니다. 학생의 계층 구조, 교육의 내용, 대학의 기능, 기관의 규모 등 수많은 변화를 동반한다. 18~24세 사이 중산층 남성의 전유물이었던 대학 교육이 대중화 단계에서는 계층도 연령도 다양해진다. 엘리트 단계에서 특권으로 여겨지던 고등교육의 기회가 대중화 단계에서는 자격을 갖춘 누구나 누릴 수 있는 권리로 인식된다. 엘리트교육은 소수를 대상으로 사회지도층이 갖추어야 할 품성과 자질을 강조하는 반면 대중화 단계는 인격 도야보다 사회 각 분야에서 필요로 하는 전문 기능 교육을 강조한다. 대중들이 대거 대학에 입학함에 따라 대학의 규모 역시 대형화되고, 이는 대학의 구조와 조직을 변화시킨다.

기회의 확대

19세기 말~20세기 초, 고등교육의 중요한 특징 가운데 하나는 이전 시기 배제되었던 집단에게도 문호가 개방되었다는 점이다. 하나의 이유는 한 개인의 사회적 능력을 평가할 때, 이전 시기에는 혈통과 가문을 중시했던 반면, 이제는 재능이 중요해졌기 때문이다. 보다 중요한 이유는 대중들의 정치적 권리가 신장되었기 때문이다. 산업혁명과 프랑스혁명으로 민주주의와 평등 같은 이념들이 중요하게 인식되면서 노동자와 여성이 자신의 권리를 적극적으로 주장하기 시작했다. 19세기까지만 하더라도 토지 귀족 혹은 전문 직업인의 아래에 위치한 사회계층이 대학에 들어오는 경우는 1퍼센트 미만이었으며 여성은 아예 없었다. 1910년까지도 대학의 학생 구성에서 노동자 계층이 차지하는 비율이 잉글랜드 1퍼센트, 덴마크 3퍼센트, 이탈리아 5퍼센트, 스웨덴 11퍼센트 정도였다. 그러나 1930년에 이르면 이러한 구성에 큰 변화가 생기는데, 특히 잉글랜드에서는 대학생 중 노동자의 비율이 29퍼센트로 급등한다.

대학의 문은 제2차 세계대전 이후 더욱 넓어졌다. 제2차 세계대전에서 대중의 역할은 그 어떤 때보다 컸으며, 전후 사회는 이들의 요구를 적극 수용해야 했다. 1960년대 전 세계에서 대학생 수가 비약적으로 증가한 것은 대중 민주주의 사회로의 발전과 밀접한 관련이 있지만 다른 한편으로는 국가의 정책적 필요 때문이었다. 제2차 세계대전 이전에는 중등교사, 의사, 변호사, 성직자, 과학자 등 사회의 중추 엘리트를 적절하게 배출하는 것이 대학의 역할로 인식되었다. 그런데 제2차 세계대전 이후에는 사회경제적 발전의 원동력인 인적 자본을 창출하는 수단으로 교육이 주목을 받고, 교육 기회의 확대가 개인과 사회에 큰 이익을 가져다준다는 인식이 확산되면서 국가는 고등교육의 문호를 대폭 넓히게 된다. 중앙 정부 혹은 지방 정부의 장학금이 노동자계층에게 확대되고, 야간 교육, 비대학nonuniversity 교육, 직업 교육 등이 확장되면서 이전 시기에는 생각조차 못했던 학생들에게도 고등교육의 기회가 제공되었다. 이러한 변화는 제2차 세계 대전 이후 전 세계 어디에서나 고등교육이 극적으로 확장되는 토대였다.

흥미로운 것은 전통적인 대학과는 다른 형태의 고등교육 기관들이 대거 등장했다는 점이다. 영국에서는 1963년 〈로빈스 보고서〉에 의해 '폴리테크닉'이 설립되면서 이른바 '바이너리 시스템binary system'이 운영되었다. 바이너리 시스템은 순수 학문 중심의 대학과 실용 교육 중심의 폴리테크닉이 서로 다른 방향의 고등교육을 제공하는 이원적 구조였다. 프랑스는 1966년, '기술전문대학'을 설립해 대학의 2학년 과정에 상응하는 학위를 수여했다. 미국에서는 2년제 준학사 학위를 수여하는 '커뮤니티 칼리지'가 큰 인기를 끌었다. 대학 내에서 별도의 직업 교육 프로그램을 운영하는 경우도 있었다. 특히 1969년 영국의 개방대학open university을 시작으로 텔레비전 혹은 라디오를 이용한 원격 교육distance education이 활성화되면서 고등교육의 기회는 더욱 확대되었다.

여성의 교육 기회 역시 대폭 늘었다. 유럽과 미국에서도 19세기 중반까지는 여성이 대학에 입학하는 게 쉽지 않았다. 중동부 유럽 국가에서는 여성의 고등교육이 아예 금지되기까지 했다. 20세기가 되면서 기회가 확대되었지만 1910년 서유럽 국가에서 여성 대학생의 비율은 전체 대학생의 12퍼센트에 불과했다. 그러나 양차 대전을 거치면서 여성의 사회적 참여가 확대됨과 동시에 대학 입학 기회도 늘었다. 1950년에서 1975년 사이 대학생 중 여성의 비율은 서유럽의 경우 21퍼센트에서 37퍼센트, 일본은 11퍼센트에서 32퍼센트, 미국은 30퍼센트에서 45퍼센트로 확대되었다. 여성의 고등교육은 처음에는 사범대학이나 간호대학, 가정학과 등에 집중되었지만 점차 학문 분야도 확장되었다.

미국의 경우 흑인의 대학 입학이 늘었다. 남북전쟁 이전에는 흑인 대학이 단 하나도 없었지만, 노예해방 이후 애틀랜타Atlanta, 내슈빌Nashville, 워싱턴 D.C. 등에 흑인 대학이 설립되었으며, 1890년 모릴법의 영향으로 열일곱 개가 더 설립되었다. 그러나 강력한 분리 정책으로 인해 흑인 대부분은 백인의 대학에 들어갈 수 없었다. 흑인의 대학 입학은 커다란 저항을 낳기도 했다. 1956년 앨라배마 대학에서는 흑인 여학생의 입학 소식을 들은 백인 학생들이 폭동을 일으켰다. 1958년 미시시피 대학에서는 박사 학위 과정을 밟으려는 한 흑인 학생이 주립 정신병원으로 이송되는 일도 있었다. 정신이상자 아니고는 흑인이 백인 학교에 들어갈 이유가 없을 것이라는 논리였다. 1954년의 대법원 판결과 1960년대 시민권 투쟁으로 흑인에게도 대학의 문이 조금씩 열렸지만, 전체적인 입학률은 낮았다.

1960~70년대 대중 고등교육 단계로의 전환은 한 국가의 경제 수준 및 민주주의의 발전 정도를 상징하는 지표였다. 그러나 동시에 대중이 더 많은 고등교육의 기회를 얻게 되면서 대학은 사회적 현안으

로부터 초월해 있던 상아탑의 자리에서 내려와야 했다. 이제 대학은 사회의 정치적, 경제적, 문화적 변화에 더 민감하게 반응하는 기관으로 변화하고 있었다.

사회 변혁의 진원지

학생운동은 세계 곳곳에서 중요한 역할을 담당했다. 터키, 대한민국, 베트남, 에콰도르, 태국 등에서는 학생들이 정부를 무너뜨리는 원동력이었다. 유럽에서도 마찬가지였다. 독일과 오스트리아의 1848년 혁명에서, 19세기 프랑스와 러시아의 정치적 급변기에 대학생들은 핵심적 역할을 담당했다. 그러나 1960~70년대, 특히 1968년을 중심으로 한 학생운동은 이전 시기와는 여러 면에서 달랐다.

프랑스 68혁명의 시작은 대학이었다. 68혁명은 대학에서 대학생들이 대학의 문제를 지적하며 출발했다. 1960년과 1967년 사이 15개 대학의 학생 수는 214,672명에서 586,466명으로 크게 늘었다. 이와 관련하여 파리낭테르Paris-Nanterre 대학(낭테르 대학)에서 사회학부의 정원 외 문제로 학생과 정부 사이에 논쟁이 있었고, 이것이 권위주의, 기술관료주의에 대한 반대로 확대되었다. 결국, 낭테르 대학이 폐쇄되었고, 학생들의 분노가 소르본과 다른 프랑스 대학들로 확대되면서 사태는 걷잡을 수 없게 전개되었다. 학생들의 저항이 유럽 대륙을 휩쓸고 철의 장막으로까지 번져가는 상황에서 드골 정부는 학생들의 요구를 수용한 대학 개혁안을 내놓을 수밖에 없었다.

1968년 11월에 제정된 포르법Faure Act은 자율과 참여를 원칙으로 했다. 대학이 스스로 기관의 목표와 비전을 설정하고, 조직과 구성에 대한 결정권을 갖게 되었으며, 교육·연구·행정에 대한 독립성을 보장받게 되었다. 정교수들로만 구성되었던 대학 지배기구들이 다양한 대학 구성원의 대표자로 구성된 위원회로 대체되었다. 이제는 대학 교수만이 아니라 강사, 학생, 교직원들까지도 대학의 운영과 방향에 대한 의견을 개진할 수 있게 되었다.

한편, 학제적 구성에 관한 요구 역시 관철되었다. 법학부, 의학부같은 기존의 틀이 해체되고, 다양한 학문 분과들이 결합한 새로운 분과들이 만들어졌다. 학부들 내에 존재하던 분과들이 잘게 쪼개어지거나 새롭게 재편되면서 교육과 연구에 적합한 유연한 구조로 바뀌었다. 기존의 대학들도 새로운 법칙에 맞추어 재구성되어야 했으므로, 전통을 자랑하는 대형 대학들 역시 학문적 성격에 따라 여러 개의 기관들로 분해되었다. 소르본 대학은 열세 개 대학으로 나누어졌으며, 보르도 대학은 네 개로 나누어졌다. 이를 통해 오랫동안 유지되던 기존의 대학 체계가 완전히 바뀌었다. 대학이 없던 도시들에 새로운 대학이 설립되었고, 대학과 유사한 기능을 담당하던 기존의 기관은 확대 개편되어 대학으로 승격되었다.

1945년 이후 20년 동안 어떠한 학생운동도 발생한 적 없는 서독에서도 수천 명의 대학생이 대규모 저항을 벌였다. 시작은 1967년 이란 국왕 무하마드 리자 팔레비Muhammad Rizā Pahlevī의 방문에 맞추어 그의 억압통치를 반대하며 벌인 시위였다. 시위 과정에서 한 학생이 경찰이 쏜 총에 맞아 사망하는 사건이 발생하자 다른 대학들에 확산되었다. 이 과정에서 독일 대학생들 역시 대학 개혁을 요구했다. 1960년대 독일 대학은 여러 면에서 변화가 필요했다. 우선 비약적으로 늘어난 학생 숫자에 적합한 교육 및 시설이 필요했다. 전후 베이비붐 세대가 대학에 대거 들어오면서 1950년에 12만 명이던 대학생 수가 1965년에는 25만 명으로 늘어나 대중 대학으로 변모하고 있었지만, 대학의 교육은 그들의 요구를 담지 못했고, 대학의 시설은 턱없이 부족했다. 독일 대학들은 여전히 순수한 학문 연구를 주창하던 훔볼트의 이상에 사로잡혀 있었지만, 낡은 강의실과 실험실, 턱없이 부족한 기숙사로는 늘어난 학생들을 감당하기 어려웠다.

대학의 정치적 보수화도 비난의 대상이었다. 제2차 세계대전 이후 독일의 학계는 나치에 대해 협력 내지는 암묵적으로 동조했던 자신들의 부끄러운 과거 때문에 현실문제에 참여하기를 더욱 꺼렸다. 순수 학문이라는 상아탑에 자신들을 가둔 채 사회 현실에 대해서는 눈을 감았다. 대학의 전근대적인 구조 역시 큰 문제였다. 교수들이 대학의 문제에서 최고의 결정권을 독점하고 있었기에 그 외 구성원들은 그들의 결정에 절대복종해야 했다. 사회는 날로 민주화되는 데 비해 대학은 여전히 비민주적이며 권위주의적 구조에 머물러 있다는 비판이 학생들에서 나왔다. 자유롭게 교육받고 연구할 환경을 만들어 달라는 요구도 있었는데, 핵심은 학생들을 경제적 종속상태로부터 해방시키라는 주장이었다. 학비는 이미 1946년에 폐지되었으므로, 여기에서 말하는 해방은 생활비의 지급이었다. 학생들은 경제적 문제를 학문의 자유의 문제로 인식했던 것이다.

풍요와 기회의 땅 미국에서도 대학생들은 저항의 목소리를 높였다. 1950~60년대의 미국의 대학생들은 사회적 문제에 큰 관심을 두지 않았다. 미국 사회는 현실의 부조리를 눈감을 만큼 미래에 대한 자신감과 낙관주의로 가득했다. 그러나 미몽은 얼마 못 가서 깨졌다. 첫 번째 진원지는 흑인들의 시민권 투쟁이었다. 더는 굴욕과 차별을 참을 수 없다면서 흑인들이 자신들의 기본 권리를 확보하기 위해 투쟁에 나섰다. 두 번째는 버클리 대학에서 있었던 언론의 자유를 위한 저항(자유발언운동)이었다. 정부와 사회 그리고 대학을 향한 학생들의 자유로운 발언을 막으려는 대학 당국의 조치에 학생들이 극렬하게 저항했다. 세 번째는 베트남전쟁이었다. 공산주의자의 공세를 막기 위해 군사적 개입을 결정했지만, 비용과 인적 손실이 경악할 만한 수준에 이르자 곳곳에서 반전 시위가 발생했다. 청년들의 분노와 저항에 국가의 분열마저 걱정할 지경이었다. 특히 기성세대들을 놀라게 한 것은 전통적인 중산층의 가치를 경멸하는 청년 반항문화의 출현이었다. 대학생들은 전통적인 노동 윤리, 사회적 지위, 물질적 성공을 위한 경쟁에 공개적으로 반기를 들었다.

전 세계적으로 1960~70년대 학생운동은 대학 내부의 문제에서 출발해 사회 전반에 대한 비판으로 확장되었다. 버클리, 파리, 프랑크푸르트, 마드리드, 도쿄 등 전 세계 곳곳에서 거의 동시다발적으로 터진 학생들의 비판은 지역적 다양성만큼이나 폭넓었다. 이탈리아에서는 미국의 베트남 침공, 소련의 체코슬로바키아 침공을 비난하는 시위가 일어났다. 일본에서는 반미 시위가 있었고, 스웨덴에서는 저개발 국가들에게 원조를 더 하라는 요구가 있었다. 사회주의 국가들이라고 다르지 않았다. 체코슬로바키아와 헝가리에서는 1968년 소련의 침공에 대해, 폴란드에서는 억압적인 당국을 향해 대학생들이 저항했다. 기성질서에 대한 도전, 사회적 약자의 권익 신장, 여성·흑인·동성애자들의 인권, 정치적·경제적 평등, 환경 문제에 대해서도 목소리를 높였다.

중세 대학생들은 대학의 자치를 위해 투쟁했다. 19세기 유럽의 대학생들은 자유와 평등을 위해 혁명에 앞장섰다. 그러나 1968년만큼 대학생들의 저항이 폭넓고 강력했던 적은 없었다. 처음에는 대학 내 권위주의에 대한 문제들을 지적하며 시작된 운동이 사회 전반의 구조적 모순과 부조리에 대한 저항으로 확장되었다. 노동, 빈곤, 평등, 여성 해방, 성 소수자, 테러리즘, 인권, 공동체주의, 생태주의 등 다양한 주장이 이들의 입에서 나왔다. 대학이 이처럼 다양한 사회의 목소리를 대변했던 적이 있던가? 대학이 이토록 다양한 주장들을 쏟아냈던 적이 있던가? 이것은 대학생 사회계층이 다양해진 현상과 무관한 것일까?

9장

자본의 지배와 대학

돌이켜보면 지난 30년간 우리가 경험한 변화는 그 어느 시대보다 급격하고 광범위한 것이었다. 정치적으로는 냉전이 종식되었다. 제2차 세계대전 이후 전 세계를 양분하던 미국과 소련의 패권 대결로 인류는 제3차 세계대전의 발발과 핵전쟁의 공포로 떨어야 했다. 그 위기의 강도는 1960~70년대에 극에 달했고, 이러한 지구적 분열은 영원할 것처럼 보였다. 그러나 냉전의 종식은 생각보다 빠르고 허무하게 다가왔다. 1989년 동독과 서독을 가르던 베를린 장벽이 무너진 것을 신호탄으로 1991년 소련이 해체되면서 자유주의와 사회주의 진영의 군사적·이념적·정치적 대결이 사라졌다. 냉전은 시장에서 자유로운 경쟁을 원칙으로 하는 자본주의 세력과 국가의 계획과 통제에 기초한 사회주의 세력 간의 경제 대결이기도 했다. 자본주의와 사회주의 진영은 치열한 경제 대결을 펼쳤으나 1970년대 이후 사회주의 진영의 경제 상황은 날로 악화되었다. 결국, 냉전은 미국이 정치적, 경제적 절대강자로 등극하면서 막을 내리게 되었다. 냉전의 종식은, 달리 표현하면, 자본주의의 승리였다.

사회주의에 대한 자본주의의 승리는 신자유주의의 등장을 예고하는 것이었다. 1930년대 이후 케인즈주의에 의해 운영되던 경제 체제가 불황에 접어들고 자본의 팽창이 중단되자 1970년대부터 이에 대한 비판이 대두되었다. 그 결국 미국과 영국에서는 자유로운 시장경제 확립을 최우선 가치로 여기는 신자유주의 정책을 채택하게 된다. 신자유주의에 의하면 시장의 생산성, 효율성을 담보하는 수단은 자유로운 경쟁이며, 이러한 경쟁에 방해가 되는 요소들은 되도록 제거해야 한다. 한편, 전 세계가 하나의 시장으로 빠르게 재편되기 시작했다. 국가들 간의 신속하고 원활한 재화 교환을 방해하는 요소들은 빠르게 제거되었으며, 시장의 규모를 전 세계로 확대하려는 흐름이 '세계화'라는 이름으로 합리화되었다.

과학 기술 역시 인류의 생활을 가파르게 변화시키고 있다. 인터넷으로 대표되는 정보통신 기술의 눈부신 발달로 전 세계의 지식과 정보가 빠르고 편리하게 교환되고 있다. 인공지능의 개발이 활발해지면서 노동시장을 비롯한 다양한 분야에서도 변화가 일어나고 있다. 유전공학 분야의 발전은 장기이식이나 식량 증산처럼 인간의 삶을 풍요롭게 만드는 긍정적 영향도 있으나 유전자 조작이나 인간복제를 둘러싼 윤리적 논쟁도 불러일으키고 있다. 냉전 시대 미국과 소련을 중심으로 진행되었던 우주 경쟁에 여러 나라가 가세해 다양한 우주 개발사업을 추진하고 있다. 지식과 정보가 그 무엇보다 높은 부가가치를 창출하는 시대로 변모해감에 따라 정부와 기업들은 이러한 과학 기술 발전에 그 어느 때보다 집중하고 있다.

이러한 상황들은 대학에 어떠한 영향을 미쳤을까? 중세 시대에는 교회가 대학을 지배했다. 근대 이후에는 국가가 대학을 통제했다. 교회와 국가의 지배 아래서 대학은 조직의 자치권도, 학문의 자유도 지키기 어려웠을 것이라 생각되지만, 실상은 그렇지 않았던 것으로 보인다. 19세기 이전, 성긴 권력의 그물망으로는 대학을 치밀하고 촘촘하게 통제하는 것 자체가 불가능했다. 또한 과거 교회와 국가의 지배는 직접적이고 가시적인 형태로 행사되었기에 대학은 학문의 자유를 보호한다는 명목으로 저항할 수 있었다.

지금 대학을 지배하는 힘은 무엇인가? 오늘날 대학은 신자유주의와 세계화 흐름의 한가운데 있다. 자유와 경쟁에 기초한 그 흐름의 속성으로 인해 지금의 대학들은 그 어느 때보다 커다란 자율성을 보장받고 있는 것처럼 보인다. 과연 그러한가?

1

자본 그리고 대학

어두컴컴하고 비 내리는 암울한 모습의 미래 도시. 높게 솟은 빌딩에 설치된 전광판에서는 기모노를 입은 일본 여인이 입가에 옅은 미소를 띠며 고객을 유혹한다. '2019년 미래 사회를 그린' SF 영화 〈블레이드 러너〉(1982년 제작)의 초입부에 등장하는 장면이다. 〈블레이드 러너〉는 가상의 미래 사회를 표현한 SF 영화지만, 이 영화가 제작되던 당시 미국인의 의식세계가 투영되어 있다. 전광판의 기모노 여성이 상징하듯 일본풍이 온통 도시를 뒤덮고 있는 모습들에는 일본 자본에 잠식당하던 당시 미국 사회의 불안감이 숨어 있다.

1980년대 들어 미국 사회는 경제 불안에 빠졌다. 일본 기업들이 미국의 강력한 경쟁상대로 부상했고, 주요 도시의 알짜배기 땅들은 일본인의 손에 하나둘 넘어가고 있었다. 이러한 경제 위기로 미국인들은 지난 시기 경제 정책을 되돌아보는 한편 위기의 원인을 찾기 시작했다. 다양한 의견이 제시되었지만 그중에서 가장 호소력이 컸던 것은 '자본주의의 중요한 작동 원리인 자유경쟁이 제한받고 있어서 경제가 원활하게 돌아가지 않았다'는 주장이다.

신자유주의

1970년대 침체에 빠진 세계 경제를 다시 일으킬 대안으로 일부 경제학자들은 신자유주의에 주목하기 시작했다. 그러나 신자유주의가 새로운 이념은 아니었다. 1947년 오스트리아의 정치철학자 프리드리히 하이에크Friedrich Hayek에게 초대받은 서른여섯 명의 학자들이 스위스 몽펠르랭Mount Pelerin에 모였다. 이곳에 모인 학자들은 개인의 자유, 사유 재산, 시장의 보이지 않는 손 등이 경제의 원리임을 강조하며 케인즈주의를 비롯한 모든 형태의 사회주의 및 국가 계획경제에 반대한다는 주장을 내놓았다. 이들의 주장이 바로 신자유주의였다. 그러나 1970년대까지 신자유주의는 별다른 주목을 받지 못했다. 미국에서는 일부 자본가들이 신자유주의 이념을 지지하기도 했으나, 정부가 시장에 적극적으로 개입해 경제를 호황으로 이끌던 시기에는 힘을 얻기 어려웠다.

1970년대까지 미국 국내 정치와 산업계에서 영향력을 발휘하지 못했던 이 이념에 사람들이 주목하기 시작한 이유는 무엇일까? 세계 경제가 악화되었기 때문이다. 1973년 중동의 석유 감산 정책으로 전 세계가 오일쇼크를 경험하면서 에너지 가격이 폭등하자 생산원가가 올라 인플레이션이 발생했다. 기업의 이윤은 급감했고 실업률은 크게 상승했다. 세계 경제를 주름잡던 대형 기업들을 대거 보유한 미국의 피해는 누구보다 컸다. 이제 미국이 압도적으로 주도하던 세계 경제의 흐름도 변화했다. 제2차 세계대전 이후 미국은 그 누구도 넘볼 수 없는 경제 강국으로 부상했다. 전쟁으로 인한 직접적 피해가 거의 없었던 데다 군수산업이 미국의 비약적 발전을 견인하면서 전 세계 경제를 지배했다. 그런데 1970년대에 들어서자 이전의 적과 동맹국들이 재건에 성공해 미국에 맞설 정도로 성장했다. 1970년대 미국 경제는 저성장과 10퍼센트를 웃도는 높은 인플레이션으로 인해 산업계뿐 아니라 일반 시민도 상당한 어려움을 겪어야 했다. 정부의 적극적 개입을 주장하던 수정자본주의자들은 이러한 상황에 당황했고, 적절한 해법을 내놓지 못했다.

이러한 경제 위기 상황에서 가장 먼저 반응을 보인 것은 자본가들이었다. 현재의 경기가 좋고 미래에도 그럴 것으로 예상될 때, 자본가들은 기꺼이 노동자와 타협하고 복지 정책을 용인할 수 있었다. 그러나 불황이 시작되자 태도를 바꿨다. 정부의 시장 개입과 복지 정책들이 경제적 실패의 원인이라고 주장했다. 자본가들은 정부 주도 정책을 버리고 신자유주의를 채택하라고 목소리를 높였다. 이러한 요구를 등에 업고 1980년 레이건Ronald Reagan이 미국 대통령으로 당선되었고, 이후 신자유주의는 미국에서 본격적으로 작동한다.

이러한 상황은 영국에서도 비슷했다. 1970년대 영국은 심각한 경제 위기에 빠져 있었다. 과도한 사회복지, 강성 노동조합으로 인한 지나친 임금 상승, 그리고 정부의 각종 규제로 인한 생산성의 저하가 경제 침체의 원인으로 지목되었다. 1976년에는 국제통화기금IMF에게 구제금융을 지원받아야 할 정도로 경제는 끝없이 추락해 갔다. 이때 보수당 후보였던 대처Margaret Thatcher가 집권한다(1979). 대처는 케인즈주의를 신자유주의 정책으로 대체하면 이른바 '영국병'을 치유할 수 있다고 주장했다. 정부의 지나친 개입으로 무너진 시장질서를 경쟁과 효율에 입각한 자유로운 시장경제로 전환하고자 했다. 복지 축소, 공기업 민영화, 규제 완화, 노동시장 유연화, 금융 산업 활성화 등의 정책이 강력하게 추진되었다.

1991년 소비에트 연방이 해체되자, 이를 계기로 개인의 자유와 시장에서의 경쟁이 정부의 통제와 평등, 복지보다 우월한 것이라는 믿음이 더욱 강화되었다. 1980년대 미국과 영국을 중심으로 하던 신자유주의는 1990년대 이후 더욱 강력하게 전 세계로 확산되었다.

신자유주의와 대학의 변화

신자유주의의 영향은 대학이 주로 공공 부문에 속하는 유럽 대륙보다 미국과 영국에서 더 극적이었다. 신자유주의를 추진하는 과정에서 정부는 공공 부문에 대한 재정 지원을 대폭 감축했고, 대학은 그 대상 기관 중에 하나였다. 결과는 엄혹했다. 미국의 수많은 주에서 고등교육에 대한 지원이 크게 줄었다. 영국 대학들이 받던 정부 지원금 역시 대폭 감소했다. 이제 대학들은 감축된 공적 기금을 보충할 다른 방안을 찾아야 했다. 대학들이 선택할 수 있는 길은 두 가지였다. 하나는 재정 지출을 줄이는 것이고, 다른 하나는 재정을 충당할 수단을 찾는 것이었다.

비용을 절약하기 위해 다양한 방식이 도입되었지만, 가장 직접적이고 손쉬운 방식은 대학의 운영비를 절감하는 것이다. 대학 운영 경비의 가장 큰 몫을 차지하는 인건비 절감이 제일 먼저 실행되었다.

정년을 보장받은 교수의 수가 대폭 줄어들었다. 미국에서는 1970년 80퍼센트에 이르던 전임교원full time faculty 비율이 2007년에는 51.3퍼센트로 급락했다. 영국에서는 1988년 교육개혁법The Education Reform Act이 제정되어 종신교수제가 폐지되면서, 교수 수백 명이 해고되는 일이 벌어졌다. 이를 보충하기 위해 시간강사의 채용이 늘어났으며, 전임이지만 정년을 보장받지 못한 교수들, 즉 비정년 트랙non tenure track 교원이 대폭 늘어났다. 대학들은 값싸고 고용이 유연한 노동력을 확보하기 위해 온갖 방법을 고안했다.

재정을 충당하기 위해 대학들은 여러 방면으로 노력했지만, 가장 손쉬운 방법은 수업료 인상이었다. 수업료가 없었던 영국에서 1998년부터 학생 개인에게 수업료를 부과하기 시작했다. 미국에서는 공공지원이 삭감되는 시기 동안 4년제 공립대학의 수업료가 두 배 이상 올랐다. 수업료를 올리는 한편 무상으로 제공되던 학비 지원 역시 장기 상환 대출로 전환되었다. 대학들이 급격하게 수업료를 올릴 수 있었던 것은 학생들에게 교육비 대출을 확대해 주었기 때문이었다. 2000년과 2010년 사이 미국 대학생 1인당 평균 채무는 45퍼센트가 늘었다. 고등교육 비용이 사회로부터 학생 개인에게로 이전되어야 한다는 신자유주의자들의 목표가 이루어진 셈이다.

학생들은 수업료 인상을 강하게 반대했지만 대학 운영자들은 대체로 별 이의 없이 받아들였다. 공적 기금을 삭감하되 수업료를 올려서 보충할 수 있도록 해준다면 불평할 이유가 없기 때문이었다. 수업료를 인상하는 것이 대학의 자율성을 확대하는 기회가 될 것이라는 믿음도 한몫했다. 대학들은 수업료 인상, 사적 기부금 확대, 연구용

역 계약이나 특허권 수입 등을 통해 자체적으로 재원을 마련한다면, 지원금을 할당하는 정부의 영향력에서 보다 자유로워질 것이라 기대했다.

그러나 학생들에게 수업료 부담을 늘리는 것으로는 공적 지원의 손실을 보상하지 못한다는 사실이 얼마 못 가서 드러났다. 수업료는 공적 지원을 보상할 정도로 무한정 올릴 수 있는 게 아니었다. 수업료 인상은 결국 학생들로 하여금 발길을 돌리게 만드는 방식이었다. 사적 기부금 역시 몇몇 유명 연구중심 대학들에 집중될 뿐 나머지 대학들은 그 규모가 너무 작아서 주 정부의 지원금 삭감을 대체하지 못했다. 연구용역이나 특허권 역시 재정을 안정적으로 운영하는 데에는 별 도움이 되지 않았다. 결국, 보다 근본적이고 항구적인 재정 확보 방안이 필요했다.

영국에서 재정 삭감이 대학에 미칠 영향에 관한 조사 및 연구가 진행되었다. 그 결과물이 1985년 발표된 〈자렛 보고서Jarratt Report〉였다. 〈자렛 보고서〉에서는 민간 기업의 회계 및 평가 방법을 도입해 대학 내부 경쟁력은 물론 대학의 국내, 국제 경쟁력을 강화해야 한다고 충고했다. 그 결과 영국 대학들은, 마치 민간 기업처럼, 대학기금위원회(1918년 설립된 'University Grants Committee'의 후신)와 체결한 계약에 근거해 국가 재정을 지원받게 되었고, 대학들은 기금 유치를 위해 치열하게 경쟁했다. 이러한 상황은, 정도의 차이는 있지만, 다른 나라도 마찬가지였다. 1980년대 이후 대학들을 생산성에 따라 차별화하고, 경쟁력 향상에 집중하도록 추동하는 경향은 전 세계적 흐름이 되었다. 대학을 시장경제의 메커니즘에 맡기려는 움직임은 전통적으로 공공성이 강했던 유럽 국가들에서도, 정도의 차이는 있지만, 마찬가지였다.

대학의 기업화: 미국의 사례

1980년대 레이거노믹스Reaganomics가 시작하면서 미국 대학에서는 경쟁과 효율의 원리가 빠른 속도로 뿌리내렸다. 특히 신자유주의가 본격적으로 작동하는 1990년대 이후로 주 정부의 지원이 급감하자 개별 대학들은 자체적으로 재정을 확보하기 위한 다양한 방안을 강구해야 했다. 수업료를 인상하고 내부 경비를 절감하는 방안 등이 도입되었지만, 대학들이 가장 집중한 분야는 기업의 기금을 유치하는 것이었다. 연방 정부 역시 세계화된 시장에서 미국의 국제 경쟁력을 강화한다는 명분 아래 대학과 기업을 연계하는 '산학협력' 체제 구축을 강력하게 지원했다. 대학의 연구 성과물을 기업에 제공할 수 있는 길을 터준 '베이돌 법안BayhDole Act'[37]이 결정적인 역할을 했다. 이전까지 대학의 연구 성과물들은 공공재로 인식되어 소유권이 연방 정부에 있었다. 문제는 이러한 연구 성과물들이 실용화되지 못한 채 사장되는 경우가 많다는 점이었다. 1980년에 제정된 '베이돌 법안'은 대학이 자신들이 개발한 연구 성과물을 '특허'를 통해 독점권을 갖도록 하는 한편 이것을 기업에 팔 수 있도록 했다. 주 정부 혹은 연방 정부로부터 기금을 받아 진행된 연구라도 대학은 특허권을 가질 수 있

---

37 인디애나주의 상원의원인 버치 베이(Birch Bayh)와 캔사스 주의 상원의원인 밥 돌(Bob Dole)이 제정 발의한 법률.

었다. 대학의 입장에서는 교수와 학생들의 연구물을 상업적으로 활용할 길이 열린 것이고, 기업의 편에서는 비교적 적은 비용으로 대학의 학문적 성과를 소유할 수 있게 되었다.

1964년 버클리 대학의 '자유발언운동Free Speech Movement'에서 이미 대학의 기업화 문제가 제기된 바 있을 정도로 미국에서 대학과 기업은 그 어느 국가보다 긴밀한 관계였다. 1980년대를 지나며 대학을 둘러싼 환경이 신자유주의의 지배를 받게 되자 이러한 유착 관계는 더욱 돈독해졌다. 1990년대 이후 미국의 대학들은 시장에서의 경쟁에서 생존하기 위해 기업화의 길을 가게 된다. 대학의 기업화란 크게 두 가지 측면에서 설명할 수 있다. 하나는 대학이 민간 기업의 경영 기법을 도입해 운영하는 현상을 말한다. 다른 하나는 마치 상품을 시장에 팔아 이윤을 창출하는 기업처럼 대학의 자원을 상품화해 시장에서 판매하는 현상을 의미한다.

제2차 세계대전 이후 미국의 주요 대학들의 규모는 크게 팽창했다. 1960년대 캘리포니아 대학은 아홉 개 캠퍼스에 학생 수가 10만 명을 넘었으며, 무려 235종의 교과목을 가르치는 초대형 대학으로 성장했다. 당시 총장 클라크 커Clark Kerr는 현대 대학들이 비대화된 규모와 기능을 감당하기 위해서는 멀티버시티Multiversity가 되어야 한다는 주장을 했다. 이처럼 대학이 담당해야 할 업무의 범위가 엄청나게 확장되고, 규모가 대형화되면서 대학들은 효율적인 의사결정 구조를 필요로 하게 되었다. 연방 정부 혹은 기업으로부터 연구 지원금을 비롯한 각종 기금을 확보하기 위해서는 다른 대학들과의 경쟁에서 높은 순위를 차지하는 것이 유리했다. 또한 정부로부터 재정 지원이 축소되자 대학의 살림을 보다 합리적으로 운영해야 했다.

결국, 대학들은 민간 기업의 조직 구조와 운영 방식을 따르기 시작했다. 신속한 의사결정을 위해 구성원들에 의한 공동 운영은 점차 사라지고, 경영적 판단이 중요해졌다. 이제 대학 운영에서 교수들의 참여가 대폭 축소되었다. 기업식 경영 기법이 도입되어 경제성, 생산성, 효율성의 원칙이 대학의 모든 부문에 적용되었다. 선택과 집중의 기준을 마련하기 위해 표준화·계량화된 지표도 마련했다. 대학의 모든 활동이 수치로 환산되었고, 교육과 연구 역시 '질'이 아닌 '양'으로 평가받았다.

교육과 연구 자산을 비롯한 대학이 보유한 온갖 자원을 상품으로 전환해 시장에 판매하는 활동도 활발해졌다. 대학의 관심이 가장 집중된 사업은 연구 성과물을 판매하는 것이었다. 베이돌 법안이 통과되기 전 미국 대학들이 1년에 내놓은 특허는 대략 250개였으나 1998년에는 4,800개가 넘었다. 대학들의 특허 출원 수입은 날로 증가하고 있다. 최고경영자 과정, MBA(경영전문대학원)를 비롯한 각종 직업 프로그램, 평생교육 과정 등의 교육 프로그램 역시 활발하게 판매한다. 교수들이 직접 기업을 설립하기도 한다. 대학은 창업보육센터를 건립하고, '벤처캐피탈'을 대학 내에 설치하기도 한다. 대학의 명성 역시 판매 대상이다. 건물에 기업 이름을 넣거나 교수직 앞에 기업 이름을 붙이는 대가로 기업으로부터 지원금을 받기도 한다. 대학 캠퍼스에서 기업 광고를 게재하는 조건으로 돈을 받기도 한다.

대학이 이윤 창출에 모든 역량을 집중하는 현상을 기업화로 정의한다면 '영리대학for-profit university'은 대학 기업화의 극단적 형태라고

할 수 있다. 영리대학은 말 그대도 이윤의 극대화를 목적으로 설립된 대학을 말한다. 경제성을 최우선 가치로 여기기에 교육 인프라에 대한 투자가 매우 적다. 대개 온라인 수업 중심이며, 캠퍼스를 비롯한 교육·연구 시설 및 도서관이 없다. 대학 운영비의 큰 비중을 차지하는 인건비 절감을 위해 전임교수가 거의 없으며 대부분의 강의는 시간강사들이 담당한다. 미국 최고의 영리대학인 피닉스Phoenix 대학은 2010년 기준 재적 학생이 476,000명이었으며, 2012년에는 미국 전체 대학생 중 13퍼센트가 영리대학에 다니고 있는 것으로 조사될 만큼 성공적 사업으로 평가받았다. 그러나 2009년에 등록 학생 수가 정점에 오른 후에는 계속 가파른 하락 추세를 보이고 있다.

대학은 기업화를 통해 신속하고 효율적인 운영 체제를 갖추게 되었으며, 재정의 확보를 통해 경쟁력 역시 제고할 수 있었다. 반면 문제점도 드러났다. 경쟁이 곳곳에 만연하게 되었으며, 성과중심주의가 팽배하게 되었다. 당연히 성과를 지표화하기 어렵고, 시장에서 경쟁력을 갖기 어려운 학문, 학과들은 축소 혹은 폐쇄의 압박을 받기도 했다. 학자들 역시 기업으로부터 지원금을 받기 위해 연구의 학문적 성과보다는 시장성을 고려하고, 연구 윤리를 가볍게 여기게 되었다. 학문이 시장에 종속되었다는 비판의 목소리가 날로 커지고 있다.

미국 대학들에서 기업화가 가장 먼저 그리고 적극적으로 추진된 이유는 무엇인가? 첫째, 재정 구조 때문이다. 대부분의 미국 대학들은 사립으로서 정부로부터 재정 지원을 거의 받지 않는다. 공립, 주립대학들 역시 주 정부로부터 재정 지원을 받되 전액을 받는 것은 아니어서 실질적인 재정 구조는 사립대학과 별반 차이가 없다. 미국 대학들의 재정 구조는 정부 지원금, 학생 수업료, 정부 외 기관 혹은 기부자의 기금으로 구성되므로 정부의 지원금이 줄어들면 학생의 수업료를 인상하고 외부로부터 기금 유치를 늘리는 수밖에 없다. 결국, 미국 대학들은 그 재정 구조로 인해 막대한 기금의 출처인 기업의 이해를 수용할 수밖에 없는 구조적 취약성을 가지고 있다.

미국 대학의 지배 구조 역시 기업화에 취약하다. 초창기부터 미국 대학은 외부 인사로 구성된 이사회, 그리고 그 이사회가 지명한 총장을 중심으로 운영되었다. 유럽의 대학에서 총장은 대개 대학 교수들의 대표자였던 데 반해서 미국의 총장은 동료 교수들이 아닌 이사회에 책임을 지는 자리였다. 특히 대학의 규모가 커지고 기업과의 연계가 강화되면서 대학 행정의 주요 보직도 점차 외부 행정 전문가, 재무 전문가들로 채워지게 되는데, 이러한 구조가 대학의 기업화를 강화하는 데 일조했다.

세계화

교통과 정보통신의 비약적 발달은 전 세계의 공간적, 시간적 제약을 큰 폭으로 줄였다. 세계가 하나의 시장으로 묶이고, 인터넷을 통해 실시간 소통이 가능하게 되었다. 자유로운 시장의 확대를 주장하는 신자유주의는 이러한 흐름을 더욱 빠르게 만든다. 날로 늘어가는 초국가적transnational 협력 기구와 협정 및 조약들은 세계화globalization[38]의 범위가 확대되며 밀도가 촘촘해지고 있음을 알려준다. 이제 세계화는 거스를 수 없는 흐름이 되었다.

---

[38] 사실 세계화와 국제화(internationalization)는 비슷한 의미로 바꾸어 사용해도 무방하다. 다만, 최근에는 국제화가 국가와 국가 간에 추진하는 특정한 정책, 프로그램, 인적 교류를 의미하는 경향이 많다. 또한, 세계화에 대응하기 위해 추진하는 국가 내부 기관들의 정책과 프로그램을 의미하는 경우도 있다. 반면 세계화는 국가의 경계를 초월한 범지구적 차원의 교류 협력에 나서도록 추동하는 경제적, 정치적, 사회적 힘을 의미하는 데 주로 사용한다.

대학 역시 이 거대한 변화에서 직접적인 영향을 받고 있다. 국가의 경계를 넘어선 학문의 교류가 이전 시기에 없었던 것은 아니다. 다만, 학문 교류의 전 지구적 확대는 제2차 세계대전 이후 교수와 연구자들의 교환 프로그램이 그 시작이었다. 1948년 이후 25만여 명의 대학원생과 대학 교수 그리고 행정가들에게 해외 대학에서 연구할 기회를 제공했던 풀브라이트 프로그램Fulbright Program이 대표적인 사례다.

그러나 지금의 세계화는 이전과는 차원이 다른 새로운 현상으로, 규모와 범위가 이전과 비교할 수 없을 정도로 크고 넓다. 이전 시기는 국가 발전에 기초한 교류와 협력이 주된 목표였다면, 세계화는 시장의 메커니즘에서 비롯된 것이다. 21세기 경제 발전의 동력으로 지식이 주목받고, 새로운 경제에 적합한 그리고 새로운 지식을 창출하는 데 필요한 교육을 제공하기 때문에 고등교육에 대한 관심이 전 지구적으로 커지고 있다.

게다가 교육 시장은 지난 세기 어마어마한 팽창을 했으며, 앞으로도 그 흐름이 지속될 것으로 전망된다. 1900년에는 전 세계에서 약 50만 명의 학생들이 고등교육의 혜택을 받았는데, 이는 학업 연령집단의 약 1퍼센트 정도였다. 2000년에는 대략 1억 명으로 약 200배 증가했다. 이는 연령집단의 약 20퍼센트 가량이다. 이 숫자는 2030년이면 4억여 명으로 늘어날 것으로 예측되는데, 2000년도와 비교하면 무려 416퍼센트가 늘어난 수치다. 30,000명 규모의 대학교를 매주 4개씩 15년 동안 계속 설립해야 이렇게 빠른 속도로 늘어나는 학생들을 수용할 수 있다. 아직 성장의 여력이 충분히 남아 있는 중국과 인도, 그리고 동남아시아 등에서 대학들은 빠른 속도로 늘어나고 있다. 세계무역기구WTO가 지금 고등교육에 집중하고 있는 이유가 바로 여기에 있다. 다국적 기업과 일부 국가 정부들이 가츠GATS, General Agreement on Trade in Services(서비스 무역에 관한 일반 협정)를 통해 고등교육을 국제 무역의 법률적 구조 속에 편입시키려고 노력하는 이유이기도 하다.

고등교육 세계화의 현상들

고등교육의 세계화 과정에서 가장 두드러지는 현상은 학생, 교수, 연구자들의 전 지구적 이동이 대폭 증가했다는 점이다. 유네스코 통계에 의하면 2000년 190만 명이던 학생들의 해외 유학이 2010년에는 360만 명으로 두 배 가까이 늘었다. 2025년에는 800만 명에 이를 것으로 전망된다. 이처럼 급격하게 증가한 주원인이 대학원생보다 학부생의 유학이 늘었기 때문이라는 사실에 주목할 필요가 있다. 많은 경우 유학 국가로부터 다양한 지원을 받는 대학원생에 비해 학부생들은 학비와 생활비 일체를 스스로 부담하는 경우가 많다는 점에서 매우 흥미로운 현상이다. 전 지구적으로 유학생이 날로 늘어나는 이유는 학문 선진국에서 발전된 지식을 접하고 싶은 욕망과 날로 세계화되는 취업 시장에서 해외 학위가 보다 유리한 조건을 제공하기 때문이다. 학문 시스템이 점차 유사해지고, 학위 체계가 국제적으로 통용되는 것도 한 원인이다. 대학들이 전 세계로부터 재능 있는 인재들을 유치하기 위해 비자 관련 법규를 수정하거나 학비를 지원하는 등 다양한 유인책을 쓰는 것도 이러한 흐름에 영향을 미친다.

지구적 차원에서 볼 때, 이러한 흐름은 개발도상국에서 선진국으로 이동하는 경향이 강하다. 미국과 서유럽 국가들은 유학생들이 가장 선호하는 지역이다. 이들 지역으로 향하는 유학생들은 동아시아 58퍼센트, 태평양 연안 국가 21퍼센트, 중동부 유럽 출신이 9퍼센트를 차지한다. 2010년 기준으로 가장 많은 유학생을 보낸 국가들은 중국(563,000명), 인도(201,000명), 대한민국(126,000명)의 순이다. 교수 및 연구자들의 경우 강의 혹은 연구 수행 등을 위해 학문 선진국으로 가는데, 미국이 압도적으로 많다. 2000년 기준 전 세계 교환교수들의 수는 약 20만 명 정도인데, 미국에만 약 8만 명의 학자들이 있었다.

고등교육 기관이 국가의 경계를 초월해 설립되며, 교육 프로그램이 해외에서 제공되는 현상 역시 세계화의 한 줄기다. 대표적인 사례로는 분교branch campus, 공동학위제joint degree, 교육 과정 대여franchise, 협력 교육 과정twinning 등이 있다. 분교는 해외에 본국 대학의 이름을 그대로 딴 캠퍼스를 설치하고 그곳에서 본국에서 파견된 교수진이 본국의 교육 과정을 현지인에게 제공하는 것이다. 공동학위제는 두 개 이상의 대학이 교육 과정을 공동으로 운영하며, 공동명의로 학위를 제공하는 것을 말한다. 교육 과정 대여, 즉 프랜차이즈는 본국의 교육 과정을 현지 대학에 대여해 공동으로 운영하되, 학위는 현지 대학 명의로 수여하는 방식이다. 협력 교육 과정은 양 대학 어디에서든 교육 과정 이수가 가능하되 학위는 한 대학에서만 수여하는 것을 의미한다.

2012년 통계에 의하면 전 세계에 200여 개의 분교가 있는 것으로 파악된다. 가장 활발하게 학위 프로그램을 제공하고, 분교를 설립하는 국가들은 미국, 영국, 오스트레일리아다. 미국 대학들은 해외에 78개의 분교를 설립했다. 대개는 경영학 같은 인기 있는 분야가 주로 개설된다. 시카고 대학 경영전문대학원은 스페인에 캠퍼스를 설치했는데, 시카고 대학의 커리큘럼과 동일한 교육을 제공하며, 시카고 대학 교수들이 직접 강의를 하고, 일정 기간은 미국 캠퍼스에서 공부한다.

말레이시아, 싱가포르, 아랍에미리트의 아부다비Abu Dhabi와 두바이Dubai, 카타르의 도하Doha 등은 해외 유명 교육 기관 및 프로그램 유치를 국가적 사업으로 추진하고 있다. 말레이시아는 대학원생 교육 시장을 목표로 하는 국제 교육 허브를 개발해서 오스트레일리아와 영국 대학들을 유치했다. 아부다비에는 프랑스의 소르본 대학과 미국의 뉴욕 대학 분교가 있다. 두바이는 지식경제를 이끌어갈 인재를 양성하기 위한 장기 계획을 수립해 2003년 '두바이 지식 빌리지Dubai Knowledge Village'를 설립했는데, 이곳에 오스트레일리아, 인도, 파키스탄, 이라크, 러시아, 벨기에, 영국, 아일랜드, 캐나다 등 수많은 해외 대학들이 캠퍼스를 설치했다. 싱가포르는 펜실베이니아 대학 와튼 스쿨을 비롯한 다양한 대학들을 유치했는데, 86,000명의 외국 학생들이 이들의 교육 프로그램을 수강하고 있다.

대학들이 유학생 유치에 열을 올리고, 분교를 해외에 설립하거나 교육 프로그램을 제공하는 것은 무엇보다 경제적 이유 때문이다. 대학들은 세계화의 목적이 연구와 지식 역량 향상, 문화적 이해 증진에 있다고 주장하지만, 세계화의 다양한 사례를 보면 사실 경제적 동기가 가장 강력한 원동력이라는 사실을 확인할 수 있다. 정부의 기금

삭감 규모가 크고, 시장에서의 경쟁을 장려하는 국가들, 이를테면 미국, 영국, 오스트레일리아 등에서 고등교육 세계화가 강력하게 추진되고 있다는 사실이 한 예다. 신자유주의와 세계화의 영향이 가장 강력했던 미국, 영국, 오스트레일리아의 대학들에서 유학생 유치를 비롯한 국제 교육 프로그램들은 대학 재정의 확충을 위한 도구였다. 국제 교육 프로그램을 통해 미국은 155억 달러, 오스트레일리아는 150억 달러, 영국 141억 달러, 캐나다 60억 달러, 뉴질랜드 15억 달러를 벌어들였다. 영국, 오스트레일리아, 뉴질랜드 대학들은 학교 수입의 10퍼센트 이상을 외국 학생들로부터 얻는다.

고등교육의 세계화를 더 강화하기 위해 가츠는 고등교육을 포함하는 모든 종류의 지식 상품이 자유롭게 거래되도록 시장 개방을 추진한다. 지식은 상품이며, 전 세계 시장에서 자유롭게 거래되어야 한다는 주장은 지식 상품 역시 시장에서 경쟁할 때 생산성이 높아질 것이라는 믿음에 기초한 것이다. 따라서 이렇게 상품화된 지식은, 다른 상품과 마찬가지로, 생산과 유통 과정에서 법률적으로 보호받아야 한다. 가츠와 세계무역기구가 '무역 관련 지식재산권 협정TRIPs, Agreement on Trade-Related Aspects of Intellectual Property Rights'을 체결하고, 지식재산권 규정을 제정하는 것이 바로 그러한 이유 때문이다. 세계화와 신자유주의의 흐름 아래서 지식은 상품이 되며, 고등교육 기관은 이윤을 내야 하는 기업이 되고, 학문 분야는 수익성에 따라 평가되며, 학생은 소비자 혹은 구매자로 인식된다.

세계대학평가와 경쟁

대학에서 경쟁이 날로 치열해지고 있다. 대학이 등장한 이래 경쟁은 어느 시기에나 존재했다. 모든 대학은 발전의 토대가 될 제한된 자원을 선점하기 위해 언제나 경쟁해왔다. 지원금 혹은 연구 기금을 수주하고, 재능 있는 학생과 유능한 교수를 유치하는 데 대학은 열심이었다. 그런데 연구자 개인이나 개별 대학 차원에서 전개되던 경쟁이 19세기 이후에는 국가적 차원으로 확대되었다. 19세기 서구 대학들은 국민국가 형성 과정에서 중요한 역할을 담당했다. 교육, 지식, 연구 등의 활동이 경제 발전의 원동력으로 여겨지고, 전쟁의 승패를 결정짓는 요인으로 인식되면서 대학의 발전은 국가 간 경쟁의 영역으로 생각되었다. 1870년 프로이센과의 전쟁에서 패배한 후 프랑스인들은 그 원인을 고등교육의 질적 하락으로 보았고, 교육을 개선하기 위해 독일 대학으로 최고의 과학자들을 파견했다. 이들 과학자들은 독일 대학의 우수한 점들을 꼼꼼히 메모해 정부에 보고했고, 이를 기초로 1896년 교육 개혁을 추진했다. 러시아 역시 1856년 크리미아 전쟁 패배 이후 젊은 학자들을 독일로 보내 선진 지식과 실천을 배우도록 했다. 국가가 대학 경쟁의 전면에 나서는 상황은 냉전 시대까지 지속되었다.

그런데 20세기를 지나 최근에는 경쟁의 강도와 양상이 이전 시기와 뚜렷이 구별된다. 첫째, 경쟁이 매우 치열해졌다. 오래전부터 대학들은 자금, 학생, 교수 등의 한정된 자원을 확보하기 위해 경쟁했지만 1980년대 이후에는 이러한 경쟁이 더욱 치열하게 벌어지고 있다. 신자유주의 체제 아래서 대학에 대한 정부의 지원금이 축소되자 대학들이 생존을 위한 경쟁에 내몰리게 된 것이 가장 큰 원인이다. 둘째, 경쟁의 범위가 전 지구적으로 확대되었다. 세계화 시대에 대학들은 국가의 발전을 위해서 경쟁하지 않는다. 대학들이 국내와 해외를 가리지 않고 교수, 학생, 자금 등의 필요한 자원을 확보하는 것은 단지 다른 대학보다 높은 순위에 오르기 위해서다. 셋째, 경쟁의 차원이 다층적이다. 교수들은 대학 내에서 더 좋은 대우를 받기 위해 다른 교수들과 경쟁하며, 연구 프로젝트를 수주하기 위해 수많은 학자들과 경쟁한다. 대학은 다양한 평가와 인증에서 좋은 순위를 획득하고, 정부와 기업으로부터 기금을 얻기 위해 다른 대학들과 치열하게 경쟁한다. 국가는 자국의 대학들을 세계적 수준으로 만들기 위해 정책을 세우고 재정을 투입한다. 이제 경쟁은 개인으로부터 전 지구적 차원까지 중첩되어 전개된다.

　대학들의 경쟁 결과는 대학평가를 통해 확인된다. 각 나라에서 공표되는 국내대학 순위와 2003년 이후 매년 발표되는 세계대학 순위는 경쟁의 결과를 순위를 통해 알려줌으로써 승자는 자리를 지키기 위해, 패자들은 순위 상승을 위해 더욱 치열하게 경쟁하도록 유도한다. 대학의 순위가 최초로 등장한 곳은 미국이었다. 19세기 말부터 미국에서는 개별 대학들의 학문적 수준을 등위를 매겨 대중들에게 알려왔다. 그런데 대학의 순위가 영향력을 갖기 시작한 것은 'US News & World Report'가 1983년에 미국 대학의 순위를 매년 공표하면서부터였다. 특히 2003년 이후 상하이자오퉁 대학의 'ARWU', 영국의 대학평가 기관인 'THE'와 'QS' 등에서 발표되는 세계대학 순위에 전 세계 수많은 대학이 주목하고 있다.

세계대학평가의 선두 그룹에는 하버드, 매사추세츠 공과대학, 스탠퍼드, 캘리포니아 공과대학, 옥스퍼드, 케임브리지 등의 대학이 거의 예외 없이 포진하는데, 이들 상위권 대학의 공통된 특징은 연구중심 대학이라는 사실이다. 연구중심 대학들이 가장 높은 점수를 받는이유는 세계대학평가에서 연구 기능을 가장 중요하게 여기기 때문이다. 가장 유력한 세계대학평가 기관들은 대학을 평가하는 다양한요소 중에서 연구 능력에 가장 많은 점수를 배분한다. ARWU는 총점수 중에서 연구 관련 항목에 80퍼센트를 할당한다. THE는 65퍼센트를 연구와 혁신에 배분한다. QS 역시 연구 관련 분야에 60퍼센트를 할당한다.

대학을 순위로 매겨 평가하기 위해서는 학문적 수준을 보편적으로 평가할 틀을 설정해야 한다. 달리 말하자면 대학에서 이뤄지는 연구와 교육 활동은 본질적으로 질적 수준에 따라 평가되는 것이지만,대학들을 점수로 상대평가를 하기 위해서는 질적 수준을 계량화하는방식을 도입할 수밖에 없다. 예를 들어 ARWU는 학문적 수준을 평가하기 위해 교수의 질, 교육의 질, 연구 성과를 계량화한다. 연구 능력은《네이처Nature》나《사이언스Science》같은 저널에 실린 논문 편수로측정되며, 이것이 총점의 20퍼센트를 차지한다. 한편, 교육의 질은 노벨상이나 필즈상Fields Medal 등을 수상한 기관 졸업생 수로 측정되며,전체 점수의 10퍼센트를 차지한다. 이러한 기준들은 지역과 사회문화적 맥락에 상관없이 전 세계 모든 대학에 동일하게 적용된다.

아이러니한 것은 세계대학평가 순위에는 전 세계 18,000여 개 대학 중에서 불과 2~5퍼센트만이 이름을 올린다는 사실이다. 극히 일부 대학만이 세계대학평가의 대상인 것이다. 게다가 사람들은 그중에서도 상위 일부의 대학, 예를 들어 10위권 혹은 50위권 대학만을 관심 있게 볼 뿐이다. 그런데도 대부분의 대학들은 세계대학평가 기준에 맞춰 교육 및 연구 환경을 개선한다. 대학들은 평가 기관에서 요구하는 지표들에 맞추어 대학의 인력, 활동, 시설, 거버넌스 등을 조정한다. 이 과정에서 두 가지 문제가 발생한다.

첫째는, 전 세계의 모든 대학들이 세계대학평가에서 상위권에 이름을 올린 대학들, 특히 미국의 연구중심 대학을 가장 바람직한 대학 모델로 여기게 된다는 것이다. 이들을 표준으로 설정함으로써 대학의 교육, 연구 환경을 개선하고 학자들의 연구 역량을 높이면 대학의 학문적 수준이 향상되는 긍정적 효과도 물론 있을 것이다. 문제는 그 과정에서 대학 특유의 정체성이 훼손될 위험이 있으며, 때로는 대학의 현실과 맞지 않는 처방을 내리게 될 수도 있다는 점이다. 모든 대학은 사회적 맥락 가운데 존재한다. 대학이 속한 국가와 문화에 영향을 받는다. 때로는 대학이 위치한 지역의 특성과 밀접히 관련되기도 한다. 대학을 둘러싼 경제적 상황도 서로 다르다. 그런데도 사회적, 문화적, 경제적 맥락에 상관없이 전 세계 모든 대학들이 상위권 일부 대학의 성공사례를 자신의 대학에 똑같이 적용한다.

둘째, 세계대학평가는 연구를 다른 어떤 활동보다 비중 있게 다루다 보니 대학에서 교육의 질이 하락하는 부작용이 발생한다. 좋은 평가를 받기 위해 대학들은 연구 기능에 자원을 집중하며, 교수들에게는 연구 성과를 내도록 장려한다. 교수들은 실적과 승진을 위해 교육보다 연구에 매달린다. 이러는 가운데 대학에서 학부생 교육이 전반적으로 소홀해질 수밖에 없다.

　신자유주의와 세계화는 경쟁을 통해 생산성이 향상되고 효율이 극대화된다고 믿는다. 대학평가는 학문적 수월성을 잣대로 대학들을 경쟁시킨다. 대학평가는 학문적 수월성을 계량화하고, 비교하며, 정기적으로 순위를 공표함으로써 대학들의 경쟁을 심화시킨다. 문제는 대학평가가 학문적 수월성을 극히 소수의 상위권 대학들만 누리는 희소한 가치로 만든다는 점이다. 학문적 수월성의 본질은 계량화되어 평가될 수 있는 것이 아니며, 학문적 수월성을 잣대로 승자와 패자로 가를 수는 더더욱 없는 일이다. 그런데 대학평가는 상위권의 대학은 학문적 수월성을 확보한 대학으로, 그 외의 대학들은 그렇지 않은 대학으로 만드는 승패게임을 하고 있는 것이다.

저항 혹은 대안

세계화는 그 흐름을 강화하기 위해 경제적으로 상호의존하며 궁극적으로는 융합되는 과정을 거치게 된다. 이를 위해서는 무역의 자유화, 규제의 철폐가 전제되어야 하는데, 이는 신자유주의의 목표와 정확하게 일치하는 것이다. 결국, 세계화와 신자유주의는 자본의 무한한 확장이라는 동일한 목표를 추구하는 쌍둥이다.

신자유주의와 세계화가 강화된 지난 20년간 자본의 지배에 대한 비판 역시 고조되고 있다. 1999년 시애틀에서는 대규모 시위대가 세계무역기구 회의장을 마비시키며 자유무역의 위험성을 전 세계에 알렸다. 2008년 금융 시스템 붕괴로 인한 경제 위기를 겪으며 많은 사람들은 신자유주의의 미래가 장밋빛이 아님을 깨달았다. 신자유주의와 세계화가 사실은 기존의 불평등을 고착하고 심화한다는 비판이 공감을 얻기 시작했다. 자본의 지배 아래 놓인 대학 역시 이러한 비판에서 벗어나기 어렵게 되었다.

지난 30년 동안 급속하게 진행된 고등교육의 세계화가 지식의 불균형을 더 악화시킬 것이란 우려를 낳고 있다. 지식경제 시대의 치열한 경쟁에서 생존하기 위해서는 한 국가가 소유한 기술력, 인재들만으로는 부족하기 때문에 고급 전문 인력을 확보하기 위한 국가 간 경쟁이 치열하다. 선진국들은 개발도상국이나 저개발국가의 유능한 인재를 유인하기 위해 비자 규약을 변경하는 등의 다양한 혜택을 제공한다. 특히 세계적 수준의 연구중심 대학들은 상당한 수준의 급여, 최고의 연구 환경, 성과에 적합한 보상을 통해 전 세계로부터 최고의 학자들을 끌어들인다. 정보통신 기술의 발달로 지식의 불균형이 완화될 것이란 전망 역시, 적어도 현재까지는, 잘못된 것으로 드러났다. 아프리카는 최근에서야 인터넷 연결이 가능해졌으며, 개발도상국에서도 인터넷 사용은 제한적이다. 게다가 학술 데이터베이스를 선진국의 대학들이 지배하고, 인터넷이 대개 영어로 소통되는 현실에서 정보 활용의 불균형은 쉽게 해소되지 않고 있다.

시장에서의 자유로운 경쟁을 신봉하는 신자유주의 아래서도 학문의 불균형은 더욱 심화되고 있다. 세계적 연구중심 대학들은 최고의 연구자들과 학생들은 모아 세계적 연구 성과를 생산한다. 당연히 기업의 자금은 이들 연구중심 대학으로 집중되고, 이렇게 축적된 막대한 자금은 다시 연구 인프라를 확충하는 데 투자된다. 이제 세계적 연구중심 대학들은 그 아래 대학들이 감히 넘보기 어려운 지위와 평판을 누리고 있다. 같은 대학 안에서도 학문들의 위계가 형성된다. 지식을 경제로 환산하는 신자유주의 체제 아래서 실용 과학이나 공학 이외의 학문 분야는 제대로 평가받기 어렵다. 시장에서의 생존을 보장받을 수 없는 경쟁 상황에서 대학은 시장의 논리와 자금의 논리를 추종할 수밖에 없기 때문이다. 학문의 자유는 경제적 현실 앞에 무릎을 꿇게 되며, 대학의 비판 기능은 무뎌질 수밖에 없다.

과연 기울어진 운동장을 바로 잡을 방안은 존재하는가? 유럽의 국가들은 미국으로 확연하게 기운 고등교육의 판을 뒤집기 위해 통합이라는 카드를 꺼내들었다. 한편에서는 고등교육의 공공성을 강화하는 것으로 자본의 지배에 저항해야 한다는 주장도 있다.

유럽의 대응: 볼로냐 프로세스

세계화의 확산은 결국 미국 주도의 세계질서를 더욱 공고하게 만들었다. 이에 유럽은 27개 회원국으로 구성된 유럽연합EU, Europe Union을 결성해 맞서고 있다. 유럽연합은 지식경제 사회에서 경쟁력을 높이기 위한 방안 마련에도 고심하고 있다. 예전 유럽 식민지였던 아프리카와 아시아에 있는 칼리지와 대학들도 이제는 미국 모델을 따르고 있을 정도로 미국은 고등교육 분야를 주도하고 있다. 이를 극복하기 위해서는 유럽의 고등교육이 통합되어야 한다는 주장이 힘을 얻었다. 마침내 1988년 9월 18일, 볼로냐의 마조레 광장Piazza Migiore에서 거행된 볼로냐 대학의 900주년 기념식에서 430여 개 대학의 총장들이 '대학대헌장Magna Charter Universitatum'에 서명하면서 유럽의 학문적 통합을 위한 프로그램들이 추진되기 시작했다.

우선 유럽 내에서 대학생과 학자들의 교류를 촉진하기 위한 프로그램이 마련되었다. 1987년부터 추진된 '에라스뮈스Erasmus 프로그램'은 2013년 기준으로 300만 명을 돌파할 정도로 성공적이었다. 교류 프로그램으로 시작된 고등교육 통합 프로그램은 이제 대학의 제도를 통일화하는 사업인 '볼로냐 프로세스Bologna Process'로 발전되었다.

1990년대 이후 유럽에서는 유럽연합의 체제를 공고화하고 이를 통해 세계적 경쟁력을 확보하기 위해서는 화폐의 통일처럼 교육 체계의 통일이 필요하다는 인식이 확산되었다. 이러한 배경에서 1998년에 독일, 프랑스, 이탈리아, 영국의 교육부 장관들이 모여 '소르본 선언'을 공표했는데, 핵심은 유럽연합 각국의 교육을 공동으로 진흥시키자는 것이었다. 후에 이것이 29개국 교육부 장관 회의로 확대되었고, 여기에서 추진하기로 한 프로그램을 '볼로냐 프로세스'라 불렀다. 1999년 출범한 볼로냐 프로세스의 핵심은 2010년까지 유럽 내 대학 체계를 통일시켜 하나의 '고등교육권'으로 묶는 것이었다. '유럽 고등교육 권역European Higher Education Area 설정' 및 '유럽 학점 이수 시스템European Credit Transfer and Accumulation System 활용' 등이 대표적인 사례다.

그러나 볼로냐 프로세스에 대한 유럽 내부의 비판과 저항이 만만치 않다. 2009년 11월, 유럽 각국의 대학생들은 "공공교육은 판매의 대상이 아니다", "진정한 학문을 위한 자율적인 대학", "대학 공부를 하려면 부자 부모가 필요한 암울한 사회를 거부한다" 등의 구호를 외치며 시위를 벌였다. 대학생들은 볼로냐 프로세스는 고등교육을 상업화에 내던진 정부와 대학 대표자 사이의 협력 사업으로서 결국은 학문을 경제적 전략에 종속시키는 결과를 낳게 될 것이라 비판했다. 또한, 볼로냐 프로세스를 관철시키는 과정에서 각 나라의 역사와 전통, 현실이 무시될 것이라는 우려도 제기했다. 학위 취득 기간을 미국식 학제에 맞추려는 과정에서 발생한 혼란이 대표적인 사례다. 그동안 무상으로 교육을 제공하던 대학에 수업료를 신설하기로 한 것도 커다란 반발을 불렀다.

고등교육의 질과 수준을 서로 비교할 수 있도록 통일하고, 학생과 연구자들의 교류를 확대함으로써 대학의 경쟁력을 높이겠다는 유럽연합의 해법은 사실 신자유주의 및 세계화의 전략과 일치한다. 미국의 고등교육을 견제하고 유럽의 옛 지위를 회복하려는 시도에서 시작되었지만, 그 해법은 결국 미국이 주도한 질서를 수용하는 것으로 귀결된 셈이었다. 이런 점에서 볼로냐 프로세스의 방향이 미국식 대학 모델 수입, 세계화와 신자유주의 논리의 수용이라고 비판한 교수와 학생들의 지적은 정확한 것으로 보인다. 유럽이 도입하려는 미국식 대학 모델은 대학의 공공성을 훼손함으로써 학문의 자유를 침해할 위험성이 있다고 이들은 경고한다.

대학의 공공성

21세기 전 세계 대학의 중요한 변화 가운데 하나는 사립대학의 비율이 높아지고 있다는 점이다. 브라질의 경우 1980년 이전에는 사립대학이 하나도 없었으나 지금은 국립대학이 20개인 반면 사립대학이 42개다. 태국은 1960년 공립대학이 6개, 사립대학이 한 개였는데, 지금은 공립대학 24개, 사립대학 50개다. 특히 아시아 지역에서 사립대학의 비율이 유난히 높다. 자유 시장 경쟁의 온상인 미국의 경우 고등교육 기관 중 사립이 차지하는 비중은 68퍼센트다. 반면 필리핀은 85퍼센트, 일본 81퍼센트, 한국 78퍼센트다. 21세기 사립대학의 증가는 고등교육을 바라보는 시각에 근본적 변화가 생겼음을 의미한다.

교육은 앞선 세대의 지식과 지혜가 다음 세대로 전수되도록 하는 수단이다. 모든 사회는 미래사회의 구성원이자 경제공동체의 일원이 될 후속세대를 가르치는 것이 공동체의 책무임을 오래전부터 인식하고 있었다. 그러나 소수의 엘리트계층이 지배하는 사회 구조에서는 국민 전체를 대상으로 하는 공교육의 필요성은 등장하지 않았다. 교육을 공동체의 책임 특히 국가의 책임으로 인식하는 동시에 교육의 대상이 국민 일반에게 확대될 때 이른바 공교육이라는 개념이 등장한다.[39]

서양에서 공교육 개념이 탄생한 것은 19세기였다. 1713년 프로이센에서 무상 초등교육법이 제정되어 5~12세 아동을 교육하는 데 필요한 학교 시설과 교사 봉급 일체를 국가가 보조할 것을 규정한 바 있지만, 독일 공교육의 본격적인 출발은 19세기였다. 19세기 초 나폴레옹의 침입으로 초래된 국가 위기에 대응하기 위한 수단으로 국민교육 체계를 수립하게 되었다. 프랑스에서는 1789년 혁명을 통해 기존 사회 질서를 뒤엎은 후 민주적 시민을 양성하기 위해, 종교를 배제한 세속교육을 위해, 차별 없는 사회를 구성하기 위해 무상교육에 기초한 공교육 개념이 처음으로 등장했다. 국민 모두가 글

---

[39] 공교육에 대한 정의가 완전하게 합의된 것은 아니지만 일반적으로는 국민의 기본권을 수호하고 국가의 발전을 위해 정부가 주도적으로 교육을 주관하고 통제하는 것을 의미한다. 한편, 공교육 개념에는 무상교육, 보통교육, 의무교육 등이 포함된다.

을 읽고, 쓰며, 사고할 수 있는 능력을 갖추도록 교육하고, 그 비용은 국가가 부담하도록 한 것이다. 제2차 세계대전 이후 공교육은 더욱 강화되고 확산되었다. 특히 유럽에서는 1930년대 이후 케인즈주의에 기초한 복지사회 건설이 추진되면서 '교육 기회의 평등' 이념이 강력한 힘을 얻게 되었고, 대부분의 국가에서 대학 교육까지 무상으로 실시하게 되었다. 그런데 흥미로운 사실은, 개인들이 상당한 학비를 부담하고 있는 사교육 중심 구조 국가들, 이를테면 미국, 일본, 우리나라 등에서도 고등교육의 책임은 국가에 있다고 생각한다는 점이다.

모든 국가에서 고등교육을 국가의 책무로 여기고 적극적으로 개입하게 된 이유는 두 가지였다. 첫째, 교육이 개인의 삶을 개선하는 것을 넘어 국가와 사회에도 큰 유익이 된다는 믿음 때문이었다. 경제학자들은 대학 교육을 받은 사람이 그렇지 못한 사람들보다 생산성이 뛰어나다는 사실을 여러 방식으로 증명했다. 특히, 대학에서 이루어지는 연구 활동이 과학 기술을 발전시키고 경제 효율성을 높인다는 사실을 강조했다. 사회학자들은 교육 수준이 높을수록 평균수명이 길며, 육체적·정신적으로 더 건강하고, 삶의 만족도가 더 높으며, 범죄율이 낮고, 타인에 대한 신뢰와 관용이 높다는 사실을 여러 연구를 통해 제시했다. 둘째, 고등교육에 소요되는 비용을 정부의 재원으로 뒷받침할 여력이 되었기 때문이다. 19세기와 20세기 중반까지만 해도 대부분의 국가들에서 고등교육은 엘리트 단계에 머물러 있었고, 지원해야 할 숫자가 적었기에 공교육에 대한 정부의 재정 부담이 그렇게 크지는 않았다.

그런데 1980년대 이후 상황이 바뀌었다. 고등교육이 1960년대 이후 대중교육 단계로 바뀌었고, 일부 국가에서는 보편교육으로까지 전환하게 되었다. 대학과 학생의 수는 급격하게 증가했고, 그에 비례하여 정부의 교육 부문 지출은 날로 늘어갔다. 엘리트교육 단계에서는 비교적 적은 비용으로 감당할 수 있었으나, 대중교육을 넘어 보편교육으로 전환되자 재정의 문제가 필연적으로 발생했다. 또 하나의 이유는 경제 이념의 변화였다. 1980년대 미국과 영국을 시작으로, 1990년대 전 세계로 확산된 신자유주의 이념은 시장에서의 자유로운 경쟁을 해친다는 이유로 고등교육에 대한 정부의 재정 지원을 줄였다. 특히 대학에 충격이 컸던 것은 초중등교육의 공익적 가치는 여전히 인정되지만, 대학 교육은 공익적 가치보다 개인의 사회적 성취를 위한 것이라는 이유로 공공의 지원에서 배제되었기 때문이다.

이러한 배경에서 1980년대 이후에는 대학의 공공성 문제를 논할 때 경제적 판단이 그 무엇보다 중요한 고려 요소가 되었다. 사실 대학의 공공성 문제는 결국 고등교육이 공공재인가 사유재인가를 판가름하는 것이자 그 비용을 누가 감당할 것인가 결정하는 것이기 때문이다.

일반적으로 어떤 재화나 서비스가 공공재인지 아닌지를 판단하는 근거는 그것이 경합성競合性이 있는가 또 배제성排除性이 있는가에 따라 결정된다. 경합성이란 내가 어떠한 재화나 서비스를 소유하기 위해 다른 사람과 경쟁 관계에 놓이게 되는 것을 말한다. 배제성이란 내가 어떠한 재화나 서비스를 소유하면 다른 사람은 그것을 소유할 수 없게 되는 것을 의미한다. 예를 들어, 유명 가수의 수량 한정 판매 음반이 출시되었다고 하자. 이때 누군가는 음반을 구입하지만, 누군가는 구입할 의사가 있어도 한정된 수량으로 인해 배제된다. 이처럼 경합성과 배제성을 모두 갖춘 재화나 서비스를 사유재私有財라 한다. 반면, 경합성도 배제성도 없는 재화나 서비스는 공공재公共財라 한다.

일부 학자들은 지식은 본질적으로 공공재라고 주장한다. 누군가 어떤 지식을 소유해도 다른 사람의 몫이 줄거나 질이 떨어지는 것은 아니기에 경합성이 없으며, 지식은 그 속성상 특정인이나 집단에게 제한되는 것이 아니기에 배제성이 없기 때문이다. 게다가 지식은 배제성을 제한할수록, 달리 말하면 지식의 확산을 장려할수록 공공성이 더 커지는 특성을 갖고 있다. 따라서 공공재로서 지식은 공공성을 담보할 수 있는 기관, 이를테면 비정부 기관이나 정부 등에 의해서 공급, 관리되는 것이 바람직하다고 주장한다.

그러나 다른 논리도 존재한다. 지식은 개인이나 집단이 그것을 얻고 이용하고자 할 때 사유재의 특성을 갖는다는 것이다. 이를테면, 대학 교육을 받은 사람이 더 좋은 직장을 구하고, 더 높은 임금을 받으며, 더 나은 사회적 지위를 누리는 등 대학 교육은 '개인'의 삶을 향상시키는 데 직접적으로 영향을 미치기 때문에 대학 교육은 공공재가 아니라는 것이다. 어떤 국가가 핵무기 제조 방법을 국가기밀로 보호하고, 기업이 R&D 결과물을 특허 등의 방법으로 보호하는 것도 사유재의 한 사례다. 현실에서 지식은 곧 힘이고, 내가 가진 힘을 남이 갖게 되면 경쟁에서 유리하지 않기에 지식의 생산자가 노력의 대가를 받아야 하며, 이를 위해 지식에 대한 접근이 제한될 수밖에 없다는 주장이다.

결국, 경제적 논리로 대학 교육의 공공성 문제를 판단하는 것은 매우 어렵다. 지금까지 대학 교육의 공공성을 가름하는 기준은 그 사회가 중요하게 여기는 가치의 차이에서 비롯되었지 재화의 측면에서 해석되었던 것은 아니다. 자유와 경쟁을 중요시하는 미국에서는 대학 교육이 사유재로 인식된다. 반면, 평등의 가치를 중요시하는 유럽 대륙에서는 신자유주의의 거센 도전에도 불구하고 여전히 대학 교육을 국가의 부담으로 제공한다. 1998년에 유네스코 주도로 파리에서 개최된 고등교육 국제 컨퍼런스에서 참석자들은 유럽은 다른 국가들과는 다른 고등교육 관점을 갖고 있다는 사실을 확인했다. 즉, 고등교육은 공공재이며, 고등교육 기관의 존재 이유는 졸업생이 좋은 직장을 얻는 데 도움을 주기 위해서가 아니라 전체 사회의 발전을 위해 존재한다는 이념을 확인했다. 이러한 맥락에서 고등교육 기관들은 정부와 긴밀하게 연결될 수밖에 없다는 사실도 확인했다.

최근에는 학문의 자유와 관련하여 대학의 공공성 문제가 자주 언급된다. 20세기까지 대학을 지배하고 통제했던 것은 교회와 국가 등의 권력이었다. 대학은 학문의 자유를 위해 이들로부터 독립되어야 한다고 주장해왔다. 교회와 국가 권력은 실체가 있기에 오히려 저항하기 쉬웠고, 저항의 이유도 분명했다. 그런데 지금 대학은 자본의 지배 아래 있다. 문제는 자본의 지배는 눈에 보이지 않으며, 외부의 강제가 아닌 대학의 동의와 자발을 전제로 한다는 점이다. 자본의 지배를 받는 대학은 자치권을 위협받고 있으며, 학문의 자유는 침해받는다. 이런 맥락에서 대학의 공공성은 자본의 지배를 제어할 수단으로 주목받고 있는 것이다.

단행본

대학사연구회.《전환의 시대, 대학은 무엇인가》. 한길사, 2000.

볼프강 E.J. 베버.《유럽 대학의 역사》, 김유경 옮김. 경북대학교출판부, 2020.

앤드루 델반코.《왜 대학에 가는가》, 이재희 옮김. 문학동네, 2016.

요시미 순야.《대학이란 무엇인가》, 서재길 옮김. 글항아리, 2014.

원윤수 외.《프랑스의 고등교육》. 서울대학교출판부, 2002.

이광주.《대학사》. 민음사, 1997.

이석우.《대학의 역사》, 한길사. 1998.

자크 르 고프.《중세의 지식인들》, 최애리 옮김. 1998.

제임스 J. 두데스탯.《대학혁명》, 이철우 외 옮김. 성균관대학교출판부. 2005.

존 볼드윈.《중세문화 이야기》, 박은구·이영재 옮김. 혜안, 2002.

크리스토프 샤를·자크 베르제르.《대학의 역사》, 김정인 옮김. 한길사, 1999.

클라크 커어.《대학의 효용》제4판, 이형행 옮김. 학지사, 2000.

Altbach, Philip G., Umakoshi, Tōru, ed. *Asian Universities: Historical Perspectives and Contemporary Challenges.* Johns Hopkins University Press, 2004.

Anderson, R. D. *Universities and Elites in Britain since 1800.* Cambridge University Press, 1992.

Cobban, Alan B. *Medieval Universities: Their Development and Organization.* Methuen, 1975.

Cobban. *The medieval English universities: Oxford and Cambridge to c. 1500*. University of
California Press, 1988.

Lucas, Christoper J. *American Higher Education*. *St.* Martin's Press, 1994.

Tejerina, Fernando, ed. *The university: An Illustrated History.* Overlook Duckworth, 2011.

Thelin, John R. *A History of American Higher Education, 2nd ed.* Johns Hopkins
University Press, 2011.

Wechsler, Harold S., Lester F. Goodchild, and Linda Eisenmann ed. The History of
Higher Education. Pearson Custom Pub., 2007.

De Ridder-Symoens, Hilde, ed. *A History of the University in Europe. Vol. 1, Universities
in the Middle Ages.* Cambridge University Press, 2003.

De Ridder-Symoens, ed. *A History of the University in Europe. Vol. 2, Universities in Early
Modern Europe 1500-1800.* Cambridge University Press, 1996.

Ruegg, Walter, ed. *A History of the University in Europe. Vol. 3, Universities in the
Nineteenth and Early Twentieth Centuries(1800-1945).* Cambridge University Press,
2004.

Ruegg, ed. *A History of the University in Europe. Vol. 4, Universities since 1945.* Cambridge
University Press, 2011.

논문

고부응. 〈근대 대학의 형성: 칸트의 이성의 대학에서 훔볼트의 학문의 자유 대학으로〉.
《비평과 이론》제17권 2호(2012·가을/겨울).

_____. 〈대학 자본주의와 대학 공공성의 소멸〉.《비평과 이론》제21권 1호(2016·겨
울).

고원. 〈68년 5월과 파리대학〉.《서양의 역사와 문화》창간호(2004).

김누리. 〈독일 68혁명과 대학개혁〉.《독어교육》제58집(2013).

김상수. 〈옥스브리지의 컬리지어트 시스템〉.《영국연구》제14호(2005).

김영한. 〈서양의 대학: 역사와 이념〉.《한국사시민강좌》18(1996).

김유경. 〈중세 유럽대학의 자유: libersitas scolastica의 내용과 한계〉.《서양사론》제74호

(2002).

김현수. 〈스코틀랜드 역사의 소산물 글래스고 대학사〉.《사학지》제40권(2008).

김희봉. 〈대학의 역사와 이념〉.《교육연구》제12집(1999).

나병현. 〈공교육의 의미와 교육의 공공성 문제〉.《한국교육》Vol. 29, No. 2(2002).

문지영. 〈제3공화국 초기 고등교육 개혁과 에콜폴리테크닉의 대응〉.《프랑스사연구》제 29호(2013).

민유기. 〈68년 5월 운동과 프랑스의 대학개혁〉.《프랑스사연구》제29호(2013).

박승찬. 〈중세 대학의 설립과 발전: 학문의 자유를 지키기 위한 보루〉.《가톨릭철학》제 26호(2016).

_____. 〈중세 후기 '대학의 몰락'과 현대 대학의 위기〉.《가톨릭철학》제29호(2017).

박준철. 〈종교개혁과 북방인문주의〉.《역사학보》제224집(2014).

_____. 〈르네상스 휴머니즘과 종교개혁의 관계: 멜란히톤의 비텐베르크 대학 커리큘 럼 개편을 중심으로〉.《서양사론》제52호(1997).

_____. 〈종교개혁기 독일대학의 인문주의 개혁-튀빙겐과 하이델베르크를 중심으로〉. 《서양사론》제97호(2008).

변우희. 〈독일제국 시기(1870~1918)의 대학과 학문 알트호프(Friedrich Althoff)의 대학개 혁정책〉.《서양사연구》제37집(2005).

서정복. 〈나폴레옹 시대의 교육정책과 제국대학〉.《서양사론》제74호(2002).

손승남. 〈19세기 독일대학, 나치시기 독일어권 망명학자 그리고 미국대학의 성장〉.《비 교교육연구》제23권 제3호(2013).

_____. 〈미국 연구중심대학의 이념 형성과정〉.《교육사상연구》제25권 3호(2011).

신종훈. 〈프라하대학의 역사: 정치, 종교, 민족, 대학의 랩소디〉.《서강인문논총》41집 (2014).

염철현. 〈미국의 고등교육 변천 과정에 관한 소고〉.《영미연구》제5집(2000).

유인종. 〈영국 고등교육의 발전과정에 관한 연구〉.《교육문제연구》제8집(1996).

유재봉, 정철민. 〈대학 이념으로서의 자유교육: 뉴먼(Newman)의 '총체적 지식' 개념을 중심으로〉.《교육철학》제49집(2010).

유희봉. 〈영국의 대학교육 개혁 동향: 1980년대 이후 교육정책을 중심으로〉.《비교교육 연구》Vol. 16, No. 2(2006).

이성호. 〈미국 대학의 기업화 현상에 대한 비판적 고찰〉.《한국교육》제42권 3호(2015).

이내주. 〈1960년대 영국 고등교육의 발전: '신흥 대학교(New University)'를 중심으로〉. 《영국연구》제17호(2007).

이윤미. 〈공교육의 역사성과 교육의 공공성 문제〉.《교육비평》제6호(2001).

이정민. 〈파리대학의 역사적 의미에 관한 고찰〉.《통합유럽연구》제6권 제1호(2015).

이희만. 〈파리의 지적 인프라 및 지적 네트워크〉.《서양중세사연구》제21호(2008).

_____. 〈12세기 지식인상: Peter Abelard를 중심으로〉.《서양중세사연구》제11호 (2003).

임상우. 〈베를린 홈볼트 대학-근대 대학의 어머니〉.《서강인문논총》42(2015).

정기문. 〈로마의 후마니타스와 인본주의〉.《서양고대사연구》30(2012).

차용구. 〈왜 중세 독일에서는 대학 형성이 지체되었는가〉.《사총》제53집(2001).

하성호. 〈왜 미국에는 국립대학이 없는가?〉.《서양사론》제128호(2016).

한기철. 〈인문주의의 형성과 전개: 고전적 맥락을 중심으로〉.《도덕교육연구》제28권 제3호(2016).

홍용진. 〈지적 권위와 정치권력: 중세 말 파리대학과 정치〉.《프랑스사연구》제29호 (2013).

Altbach, Philip G. "The Past and Future of Asian Universities: Twenty First Century Challenges." in *Asian Universities: Historical Perspectives and Contemporary Challenges*. Johns Hopkins University Press(2004).

Altbach. "Globalisation and the University: Myths and Realities in an Unequal World." *Tertiary Education and Management* Vol. 10:1(2004).

Altbach. "The Past, Present, and Future of the Research University." in *The Road to Academic Excellence: The Making of World-Class Research Universities*. World Bank Publication(2011).

Altbach. "Twisted Roots: The Western Impact on Asian Higher Education." *Higher Education* Vol. 18, No. 1(1989).

Arocena, Rodrigo, Judith Sutz. "Latin American Universities: From an Original Revolution to an Uncertain Transition." *Higher Education* Vol. 50, No.4(2005)

Balan, Jorge. "Latin American Higher Education Systems in a Historical and Comparative Perspective." in *Latin America's New Knowledge Economy: Higher Education,*

Government, and International Collaboration(Global Educational Research Reports). Inst of Intl Education(2013).

Barker, Colin. "Some Reflections on Student Movements of the 1960s and Early 1970s." *Revista Critica de Ciencias Sociais* [Online], 81(2008).

Brankovic, Jelene et al. "How Rankings Produce Competition: The Case of Global University Rankings." *Zeitschrift Fur Soziologie* Vol. 47:4(2018).

Cantoni, Davide, Noam Yuchtman. "Medieval Universities, Legal Institutions, and the Commercial Revolution." *The Quarterly Journal of Economics* Vol. 129, Issue 2(2014).

Cobban, Alan B. "Medieval Student Power." *Past and Present* No. 53(1971).

Cobban. "Student Power in the Middle Ages." *History Today* Vol. 30(1980).

Cobban. "The Role of Colleges in the Medieval Universities of Northern Europe, with Special References to England and France." *Bulletin of the John Rylands Library* Vol. 71, No. 1(1989).

Dmitrishin, Alexander. "Deconstructing Distinctions. The European University in Comparative Historical Perspective." *Entremons. UPF Journal of World History* No. 5 (2013).

Douglass, John A. "The Cold War, Technology and the American University." *Center for Studies in Higher Education*(1999).
https://escholarship.org/uc/item/9db970dq

Georgedes, Kimberly. "Religion, Education and the Role of Government in Medieval Universities: Lessons Learned or Lost?" *Forum on Public Policy,* Vol 2. No. 1(2006).

Goldin, Claudia, Lawrence F. Katz. "The Shaping of Higher Education: The Formative Years in the United States, 1890 to 1940." *Journal of Economic Perspectives* Vol. 13, No. 1(1999).

Grendler, Paul F. "The Universities of the Renaissance and Reformation." *Renaissance Quarterly,* Vol. 57, No. 1(2004).

Guruz, Kemal, "Higher Educaton in the Global Knowledge Economy." in *Higher Education and International Student Mobility in the Global Knowledge Economy.* SUNY Press(2008).

John W. Meyer et al. "The World Educational Revolution, 1950-1970." *Sociology of*

Education, Vol. 50, No. 4(1977).

Kandiko, Camille B. "Neoliberalism in Higher Education: A Comparative Approach." *International Journal of Arts and Sciences* Vol. 3, No. 14(2010).

Kerr, Clark. "Higher Education: Paradise Lost?" *Higher Education* Vol. 7(1978).

Kwiewk, Marek. "Globalization and Higher Education." *Higher Education in Europe,* Vol. XXVI, No. 1(2001).

Lazerson, Marvin. "The Dissapointment of Success: Higher Education After WW2." *The Annals of the AAPSS,* 559(1998).

Marginson, Simon. "Dynamics of National and Global Competition in Higher Education." *Higher Education* Vol. 52(2006).

Musselin, Christine. "New Forms of Competition in Higher Education." *Socio-Economic Review* Vol. 17, No. 3(2018).

Noakes, Jeremy. "The Ivory Tower Under Siege: German Universities in the 3rd Reich." *Journal of European Studies* Vol. 23(1993).

Picard, Emmanuelle. "Recovering the History of the French University." *Revue d'Histoire des Sciences et des Universites* Vol. 5, No. 3(2012).

Schofer, Evan, John W. and Meyer. "The Worldwide Expansion of Higher Education in 20th Century." *American Sociological Review* Vol. 70(2005).

Scott, John C. "The Mission of the University: Medieval to Postmodern Transformations." *The Journal of Higher Education* Vol. 77, No. 1(2006).

Scott, Peter. "Globalization and Higher Education: Challenge for the 21st Century." *Journal of Studies in International Education* Vol. 4, No. 3(2000).

Shattock, Michael. "German Universities and the Nazi Regime: Why Did They Succumb So Readily?" *History of Education* Vol. 42, No. 4(2013).

Shumway, David R. "The University, Neoliberalism, and the Humanities: a History." *Humanities* Vol. 6, No. 83(2017).

Southern, R. "From School to University," in *The University of Oxford,* vol. 1, ed., J. Catto. Clarendon Press(1984).

Trow, Martin. "Reflections on the Transition from Elite to Mass to Universal Access: Forms and Phases of Higher Education in Modern Societies since WWII." in

International Handbook of Higher Education. Springer (2006).

Varghese, N. V. "Globalization and Higher Education: Changing Trends in Cross Border Education." *Analytical Reports in International Education* Vol. 5 No. 1 (2013).

Williams, Gareth. "Higher education: Public good or private commodity?" *London Review of Education* Vol. 14, No. 1 (2016).

Wolhuter, C. C., Corene de Wet. "The Worldwide Expansion of Education since the Middle of the Twentieth Century: Reconstruction and Assessment." *Journal of Social Sciences* Vol. 43, No. 2 (2015).

대학의 역사

초판 1쇄 인쇄 2021년 8월 24일 초판 1쇄 발행 2021년 8월 31일
지은이 남기원
펴낸이 이승현

편집2 본부장 박태근
지적인 독자 팀장 김남철
디자인 윤정아

펴낸곳 ㈜위즈덤하우스 출판등록 2000년 5월 23일 제13-1071호
주소 서울특별시 마포구 양화로 19 합정오피스빌딩 17층
전화 02) 2179-5600 홈페이지 www.wisdomhouse.co.kr

ISBN 979-11-91766-89-9 03900

대학의 역사

초판 1쇄 인쇄 2021년 8월 24일 **초판 1쇄 발행** 2021년 8월 31일

지은이 남기원
펴낸이 이승현

편집2 본부장 박태근
지적인 독자 팀장 김남철
디자인 윤정아

펴낸곳 ㈜위즈덤하우스 **출판등록** 2000년 5월 23일 제13-1071호
주소 서울특별시 마포구 양화로 19 합정오피스빌딩 17층
전화 02) 2179-5600 **홈페이지** www.wisdomhouse.co.kr

ⓒ 남기원, 2021

ISBN 979-11-91766-89-9 03900